ちくま新書

行政学講義

——日本官僚制を解剖する

金井利之
Kanai Toshiyuki

1310

行政学講義

——日本官僚制を解剖する

【目次】

3 財力と行政 315

序章

被治者にとっての行政

①行政学とは

行政学とは、あまり一般に馴染みのない学問だと思います。この本では、皆さんに行政学の基本的なイメージを、お伝えしたいと思います。この試みが成功しているかどうかは分かりませんが、おつきあいを頂ければ幸いです。

行政学は、行政についての学問であります。行政ということば自体は、よく聞くことばだとは思いますが、その実態はあまり見えないものです。行政は、世の中の色々なところに関わっているので、あまりに対象が広すぎで、つかみ所がありません。また、行政という固まった物体が存在するわけでもないので、対象が目に見えません。行政とは、目に見えない力の作用のような現象であって、そのような霞が懸かって見えにくい現象を、何とか目を凝らして見ようというのが、行政学なのです。

②目に見えにくい行政の本体

通常は、姿の見えない行政は、ふとしたときに、しかし確実に、その姿の一端を覗かせるものです。その意味では見えるときもあります。例えば、税金を払うときに、行政が顔を出します。もちろん、税制は法律で決まっていますから、法律の規制に直面することでもあります。

ところが、それこそ法律は目に見えない存在です。実際に法律を盾に、我々の前に出現するのは、税務署や税務署職員です。税務署に確定申告に行くことで、行政の姿に接することになります。税務署から電話が掛かってくることもあります。もっと劇的には、自宅に税務署または国税局から職員が来ることもあります。とはいえ、給与所得者（会社員など）であれば、会社が税金を給料から天引き（「源泉徴収」）していますし、年末調整もしてくれますので、行政を目にすることはありません。会社で源泉徴収の仕事をしている人にとっては、税務署は目に見える存在かもしれません。しかし、多くの会社員にとっては、行政は目に見えないように振る舞っているのです。だからといって、税金を徴収する行政の存在が消えているわけではありません。

私たちは、日常生活において、目に見えない行政の作用を受けています。しかし、それに気付くとは限りません。しかし、税金のように、ふとしたときに直面します。税金の他にも、例えば、自分の子供が六歳になれば、公立小学校に行くことが多いですから、そこで触れることになります。とはいえ、子供が通学するのは、何気ない日常生活のひとこまかもしれません。しかし、子供が学校でいじめられたりすると、学校との関わりが急に目に見えてきます。学級担任教師、学年主任、校長・副校長、市町村教育委員会の事務局職員や教育委員、市町村長など、色々なところに掛け合わなくてはならない事態が起きます。そのときに、行政という得体の知れない存在に直面することになります。

また、自動車を運転していても、通常、行政は気になりません。しかし、スピード・駐車違反などで取締されたとき、さらには、交通事故を起こしたとき、現場の交通警察官に直面します。そもそも、運転免許証を得るためには、運転免許試験場で学科試験を受けていることでしょう。これは、都道府県公安委員会・警察の一組織です。運転免許証は都道府県公安委員会の名義で発行されます。とはいえ、通常、実技試験は、指定自動車教習所という民間の自動車学校で受けているので、行政は前面に出てこない気がするものです。

このように、行政が出現する局面を描いていくと、延々と話を続けることができます。しかし、重要なことは、このように我々の眼前に出現した行政は、行政の本体ではないということです。源泉徴収や運転教習所のように、我々の目の前に現れる民間の組織や人間は、行政によって我々の前面に登場させられているだけの存在のこともあります。珍しく我々の目の前に登場する税務署員や警察官や公立学校担任教師であっても、その人たちが行政を体現しているわけではありません。むしろ、その背後に存在する、目に見えにくい巨大な存在が、行政の本体なのです。目の前の税務署員や警察官や担任教師に掛け合っても、埒が明かないことが多いでしょう。もちろん、現場職員の柔軟で妥当な対応によって、埒が明くこともあるのですが、そうはいかないことも多いのです。

③本書の全体構成

行政学とは、我々に支配の権力を及ぼす行政の目に見えにくい作用を、何とかして明らかにしようという学問です。目に見える支配の権力を行使する組織や人間は、行政の本体ではなく、目の前に現れた現象に過ぎません。目の前の税務署員・警察官・公立学校教師などの第一線職員に文句を言っても、簡単には動かないのが行政です。そうした支配の権力のもとを辿っていくのが、行政学です。もとを変えなければ、現場だけでは変われないことが多いからです。しかし、行政に単一の根源的存在があるとは限りません。行政とは、多数の組織と個人の編み目で構成された、茫漠たる存在なのです。本書では、このような行政を少しでも解剖してみたいと思います。

本書では、行政を四つの切り口から、切開または内視・投影してみようと思います。それは、支配、外界、身内、権力という四つの角度です。第一の支配とは、我々被治者（読者であるあなたが為政者側の人間の場合には、「我々」ではなく「彼等」と一括変換してください）の意に添わないことも含めて、我々に服従を迫る現象です。その反作用として我々が統治者となって行政を支配できるかを問います。第二の外界では、我々に支配を行おうとする行政が、外界からの制約を受けていることを扱います。行政から見れば支配の限界ですが、逆に言えば、行政による支配を、さらに外界が支配する外圧と言うこともできます。第三の身内とは、支配を行おうとする、実質的な為政者連合の範囲を明らかにすることです。被治者の全員が為政者の身内であるわけではないからです。第四の権力とは、支配を行うときに、為政者が被治者を従わせる具体的な作用です。

この支配、外界、身内、権力という四つの角度から、見えにくい行政に少しでも迫りたいと思います【表1】。

		行政内外	
		外側	内側
行政過程	主体	支配（第１章）	身内（第３章）
	作用	外界（第２章）	権力（第４章）

表1　行政を見る４つの角度

行政には、相対的な関係ではありますが、内側と外側があります。外界と身内は、ある意味で行政の内外をセットで扱うものです。支配と権力も、ある意味で行政の内外をセットで扱うものです。支配とは、被治者に対して支配を行う行政に対する、被治者からの**統制**でもあります。権力は、為政者が被治者に対して**政策**を展開することで、支配を及ぼすときに登場する伝達媒体です。また、支配と身内は、行政に関わる**主体**の問題です。誰が誰に対して関係しているのか、という問題です。相対的に外側の主体である支配と、相対的に内側の主体である身内です。これに対して、外界と権力は、行政過程に関わる作用の問題です。主に外側から制約や外圧として作用する外界と、主に内側の為政者から外側の被治者に作用する権力です。

④第1章の内部構成――政治・自治・民衆・自由

第1章「支配と行政」は、我々を支配する存在としての行政を検討します。為政者が被治者を**統治**するのが支配です。そのときに、反作用として、被治者が統治者になって自分で自分を支配するのが民主主義です。被治者と統治者が一致することを目指すのです。したがって、被治者が為政者を**統制**できているかどうかが問われるのです。支配を決定して実行するのが政治です。我々の眼前に現れる行政作用のもとは、そうした政治にあります。

1では、政治と行政の関係を扱います。その意味では政治学との差異が明確ではないかもしれません。ただ、政治を扱うといっても、本書で重要なことは、政治が支配のもとであるという、政治への健全な嫌悪感・忌避感です。本書は、権力者・為政者の目線に親近感を持ちません。本書は権力闘争や政局にワクワクする気持ちもないですし、公共性や熟議などへの青雲の志もありません。政治は政治それ自体として価値や魅力がある存在ではなく、不愉快ですが支配のもととして認識せざるを得ないだけなのです。そして、政治は為政者側の行政に取り込まれ、身内になりがちなのです

2は、自治と行政の関係を検討します。簡単に言えば、国政とは別の地方自治を扱うのです。自治とは、支配の淵源が、国の政治に独占されていない状態です。自治とは権力分立として、

支配を相殺する可能性もあるのです。しかし、国政の支配を増幅する可能性もあります。3は、支配される民衆との関係で行政を検討します。民衆が民衆自身を支配するという自己支配として、個々人にとっては苦痛になりうる支配を、集団レベルで緩和できるかどうかを論じます。4は、個人レベルに注目して個々人の自由を抑圧しうる行政について、検討を掘り下げてみたいと思います。

統治からの距離の遠さという観点からは、被治者からの近さという観点からは、自由＞民衆＞自治＞政治の順となりますし、その順で価値を置いています。自己支配になっているかどうかは、自由＞民衆＞自治＞政治の順で、行政への統制が貫徹しているかという問題でもあります。

⑤第2章の内部構成――環境・経済・外国・米国

第2章「外界と行政」は、行政にとっての**制約**となりうる外界の要因について、見ていきたいと思います。行政による支配は、決して万能ではないからです。それゆえに、行政は権力（第4章）を利用した**政策**によって、外界の制約を覆そうともします。その政策もまた、外界によって制約されています。また、外界によって課される行政への限界が、自由や民衆に対する行政の**支配**を緩和するとは限りません。むしろ、支配に対して外圧を及ぼすさらに大きな力であり、行政による支配を増幅することもあるからです。1は、外界からの制約要因に関する全体的な概説として、環境と行政の関係を扱います。2以下は、いわば日本行政の環境要因のなかで、特に重要な外的制約を細かく見ていくことになります。学問的な用語で言いますと、1が総論であり、2〜4が各論となります。

2は、経済と行政の関係です。資本主義市場経済のなかでは、行政といえども決して万能ではありません。行政は経済に**制約**され、それゆえに、その制約を逃れようと、行政は経済を支配しようと**政策**を展開し、相互関係が発生するのです。3は、支配の空間に関わる外国と行政の関係です。支配が及ぶのは、通常は国内領域という国境の内側だけであり、外国は支配の及ばない領域です。

4は、戦後日本行政にとって、特殊な制約的な存在である米国と行政の関係を、特に採り上げます。詳細は本論に委ねますが、戦勝国・占領国である米国は、戦後日本に圧倒的な支配を及ぼす存在です。単なる通常の外国とは別格の存在なのです。戦後日本国は、主権国家・独立国家と考えられていますが、米国との関係では、実態としては、ある種の自治体的な側面があるのです。こうしたことを認識してはじめて、米軍基地問題の根深さ、日本政府の当事者能力のなさも、理解できるのです。むしろ、日本を米国「本国」の「自治領土」として捉えたほうが、実態をリアルに認識できる面もあります。前述の通り、本書は自治を国政の政治よりも被治者に近いものとしてプラスに評価していますから、「自治領土」であることを低くは捉えていません。

⑥第3章の内部構成――組織・職員・団体・人脈

第3章「身内と行政」は、行政の内部的な世界を身内として腑分けしようと思います。伝統的な行政学の主たる対象としてきたのは、この行政の内部的世界です。見えない行政を解剖するには、行政の懐にまで入り込んで、内視する必要がありますが、それは学者として決して容易なことではありません。ミイラ取りがミイラになってしまうかもしれないからです。

1は、支配の道具としての行政が、組織として形作られていることに焦点を当てます。しかし、2では、行政が個々の職員から構成されていることに焦点を当てます。この1と2は、組織と職員という、あるいは、集団と個人という、楕円的構造として行政を分析しようというものです。こうした組織と職員が、為政者の身内の内深部を形成しています。

3は、行政が外周の団体と関係を取り結ぶことで、拡大した行政の身内の世界を構築していることを明らかにします。いわゆる行政ではなくとも、行政と密接な関係を構築する諸団体は、省庁共同体として一種の身内である為政者連合を構成するのです。そこには、経済団体などの利益集団や、政党・政治家、マスコミ・ジャーナリストなども登場するので、分析は政治学と

		観察の焦点レベル	
		集団	個人
行政における身内の世界	内深的世界	1　組織と行政	2　職員と行政
	外周的世界	3　団体と行政	4　人脈と行政

表2　「身内と行政」を見る4つの視角

重なってきます。4は、外周にまで拡大した行政の身内の世界を、個人レベルに焦点を当てて、人脈として描くことになります【表2】。

このように、1と2と同様の視角で、3と4は、団体と個人という楕円的構造で、拡大した行政の身内を明らかにすることを目指します。被治者もこうした身内の世界に入れれば、為政者の一員になることもできます。

⑦第4章の内部構成——実力・法力・財力・知力

第4章「権力と行政」は、行政が実際に政策を展開するときに、被治者に作用する権力という観点から、行政を検分しようというものです。支配が実効的になされるためには、被治者に服従を要求する伝達媒体としての権力が必要です。権力には色々な形態があり得ますが、行政がしばしば使ってきた、実力、法力、財力、知力という四つの権力に焦点を当てます。行政は四つの権力を用いて**政策**を展開し、被治者や外界に支配を及ぼします。行政の各政策部局は、四つの権力を政策に向けて管理する**政策管理**をします。これに対して、内部管理部局は、四つの権力のもととなる**行政資源**を差配することで、各政策部局を管理する**総括管理**をします。伝統的な行政学では、この二つの管理が重要な研究テーマですが、本書では詳述しません。

1の実力とは、物理的強制力による権力です。行政は赤裸々な強制力を使うことは多くはないかもしれませんが、最終的には実力行使があり得るのです。代表的には、警察力と防衛力（軍事力）です。平和主義・戦争放棄を採用した戦後体制を反映してか、行政学の対象として警察・防衛を扱うことは少なかったと言えます。しかし、戦後日本行政においても、実力の問題は無視することはできません。2の法力《ほうりょく》とは、耳慣れない表現かもしれませんが、要するに、法的権力の短縮表記です。法律などの法的権限をもとに発動される権力が法力です。行政を法律面から正しく運用するように統制しようとするのが行政法学なのですが、行政学としては、実際に法力がどのように作用しているのかを、虚心坦懐に観察することが重要になります。

3の財力とは、行政が活用する経済的権力のことです。資金力・経済力あるいは金権という経済的権力は、民間企業などの民間団体でも、政治家・政治団体でも使うのですが、行政も財源・財政という形で財力を行使します。実力・法力は、被治者側の同意を得ないで強制できる権力ですが、逆に言えば抵抗も大きいということになります。財力は、いわばお金によって被治者側の同意を調達できる権力であり、取引という強制なき権力行使も可能な代物です。4の知力とは、様々な知識や情報に基づく情報的権力のことです。情報・知識を得ることは、実力・法力・財力の行使を効果的にすることにも有用です。また、知力は、説得や宣伝などそれ

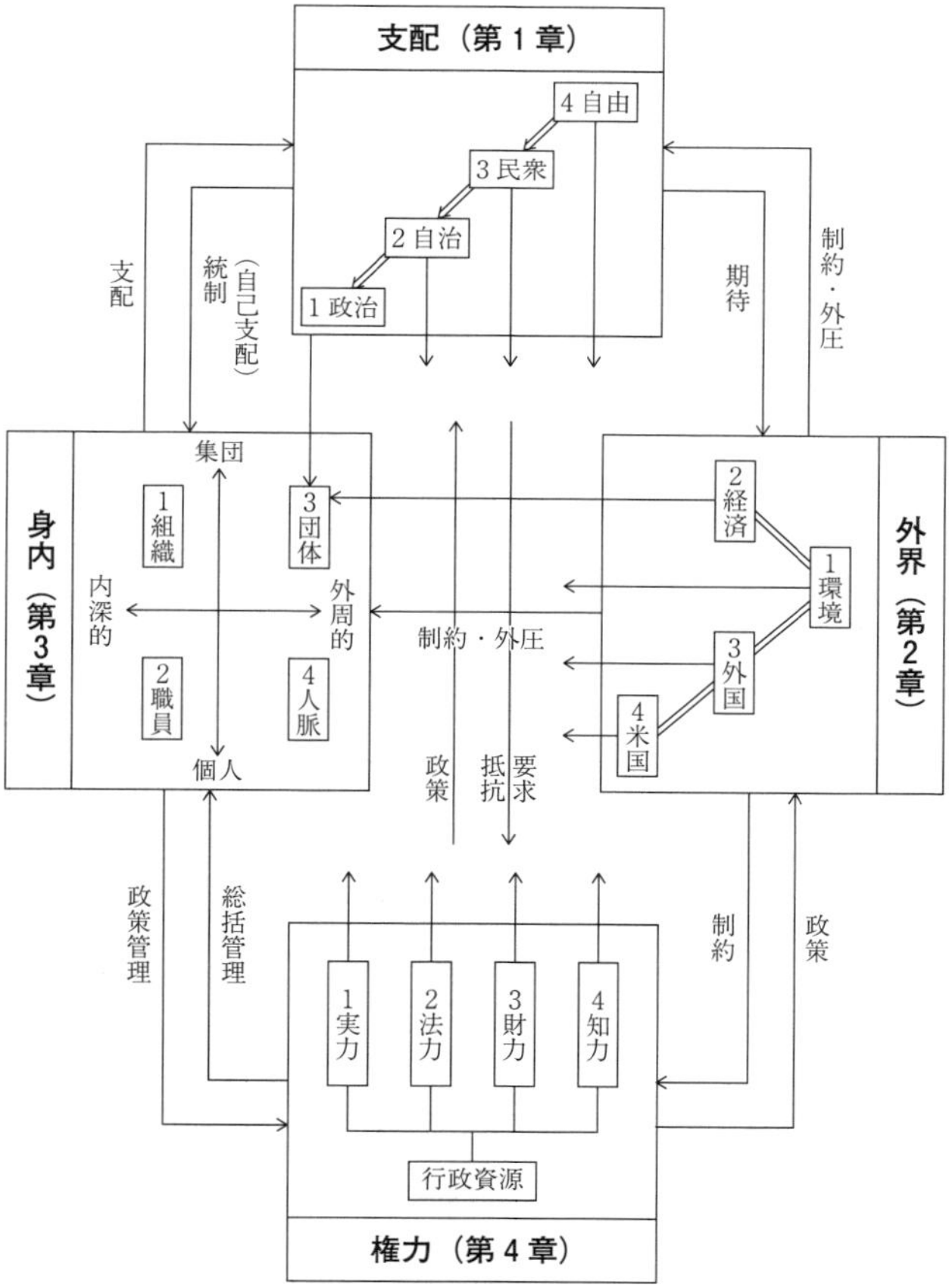
支配（第１章）
4 自由
3 民衆
2 自治
1 政治
支配
統制（自己支配）
期待
制約・外圧
身内（第３章）
集団
個人
内深的
外周的
1 組織
2 職員
3 団体
4 人脈
外界（第２章）
1 環境
2 経済
3 外国
4 米国
制約・外圧
政策
抵抗
要求
政策管理
総括管理
制約
政策
1 実力
2 法力
3 財力
4 知力
行政資源
権力（第４章）

図１　本書の見取図

自体によって被治者を内面支配することが可能な、大変に大きな権力になりうるのです。

四つの権力は為政者側が活用するものですが、被治者側も活用することができます。例えば、行政側は法力を使いますが、民衆側も法力（権利・裁判など）を用いて抵抗することもできます。権力の行使は相互作用ではあります。ただ、相対的に単純化して言えば、実力、法力、財力、知力の順番で、より行政の特有な色彩が強いものと言えましょう。被治者が実力で抵抗することは不可能ではありませんが、相対的には容易でないでしょう。また、為政者側が圧倒的な知力の優位を持っているともいえますが、実力の乏しい被治者の最大の武器は知力、すなわち、思想信条・言論表現・教育文化学問などの知恵です。それの基盤が個人の精神的自由です。

本書の大まかな見取図は以上の通りです【図1】。では、早速、本論に入っていきましょう。

第1章

支配と行政

1 政治と行政

①民主体制における政治と行政――公選職政治家と行政職員

現代日本の統治は、民主主義に基づいているとされています。では、民主主義《デモクラシー》とは何であるのか、という難問が生じます。ここでは単純に、支配を受ける人々が、同時に支配者でもある、という「統治者と被治者の同一性」という考え方であるとしておきましょう。「自分たちで、自分たちのことを決める」と言い換えてもよいでしょう。決めることが政治であるとするならば、民主主義とは「民主政《デモクラシー》（民主政治）」になります。また、「自分たちのことを決める」ことに意味があるようにするためには、決定したことに従うことが必要です。ですから、民主主義とは自己支配という支配の論理の一種で、「民主制《デモクラシー》（民主体制・民主的支配）」です。

しかし、一億人もの人口を抱える日本では、被治者である人々が直接に支配の任に当たることはできません。そこで、結局のところ、人々の代表者を選ぶという代表民主主義になるでしょう。どのように代表を選んだらよいのかは大問題ですが、歴史的な経験のなかでは、選挙という手段が編み出されてきました。こうして、民主主義とは、人々が選挙で代表者を選出し、その代表者（公選職）が目に見える形の為政者となって、治政＝支配を行うという代表民主主義となります。もっとも、為政者を代表として選ぶということは、被治者と為政者は同一であり得ないことを意味しますから、代表民主主義は真の民主主義ではないかもしれません。被治者＝為政者となるためには、代表者＝為政者を民主的に統制する必要があります。

ともかく、公選職＝代表者だけで、支配を行うことも現実的に困難です。そのため、公選職の指揮監督を受けて、さらに様々な業務をこなす人々が必要です。こうして、公選職ではないけれども、支配の業務を担う行政職員が発生します。民主主義のもとでは、公選職と行政職員が分化してくるのです。前者は、通常は政治家と呼ばれますので、公選政治家と行政職員の区別と分化といってもよいでしょう。いわば、政治と行政の違いは、民主的支配の原理を採用することで、発生するのです。もっとも、民主体制のもとでは、行政職員はいかなる人間集団でなければならないのかは、明示的に定義はされません。

②非民主制における政治と行政――武力革命政権と近代官僚制

民主体制ではない国においても、政治家と行政職員の違いはありそうです。例えば、明治からの近代日本の戦前体制は天皇主権でしたから、基本的には非民主体制だったといえましょう。それでも、有権者から選挙される衆議院議員と政党が力を次第に付けていくのが、「護憲運動」とか「憲政の常道」とか「政党内閣」とか「民本主義」とか呼ばれた現象であり、戦前体制下でもある程度の民主的為政は可能でした。しかし、根本においては統治権を総攬《そうらん》するのは天皇ですから、「統治者と被治者の同一性」は必要ではありません。となると、戦前体制においては、公選職政治家が行政職員を指揮監督するということは、必ずしも自明ではなくなります。むしろ、公選職政治家を行政職員（「天皇の官吏《かんり》」）が指揮監督することもあるわけです。こうなると、実態としては、官僚の方が政治家のように振る舞ったともいえるでしょう。

戦前体制は、薩長土肥などの西南雄藩が、「尊皇倒幕」を「錦の御旗」に掲げて、「公儀《こうぎ》」（維新史観でいう「幕府」）による江戸体制（徳川支配）を、武力で転覆して成立しました。「勝てば官軍」と言われます。武力革命によって支配の論理が構成されましたので、統治者は基本的には官軍である西南雄藩出身者または公家ということになります。例えば、初代首相・伊藤博文、大日本帝国憲法制定時の首相・黒田清隆、あるいは、首相を務めて長く君臨する山県有朋《やまがたありとも》などです。西南雄藩の関係者という意味で、「藩閥」支配といわれます。こうした藩閥勢力が政府要職を占めて、民衆の代表者の声を聴かずに支配を行うので、「有司《ゆうし》専制」と呼ばれました。このような非民主主義＝権威主義体制において、常識的にいえば、政治家とは、伊藤、黒田、山県などの人物を指すでしょう。公選職ではないからといって、官僚や行政職員と呼ぶには、あまりに、統治における存在が大きすぎるからです。

このように考えると、政治と行政とは、支配を行う為政者集団のなかにおける上下関係を意味しているともいえます。初期の明治体制においては、藩閥が上位支配者集団ですから、その者達が政治家です。そして、藩閥のもとで下働きをするのが、行政職員に相当します。当時の言葉でいえば「官吏」「公吏」です。もちろん、「下働き」とはいっても、民衆から見れば支配の側にいる為政者集団の一員です。

武力革命政権である明治政府ですが、支配には人数が必要です。藩閥の論理からすれば、出身地の縁故採用を行うのが自然です（第3章4）。しかし、縁故採用だけでは、充分な質と量の職員を得られません。そこで、広く全国から有能な為政者集団予備群を募集します。これが、文官高等試験（一八九三年、「高文《こうぶん》試験」ともいう）による官吏集団（「高文官僚」）の形成です。中国や朝鮮・琉球のように科挙制度の伝統がなかった日本において、試験制度によって為政者集団を構成することは、画期的なことでした。一般に、試験制度で為政者集団を選抜するシステムが近代官僚制です。

非民主体制においても、近代官僚制が発達してくると、政治と行政の区別と分化が人的に容易になります。政治家とは、統治者集団のなかで、試験制度を通じないで、上層の幹部要職を占める集団です。行政職員とは、統治者集団のなかで、試験制度や資格任用制度《メリットシステム》を通じて形成される集団です。行政職員のなかでも、上層の要職を占める行政幹部職が、しばしば「官僚」

と呼ばれます。それ以外の中下層を占めるのは、「吏員《りいん》」（小役人という意味）と呼ばれます。上述の「官吏」とは、相対的に幹部層となる「官」と、相対的に中下層となる「吏」とを併せて呼んだものです。

③非民主体制における政治家集団の再生産——官僚から政治家へ

非民主体制において、行政は、人的集団としては、試験制度に基づく近代官僚制に基づいて、明確に位置づけられます。しかし、政治は、人的集団としては、必ずしも明確な再生産の論理を持ちません。武力革命政府という意味での明治政府は、その限りでは、革命戦争（戊辰戦争など）に直接に従事した人から政治家を構成できます。「維新三傑」とか「元勲」などです。しかし、西南戦争や佐賀の乱のように、常に内戦をし続けるわけにもいきませんから、そのうち、誰が政治家になるべきなのか、明確ではなくなってきます。

政治家集団の再生産方法として第一に考えられるのは、天皇主権ですから、天皇の個人的信任や天皇からの距離の近さによって、政治家という人的集団を構成するものです。しかし、現実には天皇は一人ですので、天皇に誰を接近させるのかをまず選抜しなければなりません。結局、すでにいる政治家集団が、次世代の政治家集団をリクルートしてこなければなりません。結局、政治家集団としてリクルートしたのちには、結果として、天皇からの近さを示すべく、「勅任」「親任」することを明示したり、爵位を付与することはできます。しかし、その逆はできません。宮中席次も職位に応じて定められます。

そこで第二に考えられるのが、政治家集団が自分たちで、任意に縁故採用することです。いわば、コネ人事です。藩閥などの縁故採用の利点は、革命政権の正統性を共有する地縁によって、さらには、個人的な恩義関係という人脈で、忠誠が期待できることです。しかし、欠点は、得られる人材が必ずしも有能ではない上に、西南雄藩以外の地域から不満を買うことです。

第三には、武力革命政権の性格を継続させ、常に戦争をし続けて、その武勲によって政治家を再生産するという方法が考えられます。このためには永遠に内戦をし続けなくてはならないのですが、支配の成功は、すなわち、内戦の終結ですから、後継者難に陥るという自己矛盾を抱えます。しかし、内戦が終結しても対外戦争が継続されれば、その功績から、次世代の武官出身の政治家集団を得られるのです。

政治家が戦争指導をするのではなく、戦争遂行によって政治家が生まれるのです。いわば、武力革命から生まれた戦前体制は、その内在的論理から、本質的に戦争を止めることができなかったのかもしれません。征韓論（一八七三年）は挫折しましたが、琉球処分（一八七二年）、江華島事件（一八七五年）、日清戦争（一八九四年）、義和団事変（一九〇〇年）、日露戦争（一九〇四年）、シベリア出兵（一九一八〜二二年）、山東出兵（一九二七〜二八年）、満洲事変（一九三一年）、日中戦争（一九三七年）……という具合です。そして、武勲によって政治家が生まれるということは、政治家集団は軍人集団（武官）から選ばれるということです。このパターンが嵩《こう》じると、武勲を挙げなくても、軍人集団が軍人という資格のみにおいて政治をするようになります。結果的には、軍人集団（「軍部」）が五・一五事件や二・二六事件などの国内テロ事件やアジア・太平洋戦争を起こして、戦前体制という非民主体制は自壊しました。

第四に、そのような愚行を避けるためには、「管理された平和的内戦」を構築するしかありません。これが、不平士族の反乱の失敗を経て、自由党など民党による自由民権運動を受けた帝国議会の開設により、民党との対決として制度化されます。「超然主義」内閣とは、その最も強硬な対決路線です。しかし、超然主義では、帝国議会で法案も予算も議決できないため、かえって民党との対決に敗北するので、適当に「戦線」を管理する必要がありました。ともあれ、民党の抵抗を何とか凌ぐことを功績に、政治家集団は形成されます。もっとも、功績を挙げるためには、民党との「内戦」に従事する人間集団が必要です。

そこで、政治家の下僚として試験採用された官僚を、政府側「傭兵」として民党との「内戦」に活用して、次代の政治家集団を養成していくのです。つまり、官僚（特に、高文官僚）集団のなかから、藩閥・元勲に評価された人物が、民党との「内戦」で功績をあげて、次世代政治家集団を形成していきます。上記の山県有朋が、高等文官のなかに自身の勢力を埋め込んでいった「山県閥」が、その典型です。しかし、明示的に「〇〇閥」ではなくとも、高等文官であることが、将来の政治家になるための階段の第一歩となっていくのです。政治家集団を独自の論理で選出できない非民主体制では、高級官僚（高文官僚）であったことが、政治家集団の母胎として期待されるということなのです。

④体制移行と政治の位置づけ

民主体制のもとでは、政治家とは公選職政治家として、人的集団が明確になります。しかし、行政職員とは、必ずしも人的集団としては、明確になりません。他方、非民主体制のもとでは、政治家という人間集団は、必ずしも明確に定義することはできません。しかし、行政職員とは、試験制度によって選抜される近代官僚制として、人間集団として明確になります。

近現代日本の場合、非民主体制の戦前体制から近代官僚制を引き継ぎ、その後、戦後体制は民主体制になったので、公選職政治家が明確に定義されるようになりました。その意味で、現代日本では、政治とは公選職政治家の担うことであり、行政とは近代官僚制のもとでの官僚・行政職員が担うことです。いわば、現代国家は、民主制と官僚制という二つの支配の原理をもとに構成されています。その意味では、水と油と言ってもよいでしょう。

ところで、戦前非民主体制から戦後民主体制への転換は、ポツダム宣言受諾という一瞬の

「八月革命」によって起こったわけではありませんので（第2章4）、両要素の絡み合いの長い営みのなかで続きます。このことは、近現代日本の政治と行政の関係に、面倒な陰影を残しています。

明治憲法のもとでは、衆議院に公選される民党政治家は、基本的には為政者集団の一員ではありません。公選職政治家ではありますが、支配の側にいないので、単なる在野の運動の壮士や浪人といったところでしょう。民党は、支配される側の民衆と立場が同じ被治者側であり、その意味では民衆代表ではあります。民党の根拠地は、統治者である藩閥勢力が設置した、協賛機関である帝国議会衆議院内ではなく、「院外」となります。

非民主体制のもとでは、民党という政党は、本来的に被治者の側にあり、在野が基礎でありまず。つまり、政党の本質は野党であるということになります。明治政権に与《くみ》する「吏党《りとう》」は、そもそも、政党に値するものではありません。非民主体制においては、野党的な公選職政治家こそが、民主政への理念（民主主義）を体現します。しかし、民主体制においては、統治者と被治者の同一性が大事ですから、公選職政治家がまずもって支配をする為政者でなければならず、与党的な公選職政治家が不可欠です。民主化は一夜の革命で起きるのではなく、現実には長い移行過程を経ますので、政治と行政の立ち位置は難しくなります。野党《や》から与党《よ》へ移るには、「癒党《ゆ》」の時期が必要なのです。しかし、全ての政党が与党になってしまえば、統治者である民衆の代表はいても、被治者である民衆の代表がいなくなってしまいます。

帝国議会衆議院は、権限は弱体とはいえ、予算・法律の協賛権を持っていますので、単に被治者であるとは言い切れません。何分の一かは、為政者集団の一角にあるわけです。そして、予算と法律を手掛かりにして、民主体制への移行を漸進的に進めたのが、政党政治の進展です。その過程では、政党は与党として統治を担う必要もあります。しかし、同時に、非民主体制では政府を攻撃することこそが、民党たる政党の本務でもあり続けます。こうして、一九二〇年代に成立した政党内閣においても、野党はその本領を発揮し、互いに政党内閣を攻撃しました。そして、結局、政党内閣への構造移行にもかかわらず、政友会・民政党の二大政党は、野党能力の方が大きくて統治能力を発揮できず、共倒れすることになりました。

このため、戦後体制では政党の与党能力が主として問われるようになります。逆に、民主体制における野党とは、いかなる意味で政治を担うのかを、明確に位置づけることがなかなかできませんでした。ジャーナリズムや政治学で「政党優位」とか「党高政低」などと呼ぶときも、政治とは基本的に与党のことを意味します。また、こうした状態を「官僚代表内閣」とか「政府与党二元体制」などと批判して、「政治優位」を提唱するときにも、政治とは基本的には与党または与党幹部会たるべき内閣のことを意味します。政官関係などといっても、与党・内閣を政治と見て、それと官僚の関係を考えます。このように、野党を理論的に位置づけられない問題は、一部を除き戦後日本の政治学・行政学の重大な欠陥なのです。

⑤政治家の練習をする、または、政治する高文官僚

明治憲法のもとでは、高文官僚集団は、政党との「管理された内戦」をする政治家予備群として位置づけられます。つまり、政治家の指揮監督を受けて業務遂行をする下僕ではなく、政治家「見習い」となります。こうなると、行政には独自の行動原理はなく、基本的には、いかに政治家のように行動するかを習得・実践するかが重要になります。したがって、政治家と高文官僚には思考・行動原理に差異は少なくなります。

こうして、戦前体制のもとで政党の力が強まるなかでも、政党政治家と高文官僚は共生できます。さらに、政党が強まれば、官僚は政党に入ることによって、政治家入りを目指していきます。山県有朋は、政党（主に政友会）に対抗すべく、高文官僚のなかに「山県閥」を形成したわけですが、そのグループの中心である桂太郎の新党構想の流れで、結局、政友会に対抗する立憲同志会・憲政会・民政党という政党を形成することになったのです。しかし、政治家見習いの官僚にとっては、政党が力を失えば、政党に入る必要もありません。むしろ、政党は、官僚以外からのリクルート経路（いわゆる「党人派」）が充分に育たないとすると、簡単に自壊しやすいのです。

こうした事態は、戦後改革で日本が民主体制に移行した後でも変わりませんでした（第3章2）。高級官僚とは、選挙ではなく、試験で登用された政治家（予備群）です。「国士型官僚」（政党政治家では国益を考えないとして、自らが天下国家を支えて真の政治を担うという気持の官僚）とか「政治的官僚」（政党政治家の正統性を受容して、政治の意向に添おうとする官僚）とか「調整型官僚」（利害調整こそが政治の本質と考え、実際に調整を担うことを重視する官僚）などと呼びます。戦後体制でも、高級官僚が実質的な意味で政治や政策決定を行う官僚政治は、当然の前提になります。官僚と与党政治家が、政策決定の仕事で、ときには、選挙対策や国会対策のような選挙・政局の仕事でさえも、融合することになります。国会で法案・予算を通過させたい官僚は、与党政治家の国会対策を補佐するしかありません。国会の行方が不透明なことは、与党が官僚から忠誠を得る手段なのです。人的集団としては、民主制（公選制）と官僚制（試験制）で明確に分離される政治と行政ですが、仕事や活動や思考パターンや政策指向としては融合してきます。こうした状態は、日本的な意味での「政治行政融合」といえるでしょう。イギリスでは政治と行政はもっと分離しているといわれます。

政策決定の中身は価値判断ですから、決して政治的に中立ではあり得ません。したがって、政策決定に与党政治家とともに深く関わる高級官僚集団は、政治的中立性を喪失していきます。高級官僚は潜在的には、多様な価値を持つ人間が採用されるでしょうが、仕事をするなかで、与党政治家に納得してもらえない政策を考えても仕方がないことを習得し、与党の持つ特定の政策的価値判断を予見して行動するようになります。いわゆる忖度《そんたく》です。上司がリーダーシップを発揮して具体的な指示を出すのではなく、部下が下から起案して決裁を伺う「司司《つかさつかさ》」のもとでは、部下が上司の意向を先取りして仕事を進めるのは、ある意味で当然です。そして、そのような対応力の高い官僚は昇進・栄転します。そうでない気骨のある官僚は、冷遇・左遷されます。なぜなら、政権党への忖度力の高い官僚が、政治家からも評価され、行政組織内で昇進して人事権を握るからです。このように、忖度力の高さのゆえに党派化した官僚制は、与党交代という意味での政権交代に、的確に対処する能力はありません。「訓練された無能力」(マートン)の一例です。

⑥公務員の「全体の奉仕者性」

日本国憲法第一五条は、以下のように定めています(傍線部、筆者)。

①公務員を選定し、及びこれを罷免することは、国民固有の権利である。
②すべて公務員は、全体の奉仕者であつて、一部の奉仕者ではない。
③公務員の選挙については、成年者による普通選挙を保障する。
④すべて選挙における投票の秘密は、これを侵してはならない。選挙人は、その選択に関し

公的にも私的にも責任を問はれない。

ここで言う「公務員」とは、選挙が規定されていることから明らかなように、公選職政治家を含んでいます。正確に言えば、公務員とは、公選職政治家（特別職公務員）と行政職員（一般職公務員）の両方を包括《すべて》します。これまで述べてきた為政者集団です。政治家も行政職員も、「全体の奉仕者」であって「一部の奉仕者」であってはならないのです。

しかし、与党政治家は、実際には党派的選好を持った「一部の奉仕者」です。野党政治家も同様です。政党（party）とは、部分（part）でしかありません。与党政治家と野党政治家と、全部を併せた複数政党制（party system）となって、政治家は「全体の奉仕者」になります。与党政治家だけでは「全体の奉仕者」にはなり得ません。党派的に非中立的な政権の指揮監督を受ける行政職員も、困難とはいえ「全体の奉仕者」でなければなりません。そして、政治家・行政職員という公務員の選定・罷免《ひめん》権は、国民固有の権利です。政治家に関しては成年・男女・普通・秘密選挙です。行政職員に関しては明定されていません。しかし、「国民固有の権利」ということは、部分でしかない政権与党の政治任用（＝党派的選好に基づく任用）であってはならないということなのです。

しかし、近現代日本では、高文・高級官僚集団を、民党＝野党との「管理された内戦」において、藩閥勢力や与党政治家集団が、自党派の「傭兵」として活用しました。国会「論戦」などでの「武勲」をもとに、将来の政治家集団をリクルートしつつ、同時に、政策決定において作業を融合させた結果、現代日本の官僚制は著しく政治的中立性を欠くようになりました。もちろん、自民党一党支配のもとでは、政権与党が不変ですから、与党の政治的党派性に従って政治的中立性を阻害されても、それが目に見えることはありません。万年与党の政治的・党派的な価値判断以外が、政権・与党政治家によって示されることがないからです。こうして、日本の高級官僚集団は、著しい党派的傾向性がありながら、「中立性」の神話を享受してきました。

⑦政権交代と行政官僚制

政権交代が起きますと、こうした戦後日本官僚制に埋め込まれた党派的非中立性は、与党政治家と行政官僚との対立として表面化します。本来は、行政職員は与野党という複数政党制からなる政治の「全体の奉仕者」なのですから、政権交代が起きても、何の変化も起きないはずです。イギリス公務員制度はこのような存在です。与野党間の政権交代は、政治全体や複数政党制の変化を意味しないからです。しかし、「全体の奉仕者性」を欠いている万年政権与党の「傭兵」となった官僚制では、新政権との関係は緊張したものになります。

新たに政権を獲得した与党政治家といえども、高級官僚集団による補佐を得なければ、日常の業務が遂行できません。党派的選好のある高級官僚集団を信用できないとして、「政治主導」を政治家だけで進めれば、人手が足りずに為政が機能不全に陥るからです。したがって、既存の高級官僚集団の党派的傾向性を、承認せざるを得ないのです。つまり、政権交代をしても、前政権が長期間にわたって官僚制に埋め込んだ党派的傾向性が、次期政権の公選職政治家を拘束しつづけます。そうであるならば、政権交代は、少なくとも短期的には、無意味です。政策が変更できないからです。政権与党を交代しても政策が変わらないならば、もともとの万年与党のままでよいでしょう。こうして、一九九〇年代から喧伝《けんでん》された「政権交代可能な二大政党制」という構想は、夢物語に終わりました。

民主体制のもとでの官僚制としての行政職員は、政治の指揮監督を受ける必要があります。しかし、公務員の「全体の奉仕者性」という観点からは、行政職員は、政治の一部＝部分に過ぎない政権与党の指揮監督を受けて、政権与党の「傭兵」として、政治に動員されることがあってはならないのです。それは、政治全体の指揮監督を受けているのではありません。政治の一部の指揮監督しか受けていないということは、逆に言えば、政治の残りの一部の指揮監督を受けていない、ということです。要は、民主体制と整合しないのです。現代日本の民主体制は、戦前体制以来の連続性が行き渡っています。

もし、このように政権与党の「傭兵」になることが、民主体制における官僚の役割であるとするならば、行政官僚制のなかには、全ての政党の「傭兵」を埋め込まなければならないでしょう。そして、政権交代が起きれば、それぞれの新与党に忠誠を誓う官僚が「政治的官僚」として登場し、前与党に忠誠を誓う官僚は、「政治的官僚」として、休職または閑職に異動すべきとなります。

このように、行政官僚制を全体として、政党政治と同じく複数政党制化することは、民主体制における行政のあり方としては、一つの解決策でしょう。実際、戦前の政党内閣期には、政友会系官僚と民政党系官僚の色分けがされたこともあります。しかし、戦後のように長期にわたって政権交代が起きなければ、万年野党系の官僚は、永遠に冷や飯食いのまま、官僚制の主流は全体として万年与党に忠誠を誓う「党派的官僚」という党派的非中立性を帯びます。

政治と行政のあり方は、白地に絵を描くのとは違います。歴史的展開のなかで形成されます。自民党一党支配が長期化した戦後日本では、このような官僚制の複数政党制化はあり得ません。実際に生じたのは、官僚制の一党派的選好です。端的に言えば、自民党に忠誠を誓う党派的官僚制です。そして、これは、官僚が政治を担うという戦前以来の長い歴史がもとにある根深い現象なのです。

行政官僚制の政治的中立性を確立させること、すなわち、与野党双方の政治に対して、「全体の奉仕者」として、公平に忠誠を誓うこと、これが部分という執政の指揮監督のもとにある戦後日本行政が、本来なすべきことです。そのためには、政権与党や内閣が、少なくとも、高級官僚の人事権を握ることはあってはならないことです。もちろん、行政官僚制の中立性を高めることは、民主的統制を弱めるという批判もあるでしょう。しかし、それは逆なのです。行政官僚制の党派的中立性の確保こそが、被治者全体による民主的統制なのです。とはいえ、官僚制を「傭兵」として利用してきた政権与党は、こうした党派化した官僚制を手放すことはないでしょう。それどころか、内閣人事局の設置（二〇一四年）によって、党派的任用を制度化しました（第3章1）。ここに、現代日本の民主主義の難題があるのです。

2 自治と行政

①官治と自治

民主体制でも、非民主体制でも、人々にとって直接的に支配を及ぼすのは、行政職員の手を通じることが多いでしょう。政治家は、為政者集団の上層部にいるのが普通であり、上層部が自ら手を下すことは稀だと考えられるからです。このように、支配者として振る舞う行政職員は、いわば「お上」であり、「官」そのものです。官による支配、すなわち「官治《かんち》」は、人々から見て異質な他者による支配です。この官治に対立する概念が、同質な仲間による支配である「自治」です。戦前体制日本では官治と自治が対比されて捉えられてきました。

私たちという同質な仲間による自己支配を自治として捉えると、統治者と被治者の同一性という民主体制と、ほとんど同じことを指すことになります。つまり、自治制＝民主体制、官治制＝非民主体制ということです。戦前体制は非民主体制の典型です。多くの日本の人々から見れば異質な他者の支配です。

明治政府の藩閥支配を、同質な仲間による支配だと思えるのは、西南雄藩の下級士族か、せいぜい、西南雄藩出身という地縁による藩閥を享受できる人だけです。「明治維新」に親近感を抱ける人は、縁もゆかりもなくとも、西南雄藩という地縁や政権を担う統治者に自らを想像の上で一体化させた人たちです。これも「想像の共同体」の一種でしょう。

しかし、実際には藩閥支配は、多くの人々から見れば一部の異質な他者による支配ですから、官治の典型となります。ましてや、会津などの東北列藩や琉球から見れば、他者以外の何者でもありません。もっとも、江戸体制における百姓・町民や、琉球王国の民衆から見れば、旧体制における支配層も異質な他者ですから、支配者が藩閥に置き換わっただけで、大した違いはないかもしれません。あるいは、「敵の敵は味方」ですから、以前の「悪い」為政者を一掃した「御一新」は、むしろ歓迎される面もあったかもしれません。

ともあれ、藩閥支配を打破して、国政において同質な国民という仲間による支配を目指すことも、自治となります。「国政自治」です。それは、国政の民主化と、ほぼ同義といってよいでしょう。もっとも、国政において同質な仲間とは誰なのか、と問われれば「国民」だと答えることになるでしょうが、国民とは何なのか心許ないところもあります。国民は「想像の共同体」なのです（第1章3、第2章3）。

②地方自治としての自治

ところが、今日、日本で「自治」といえば、国政のことを指すことは、まずありません。基本的には、「地方自治」のことを指すのが普通です。もちろん、修飾語として「地方」が付いている以上、他の修飾語を付ける用法は、今日でもあります。「私的自治」とか、「大学の自治」とか「労使自治」などという用法です。しかし、かつてあった「自治省」（今日でも、自治省などが統合してできた総務省のなかに「自治行政局」「自治財政局」「自治税務局」として残っています）という修飾語のない「自治」が、「地方自治」を指したように、自治＝地方自治が、ほぼ当然として通用しています。

この用法は、明治憲法制定を経て、戦前体制の確立とともに固まっていきました。明治政府は当初の藩閥支配から、その後に、徐々に高文官僚による官僚支配に世代交代していきます

（第1章1）。しかし、民党による民主主義を認めるものではなく、天皇主権の官治を原則としていました。これに対して、町村のレベルでは、地元の有力者（名望家）による支配を認めてきました。藩閥・官僚やその吏員が市町村を直接に支配することは、人数的にも無理なので、町村の自治を認めてきたということです。町村の地元有力者による自治を認めるといっても、勝手なことを許すつもりはないので、明治政府は町村を監督する必要があります。この意味では官治は消えません。地方自治にとって、自治と官治はセットでした。

東京の内務省から直接に全国の町村を監督することはできないので、国の出先機関（普通地方行政官庁）である府県庁・府県知事（北海道庁・長官）を置きます。しかし、当時は一万もの町村があったので、四七道府県庁からでは官治が行き届きません。そこで、出先機関である郡役所・郡長を置いて、町村を監督させたのです。府県知事も郡長も官治のための出先機関ですから、国が人事権を握る官選でした。安定期の戦前体制では、息のかかった人物を官選知事などの地方官として赴任させ、地方を官治したのです（なお、中央に置きたくない人物を知事として処遇しますと、府県や地方官会議は、かえって国政への抵抗の根拠地・舞台となります）。

③戦前体制の国内支配制度――地方制度

戦前体制の国内支配は、国（明治政府）－府県－郡－町村という四層制が原則でした。そして、国が官治の大本であり、町村が最も自治が認められるという、連続帯をなしています。府県庁は国の出先機関ですから、内務官僚などを派遣するという官選知事制でしたが、公選議会に相当する府県会が置かれました。そして、府県会の設置は、帝国議会（特に、衆議院）の開設よりも早かったことから分かるように、府県の自治的な側面は、国政自治の側面より大きかったのです。府県の区域には、自治団体・地方団体としての府県という組織も置かれました【図2】。

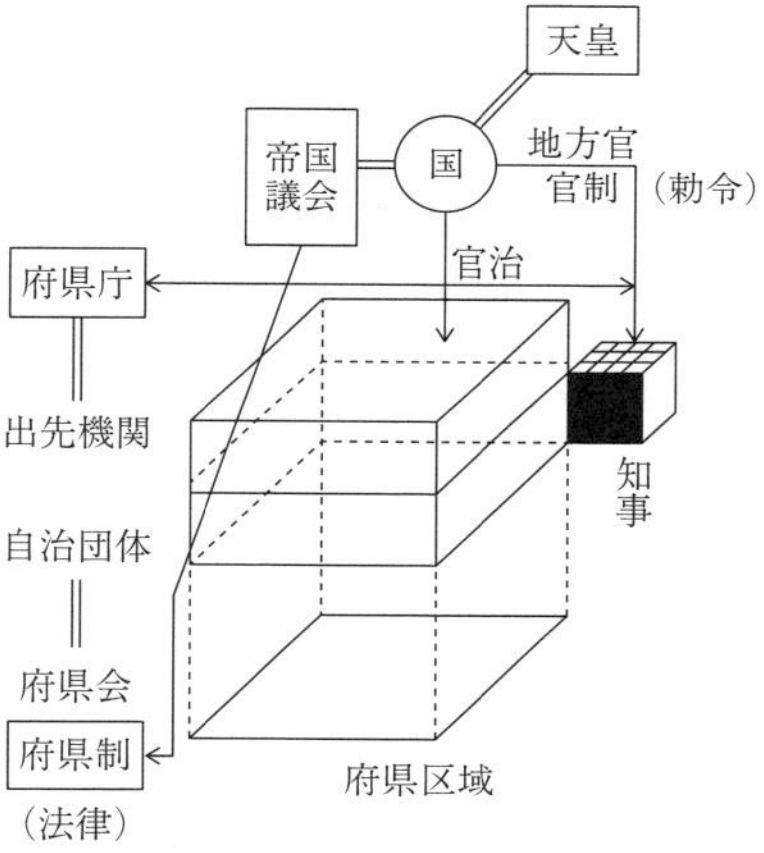

図2　府県区域の地方制度

ここのところは大変に分かりにくいのですが、府県とは、国の出先機関＝官治である地方官官制・府県知事・府県庁と、地方団体＝自治としての府県制・府県会とが、表裏一体で作られた組織です。こうした表裏一体の仕組を、日本語では「地方制度」と呼びます。地方制度とは、日本に特殊な用語であり、英語に翻訳することは困難です。地方制度とは、国（官治）の「地方」行政制度であるとともに、地域の「地方」自治制度であるという、二面的存在を表しています。こうした府県に備わった自治と官治の両義性は、実は、戦後体制の都道府県にも色濃く受け継がれています。そのため、今日でも、都道府県は「中間団体」にすぎず、「本当の自治体ではない」という空気が残っています。

郡は府県の出先機関なので、府県ほどではないにせよ、官治の要素が大きいものです。ただ、このような位置づけは極めて曖昧であるため、出先機関としての郡長・郡役所も、自治団体としての郡制も、一九二〇年代には廃止されました。結局、郡は地理的単位として戦後に引き継がれただけです。

市は、町村と並ぶ自治団体です。公選議会に相当する市会が置かれました。市制が施行される区域では郡は置かれないので、国－府県－市の三層制です。市は、政治経済の要地ということもあり、明治政府としては、町村よりは官治の要素を強く埋め込みました。市長は、市会が推薦する三名のなかから、内務大臣が選任する仕組としました（市制第五〇条）。その後、一九二六年の市制改正によって、市会が市長を選挙する仕組に変えられ、市は町村の自治に近づきました。しかし、戦時集権化のなかの一九四三年の改正で、再びもとの仕組に戻りました。

町村は最も自治の要素が強いものです。公選議会に相当する町会・村会が置かれ、町長・村長が町会・村会によって選挙されました（今日では「町会」は、自治会・町内会の名称として使われることがありますが、戦前の市制・町村制のもとでの町会とは意味が違います）。とはいえ、町村にも地方制度の側面がゼロであったわけではありません。府県知事・郡長の官治（監督）を受けるとともに、町村長自身も国の機関として官治の業務を担うことも求められました。町村という自治団体の機関であるはずの町村長を、あたかも国の機関であるかのように行動させる、こうした擬制（フィクション・観念的な位置づけ）を、機関委任事務制度と呼びます。したがって、町村も完全自治とは言えず、自治と官治の両義性を持っています。ただし、府県・郡・市に比べれば、相対的に自治の要素が大きいということです。

④国政の民主化と自治

戦前体制は天皇主権ですから、政党内閣が実力を付けようと、国政は官治の枠内です。統治者と被治者は同一にはなりえません。したがって、市町村など自治体は、統治者と被治者の同一性という民主制＝自治制の要素を維持する役目を負っていました。しかし、戦後体制では民主主義の原理が国政にも導入されます。その限りでは、官治ではなく自治（＝国政自治）が実現します。そこで、自治を維持する役割を負っていた自治体は、歴史的な使命を終えたという考え方がありました。

民主主義の原理のもとでは、国民が国政の統治者であるとともに被治者です。そのようなときに、自治体の自治を認めるとどうなるでしょうか。国民が決定したこととは別の自治が行われることになります。いわば、国民（国民代表）という統治者が国政で決定したことが、各地の自治体によって実現を阻まれます。結局、国民という統治者の意向に従って、国民という被治者に対して支配を行うことができません。統治者と被治者が一致しなくなります。地方自治の存在は、民主体制（国政自治）の阻害要因という考え方も成り立ちそうです。

しかし、戦後体制は、（地方）自治が民主体制と矛盾するとは考えていません。むしろその逆であって、日本国憲法は、民主主義の原理を掲げるとともに、地方自治の制度的保障を確認したことが、大日本帝国憲法との大きな差異になっています。戦後体制では、民主制は自治制と矛盾するのではなく、両者は親和するとされています。この点は、どのように考えたらよいでしょうか。

⑤各層における民主主義としての自治

民主主義とは統治者と被治者の同一性ですから、どのような範囲《スケール》で統治者＝被治者の範囲を設定しても、成り立たなければならないと考えることです。つまり、国政では、国民という統治者と被治者が一致する必要があります。同様に、地方ごとの支配においては、それぞれの団体の範囲ごとに、統治者＝被治者でなければなりません。都道府県政では都道府県民が統治者＝被治者であるべきですし、市区町村政では市区町村民が統治者＝被治者であるべきです。こうした地方ごとの範囲の統治者＝被治者を「住民」と一括して表現します。地方における支配であるにもかかわらず、国民（国民代表）が統治者として振る舞うのはおかしいわけです。国民が統治者として、自治体における被治者である住民を支配するのは、統治者と被治者の同一性という民主主義の原理では正統化できないのです。国民が国全体の統治者であるからといって、個々の地域を国民が統治するのは、統治者と被治者の同一性の原理からは適切な関係とはいえません。

各層別の民主主義が成り立つためには、国政と都道府県政と市区町村政が、それぞれ明確に分かれていることが望ましいものです。国・都道府県・市区町村という各層が整然と分かれている状態を、分離といいます。

ところが、③で述べたように、国と府県と市町村との仕事が截然と区別できないのが、近代日本の地方制度の伝統です。国から来る官治と、地方ごとの自治が、渾然一体に融合して処理されるのが、戦前体制の国内支配です。府県や市町村が行う支配について、国が強い関心を持っています。例えば、小学校は市町村の仕事ですが、国や府県が無関心で、全くの市町村任せにするということは難しい、ということです。国のことは国のこと、地方のことは地方のこと、と截然と分けられません。このような状態を融合といいます。融合状態を解消できるかどうかは、戦後改革の大テーマでした。

結論から言えば、日本の戦後地方制度改革では、分離に移行することができませんでした。

また、戦後体制の運用においても、一貫してできませんでした。これは、二〇〇〇年の分権改革でも同じです。だいたいの仕事は、地方にも国にも関係があります。ですから、地方に任せきるという分離を国が認めることはありません。国に関わる側面について、地方に任せると、統治者（＝住民）と被治者（＝国民）とが同一ではなくなるからです。そこで、もし、無理矢理に分離をしようとすると、ほとんど全てが国の仕事に持って行かれてしまいます。すると、自治体に残るのは、どうでもよい雑用だけです。これでは自治制の死滅です。

しかも、ほとんど全ての仕事は地方にも関係があるわけですから、国の仕事になって国民が統治者になりますと、地方の住民に関わる側面は無視されます。つまり、分離のもとで国の事務になってしまうと、地方に関わる側面に関しては、統治者（＝国民）と被治者（＝住民）との同一性は維持されないことになります。そのため、民主主義の原理からは、国と地方の双方に、あるいは、国・都道府県・市区町村の各層に関係がある仕事は、整然と分離できないのです。融合したまま、被治者のそれぞれの側面に応じて、それぞれに統治者になるしかないのです。

融合状態においては、統治者と被治者の同一性といっても、単純ではありません。同じ仕事に対して、被治者が多様な範囲で共存し、それゆえに、統治者も多様な範囲で共存する、というややこしいことになります。そのような意味で、自治制と民主制が親和するのです。地方自治なき国政だけの民主体制では、民主主義の原理が実現できないのです。

⑥広い意味での民主政治を実現する自治

国政の政治とは、国民代表のなかの多数派の政治家のみを指すわけではありません。政治家とは、全ての民衆の代表を指すべきものです（第1章1）。その政治家が議論をして決定して、行政職員に指揮監督をすべきものであります。しかし、民主主義は「数の論理」ともいわれるように、多数決で決定することが多いものです。本来は全員一致が望ましいとしても、現実的には全員一致は困難です。そのための便宜としては、多数決が最も便利ということです。議院内閣制とは、議会の多数派が与党として内閣（執政）を組織することで、政治として行政職員を指揮監督するものです。行政職員を指揮監督する政治家は、民衆の声を幅広く比例的に反映したというよりは、相対的に多くの声を集約した多数党派的なものに過ぎません。

国の執政は、その意味で、党派的です。もちろん、議院内閣制では議会で政府与党と野党との討論を経ますから、執政以外の政治も存在してはいます。しかし、最終的に行政職員を指揮監督するのは、執政に限られるのです。つまり、国政における民主主義には、与党派に傾かざるを得ないという限界があるのです。少数派にとっては圧政です。

自治体が存在する場合には、国政の議会で野党になるような部分の、民衆の声を掬い取る可能性が出てきます。民衆の意向に地理的な差異があるからです。あくまで可能性であり、自治体でも国政の執政と同じ国政与党系党派が、自治体の執政を握ることも多いでしょう。しかし、それでも、自治体が全くない状態に比べれば、国政野党系党派が自治体の執政の一部を握ることもあるでしょう。このように考えると、自治制があった方が、十全ではないにせよ、国全体での民主主義の原理もより充実するものになりうるわけです。

もっとも、戦後体制の場合には、必ずしも自治体の執政を巡る政治が、国政の与党系・野党系で争われているとは限りません。むしろ、大半は無所属という看板です。これでは、上述のように、国政の与野党を含めた幅広い党派の政治を反映させるということには、ならないかもしれません。そもそも、党派性を否定しているからです。さらにいえば、「無所属」の実態の多くは「保守系無所属」であって、実は、国政の執政を握り続けてきた万年与党＝優越政党の自民党系ですから、自治体の執政は国・自治体全体を通じた、体制全体での執政の党派的な幅広さを保証するものではない、ともいえましょう。

しかし、自治体レベルにおける無所属・無党派の広がりは、重要な意味を持っているといえます。それは、国政の執政が多数派＝与党による「勝者総取り」であって、党派的非中立性が避けられないときに、つまり、野党政治家に代表される民衆の声を軽視しがちなときに、敢えて自治体レベルでは党派的傾向性を緩和しようとする試みでもあるのです。

⑦権力分立のための自治制──団体自治と住民自治

日本国憲法前文には、権力分立の原理は明示的には語られていません。また、憲法条文においても、特に、権力分立の原理があるとはされていません。一般にも、現行憲法は、基本的人権の尊重、国民主権、平和主義という三大原則からなると解釈されていますが、ここでも権力分立とは明示されていません。しかし、フランス人権宣言（一七八九年）第一六条は、権利の保障が確保されず、権力の分立が定められていないすべての社会は、憲法をもたないと定めています（傍線部、筆者）。日本国憲法前文は、こうした近代立憲主義の「人類普遍の原理」に基づくことを謳っていますから、基本的人権を尊重する以上、当然に権力分立の原理を採用していると考えられます。

つまり、権利保障のためには、民主主義の原理だけで統治することはできないのです。これは、民主制が、多数決による支配になりやすいことから考えれば、簡単に分かります。多数決で何でも決定できるのであれば、少数派の権利は多数決によって剝奪されるかもしれません。したがって、民主主義の原理に基づいて多数派が意思決定したとしても、少数派の権利を保障するために、これを覆せる別の独立した権力が必要なのです（第1章4）。

次の問題は、分立される権力とは何であるかです。通常は、立法・司法・行政の三権分立と考えられています。ただし、国政が大統領制でも議院内閣制でも、立法と行政は国民代表の多数派の掌中に入ります。したがって、少数派の権利保障という観点からは、三権分立のうちで決定的に重要なのは、司法権の独立です。三権分立といっても、国政が民主化されていきますと、実態は二権対一権なのです。これだけでは心許ないでしょう。

さらにいえば、日本国憲法では、最高裁判所長官は内閣が指名し（憲法第六条②）、その他の最高裁判所の裁判官は内閣が任命します（憲法第七九条①）。司法権のトップである最高裁判所の人事を、実は、党派的な執政政治家である内閣が握っているのです。つまり、立法権を握る国会が、行政権を握る内閣を組織・信任し、内閣が司法権を握る最高裁判所の人事を差配します。簡単に言えば、〈国会→内閣→最高裁判所〉という人事ルートがあります。こうなると、三権は相互に分立してチェック・アンド・バランスしているというよりは、一連の組織のようにも見えてくるでしょう。三権分立とは言いながら、国会が「最高機関」とされるのは、このような人事権の連鎖があるからです。

こうして、立法・司法・行政以外の別の権力分立が求められてくるのです。その一つが、自治制なのです。国とは別個の団体として分立している自治体は、権力分立を体現します。国政の三権分立を水平的権力分立と呼ぶならば、国と自治体の権力分立は、垂直的権力分立と呼ぶことができましょう。権力分立のためには団体自治が、まずもって必要です【図3】。

さらに、国・自治体間の融合的な仕事の関係を前提にすれば、国の国会と内閣が実質的に立法した内容を、自治体が執行するのであれば、国政だけでは形骸化している立法権と行政権の権力分立が、国・自治体を跨いで成立することになります。つまり、国が実質的な立法権を持ち、自治体が実質的な行政（執行）権を持つのです。また、最高裁判所は内閣に人事権を握られていますが、自治体に対しては気兼ねなく司法審査をすることができます。つまり、国政だけでは形骸化しやすい行政権と司法権の権力分立が、国・自治体を跨ぐことで、より円滑に運用できます。自治体が実質的な行政権を掌握することは、権力分立にとって極めて重要です。

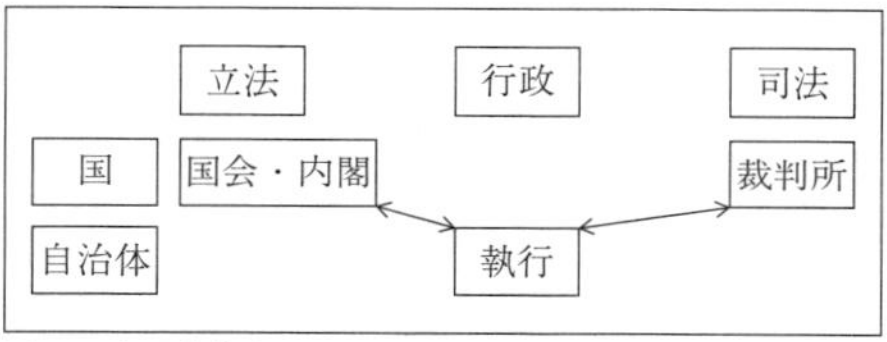

図3　水平的権力分立と垂直的権力分立

権力分立のための団体自治という観点だけからすれば、自治体は民主主義の原理で運営される必要は必ずしもありません。荒唐無稽なイメージかもしれませんが、人々の権利保障をするならば、代々の大名・豪族・領主が、世襲制または武力支配で、自治体の統治者の役割を果たしてもよいのです。戦国大名・分国制や江戸体制のような、中世・近世または封建制的な意味での自治制です。あるいは、宗教的カリスマが宗教自治領を確立してもいいのです。加賀などの「一向一揆」のようなものです。またあるいは、有力商業者が都市自治領を確立してもいいのです。

戦国時代の堺や博多のような「自治都市」です。しかし、近現代国家において、こうした自治は支配の民主的正統性を持ち得ません。また、こうした封建制的な自治制の支配者に、人々の権利保障を期待することも困難です。

結局、自治体は民主主義の原理で運営するのが、もっとも、国政に対して自律性を確保できるのです。これが住民自治です。地域住民から直接に公選される政治家を持っていれば、理念的には、国政の政治家にも官僚にも、政策判断を依存しないで済みます。そして、民主主義に内在する自治体為政者・多数派による少数派の権利侵害に対しては、国の裁判所が審査します。

⑧国と自治体の政治と行政

戦後憲法では、自治は団体自治と住民自治からなります。住民自治の観点から、住民によって直接に選挙される公選職政治家が、自治体における政治を担うのです。そして、国と同様に、公選職政治家だけでは実際の支配の業務を行うことは困難ですから、自治体も行政職員を持ちます。これも国と同様に、行政職員は試験制度によって採用される近代官僚制となります。

こうして、自治と行政の関係を図式化すると、①〈国の政治〉、②〈国の行政〉、③〈自治体の政治〉、④〈自治体の行政〉、という四者関係になります【図4】。

〈国の行政〉と〈自治体の行政〉との関係

〈国の行政〉が〈自治体の行政〉に指揮命令を行うのが、最も典型的な官治です。〈自治体の行政〉の指揮監督をする〈自治体の政治〉に、独自の存在価値を見いださないからです。〈国の行政〉と〈自治体の行政〉は、同じ行政を「共同」して担うものとして、上下関係に立ち、いわば、同一組織のなかの上司と部下の関係になります。もちろん、〈自治体の行政〉は、実務上の様々な不具合などに関しては、上級官庁である〈国の行政〉に提言をしたり、改善要望を出すことはあります。しかし、〈自治体の行政〉が〈国の行政〉の意思決定を覆すような意思を持つことを、〈国の行政〉は嫌がります。

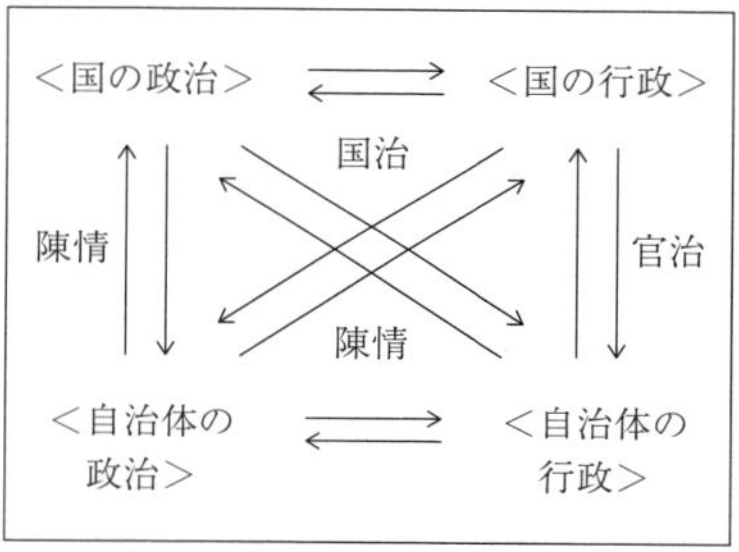

図4　国と自治体における政治と行政の関係

〈国の行政〉と〈自治体の政治〉との関係

自治体が国の下請け機関ではないとすると、〈自治体の政治〉に独自の判断が必要になります。いわば、自治とは、〈国の行政〉の意図を、〈自治体の政治〉が否定し、独自の意思を持つことです。逆に、官治とは〈国の行政〉が〈自治体の政治〉の独自性を否定することです。しかし、〈国の行政〉と

〈自治体の政治〉はそのような上意下達だけではありません。〈国の行政〉に対して、〈自治体の政治〉が要求・要望を行うことが、圧力陳情政治です。〈自治体の政治〉は、〈国の行政〉をあたかも自分の手足のように使えれば、支配としては非常に大きな効果を持ちます。

〈国の政治〉と〈自治体の行政〉

〈国の行政〉が〈自治体の行政〉に指揮命令を行うのは、〈国の政治〉の明示的または黙示的な、指示または承認によることが普通でしょう。つまり、表面上は官治に見える介入でも、実際には、〈国の政治〉の意向を受けているので、本当は「国治」とでも呼べる現象のこともあります。もっとも、人数の限られた国政政治家が、自治体に対して直接に手を下すのは、よほどの重大案件のときといってよいでしょう。ともあれ、〈自治体の行政〉は、〈国の政治〉と〈自治体の政治〉の二つの指揮命令の主人《プリンシパル》を持つこととなります。このときの対応は、極めて難しいものとなります。

〈国の政治〉と〈自治体の政治〉

〈国の政治〉に〈自治体の行政〉が抗うことは困難です。最終的には、民主主義の原理のもとでは、行政とは政治に服すべき存在だからです。そこで、〈国の政治〉にもの申すことができるのは、〈自治体の政治〉です。自治体からの陳情政治は、もちろん、最終的には〈国の行政〉を動かさなければなりませんが、〈国の行政〉を動かすには〈国の政治〉を動かす必要があります。また、陳情型の〈自治体の政治〉に対応する〈国の政治〉のスタイルを、地方利益誘導政治と呼んでいます。ただし、〈自治体の政治〉の要望に〈国の政治〉が応答するとは限りません。特に、国の政策に反対・抵抗する場合などは、なおさらです。とはいえ、〈国の政治〉の方向性を受容することが、自治体の不利益になるとき、〈自治体の政治〉は反対・抵抗を諦めてはならないのです。

3　民衆と行政

①自己支配の回路

日本語の通常の語感では、支配とは、他者によってなされるものでしょう。実際、民衆にとって、支配の具体的な現場で立ち現れてくるのは、行政職員による様々な活動です。支配とは行政として具体的に行使されます。

誤解を恐れずにいえば、行政という他者による支配は民衆にとっては不愉快なことも多いでしょうから、納得感を持ち得ません。それをなくせというのが、無政府主義《アナーキズム》です。あるいは、完全になくすることはできないにせよ、できるだけ減らすべきだというのが、自由市場原理主義《リバタリアニズム》でしょう。もっとも、国家とか統治とか政治・行政権力という他者による支配がなくなれば、支配そのものがなくなるかといえば、そう甘くはありません。行政による支配がなくなれば、別の強者による支配が取って代わるだけです。無政府主義は、「万人の万人による闘争」であって、暴力の支配になりかねません。自由市場原理主義は暴力による支配は認めないでしょうが、市場という弱肉強食の生存競争であって、経済権力による支配です。だから、支配そのものはなくせないし、大幅に減らすこともできないのです。そこで、せめてもの解決が、自分たち自身による自己支配です。行政という他者による支配は不愉快でしょうが、自分たちが支配者でもあるならば、何とか我慢できるのではないかということです。統治者と被治者の同一性という民主主義は、集団的な自己支配による納得なのです。

もっとも、行政はどう見ても民衆にとっては他者です。したがって、民衆と為政者である行政職員とが同一性を持つはずがありません。同一性があるのは、行政職員が同時に被治者であるときだけです。そこで、一般民衆は自分の代表者である政治家を選出し、その政治家が行政職員を指揮監督することで、あたかも行政による支配は、自己支配だと納得するわけです。

さらにいえば、そもそも、行政職員を指揮監督する政治家ですら、民衆と同じではありません。常識的に言って、政治家は他者に決まっています。だから、民衆は政治家を選挙で選出するということで、「代表者」などと分身のように見立てるわけです。

民衆が政治家（代表）を支配（選挙）し、政治家が行政職員を支配（指揮監督）し、行政職員が民衆に支配をします。この支配の連鎖がループ状の回路として繋がるとき、ようやく、〈民衆は民衆を支配している〉という集団的な自己支配の図式が成り立つわけです【図5】。随分と迂遠であやふやで脆弱な回路といってよいでしょう。連鎖がどこか一カ所でも切れれば、一巻の終わりです。

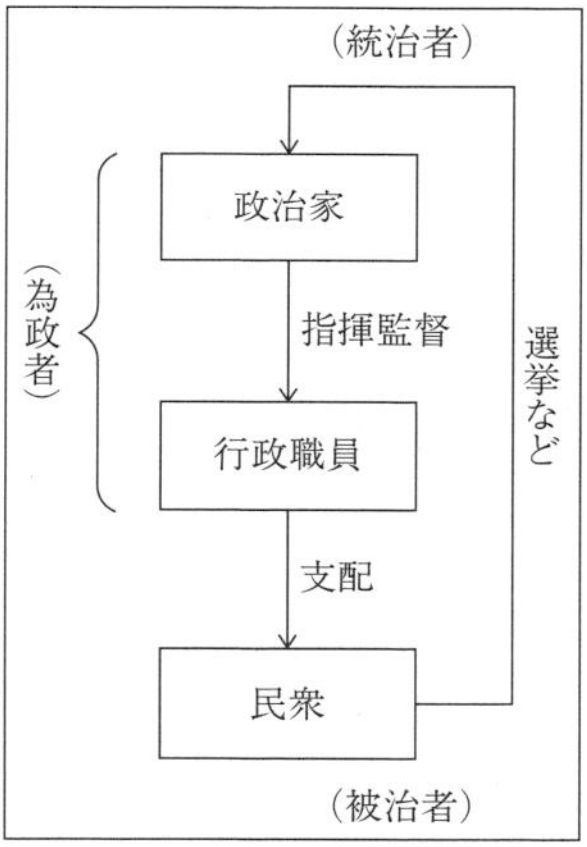

図5　民衆による自己支配の回路

②民主主義的無責任

民主主義と自己支配は、このように心許ない回路なのですが、仮に、この回路が頑丈であれば問題がないかというと、そういうわけでもありません。なぜならば、民衆の目の前で行政職員によって展開される承服しがたい業務は、行政職員の自らの判断による遂行であるとしても、潜在的にはその上司、さらには行政官僚制の指揮監督をうけたものです。そして、行政官僚制の組織的な運営は、行政官僚制の自らの判断によるとしても、潜在的には、執政を担う公選職政治家が指揮監督しているものです。そのような運営を許している執政を担っている政治家を選出したのは、選挙による民衆です。だから、民衆に降りかかる不満をもたらす支配は、民衆が選んだからである、という「自己責任」になります。だから、行政の責任を追及できなくなります。

もちろん、理屈上は、将来的には民衆は別の政治家を選挙することで、現状の行政を止めさせることはできるかもしれません。しかし、ともかく現に起きている状態は、自分たち民衆が、かつて、あのような政治家を選出したからだ、ということになってしまうのです。将来を変える夢はあるかもしれないけれども、現在の行政上の諸問題は甘受するしかないのです。つまり、現にある支配は、何でも正当化されてしまう危険があるのです。統治者と被治者の同一性という民主主義は、まさにそれゆえに、諦観と無責任体質を生む可能性があるのです。

これは政治家にとっても行政職員にとっても、都合よく使えます。公選職政治家は、選挙で選んだ民衆が悪いのであって、自分の責任ではない、と嘯《うそぶ》くことができます。無責任政治、あるいは、政治的無答責です。行政幹部は、執政の指示のもとで行ったのであって、自分の責任ではないと逃げることができます。中下級以下の行政職員は、上司の指揮監督に従っただけ、あるいは、組織の方針によるだけ、と言うでしょう。民主主義は、このような無責任体制に陥る危険性を常に持っているのです。

　まあ、それでも上に責任を押し付けるのは、まだマシな、責任逃れの仕組かもしれません。いわば、上司や組織という大きな存在、あるいは、強い存在に責任を押し付けるからです。世間でたちの悪いのは、部下や弱い立場の人に責任を押し付けて、上司や強者が責任を逃れる「トカゲの尻尾切り」でしょう。幹部官僚が部下の小役人に責任を押し付けてのうのうとするよりは、上司である政治家に責任をなすりつける方が爽やかかもしれません。政治家が「官僚叩き」をするよりは、自分を選んだ有権者が悪いと居直る方が、健全かもしれません。しかし、民衆という存在は被治者であって、支配の連鎖においては最も弱い立場の存在です。民衆に責任が押し付けられるときには、究極の「トカゲの尻尾切り」でしょう。政治も行政も無責任になります。

③抵抗・要求運動

　民主主義的な自己支配の回路は、現実には強固なものではありません。いわば、民主主義的原理の建前に基づく擬制（フィクション）です。全くの空想ではないので、ある程度は作用しているかもしれませんが、自己支配の擬制にだけ頼るわけにはいきません。結局、民衆の現前で展開される行政による支配は、行政という他者による支配であり、非民主主義的な要素を避けがたいのです。

民衆という被治者にとって、行政という異質な他者による支配は不愉快なものです。しかし、民衆は行政を指揮監督することはできませんから、反対・抵抗したり、要求やお願いの陳情・誓願をするしかありません。中世・近世的に言えば、一揆を起こすか、お上のお慈悲にすがるかの、どちらかの経路です。現代的に表現すれば、抵抗・要求運動です。個人で苦情を伝えたり、ハンストをすることもあれば、集団で抗議をしたりデモをすることもあるでしょうし、ネット上で拡散・炎上させることもあるでしょう。

ちなみに、こうした抵抗・要求運動を洗練させ、近代立憲主義のもとで制度化したものが、行政争訟です。もし、民主主義の自己支配の回路が完全であれば、行政に不満がある私人は、選挙・政治を通じて改善するだけでよいはずです。しかし、権利保障と権力分立は近代立憲主義の基本であり、特に司法権の独立が重要なのは、民主主義の原理だけではうまくいかないからです（第1章2）。その意味で、司法制度は非民主主義的な要素を持っているのです。もっとも、全ての一揆やお慈悲が功を奏するとは限らないように、行政不服審査で「お上のお慈悲」にすがり、行政訴訟で「一揆」を起こしても、成功するとは限りません。むしろ、裁判所は「一揆」を一蹴して鎮圧する為政者の一員でもあり得るからです（第4章2）。

支配者に対する様々な民衆の運動は、室町・戦国時代にも江戸時代にも明治時代にもあったことです。非民主体制のもとでは、民衆は支配者とは異質な別集団である、という「客分意識」がありますから、こうした方法しかなかったともいえます。しかし、民主体制の現代においては、民衆は民主主義の建前である自己支配の回路を使うべきともいえるでしょう。また、その自己支配の回路があるのですから、非民主体制下での、旧来的な経路を使うべきでないと言えるかもしれません。

しかし、自己支配の長い連鎖は機能するとは限りません。また、集団的な自己支配では、多数決によって党派的に運営される執政においては、少数派は無視され得るのです。その意味で、民主体制下でも、行政を異質な他者による支配と位置づけて、抵抗・要求運動をすることには価値があるのです。

④「客分」と「国民」的無責任

行政を異質な他者と見る客分意識は、前近代的な非民主体制の民衆の姿ですが、実は、民主体制においても、重要な意味を持ちます。自己支配の回路に伴う自己責任回帰と諦念《ていねん》という、民主主義的無責任の輪廻から離脱する契機を与えるからです。

逆に言えば、近代的な非民主体制では、統治者は、民衆の抵抗・要求運動をなくすために、「国民意識」を植え付けようとします。民主化されない近代国民国家です。民衆は、単なる統治の対象の別集団である「客分」ではなく、主観的には、支配者・統治者とともに国家を担い支える「国民」というわけです。国家を負担するという意味では、被治者・被支配者なのですが、自分のために自分で負担すると思えれば、負担感はなくなります。

非民主体制の政治・行政の統治者は、被治者とは別集団の支配者なのですが、被治者である民衆に国民意識を植え付ければ、「想像の共同体」の国民として、民衆は統治者とも国民国家・行政とも同一化できるからです。これがナショナリズム（国民主義・民族主義）の役割です。統治者も被治者も同じ国民として、権力や福祉の分配には違いや格差や不公平・不公正があっても、被治者から統治者への抵抗・要求はあり得なくなります。三国干渉・日露戦争時の「臥《が》薪嘗胆《しんしょうたん》」とか、アジア・太平洋戦争時の「欲しがりません、勝つまでは」です。

ナショナリズムが強く、統治者と被治者の差異が明確にならなければ、政治・行政の支配者は責任を負うことはありません。仮に民衆が責任を追及しようとしても、統治者＝被治者（民衆）を包含する「国民全員」に責任が自己回帰するからです。結果的に、為政者は何をやっても、許されるのです。こうして、非民主体制のもとでも、「一億総懺悔《ざんげ》」という無責任支配が可能になります。

⑤行政職員への就任機会

民衆から見て行政を異質な他者としないためには、行政職員を民衆と同一集団から構成する工夫が必要です。江戸体制のような前近代においても、実質的に業務を担う行政官僚制がなければ、支配の業務は遂行できません。しかし、そのような前近代の行政官僚制は、武士身分を持つ旗本・御家人などから構成されるので、百姓・町人などの民衆身分が行政職員になることは困難でした（村方三役などは自治の役職です）。こうした官僚制を家産官僚制といいます。家産官僚制は身分制を前提にしています。当然、百姓・町人という民衆からみれば、異質な他者に他なりません。

ところが、身分制を廃止して、全ての民衆から行政職員が採用されるようになれば、行政は異質な他者による支配ではなくなります。民主体制でなければ、政治家は民衆代表ではありませんから、①で述べたような自己支配の回路は作用しません。しかし、現前で支配を実行する行政職員は、自分たちと同じ仲間ということになります。もちろん、自分たちの仲間ではあっても、為政者である行政官僚制の一員ですから、上司である政治家の意向を聞くのであって、自分たち民衆の意向を聞くわけではありません。しかし、表面的には、異質な他者による支配という赤裸々な不愉快感を、多少は麻痺させることができるのです。

例えば、明治政府は、初期においては西南雄藩の「藩閥」による「有司専制」だったことを触れてきました（第1章1）。日本の多くの民衆にとって、初期の明治政府の統治者は異質な他者に他なりません。試験制の導入によって、行政職員（当時の言葉で言えば「官吏」）への門戸を全民衆に広く開放することにより、異質性を解消していくことができます。国民意識を植え付けるナショナリズムのイデオロギーに拠らずとも、能力主義のイデオロギーで同質性を醸し出せます。

西南雄藩の地縁がなくても、武士身分出身ではなくても、貧しい家庭の出身でも、苦学して文官試験や士官学校試験などに合格すれば、誰でも官吏になれます。もちろん、誰でもなれる可能性があるという機会の開放と、本当に誰もがなっているという結果の開放とは、同じではありません。そもそも、機会の開放とはいっても、抽選で採用を決めているわけではないので、平均的な民衆が行政職員になれるわけでもありません。むしろ、こうした官吏は、立身出世の成功者であって、一般民衆には別世界だったかもしれません。しかし、官吏には誰もがなれるという潜在的な可能性を保障することは、統治者と被治者の間に一定の同一性を作り出すものでした。公開競争試験制度による近代官僚制は、戦後体制にも引き継がれています。広く民衆のなかから——ただし、若年の国民からだけですが——行政職員を公募しているのです。

試験制度だからといって、広く門戸が開放され、誰でも平均的民衆が希望すれば高位の行政職員になれる、わけではありません。戦前戦後ともに国の高等文官・高級官僚においては、ながらく、私学に比べて官学（帝国大学・国立大学）出身が有利だと言われました。また、試験勉強には時間と費用がかかりますから、富裕な一族出身が有利です。篤志家の支援がなければ、下層民衆が高位の行政職員にはなりにくい、経済的な機会の不公平があります。そもそも、試験である以上、試験得点で測定できる学力により選別がなされます。結局、官学出身・富裕層・高学力者という異質な他者が、官学出身でない、富裕層でもない、高学力でもない、民衆という被治者を支配していることには変わりがないのです。

⑥行政職員の国籍

加えて、国民意識という「想像の共同体」によって、行政職員と民衆の同一性を確保しようとしています。現在の日本では、「公権力の行使または公（国家・地方公共団体）の意思形成」に関わる行政職員は、日本国籍を持たなければならないのが、日本政府（内閣法制局・自治省）によって「当然の法理」とされています。「当然」ということで、その根拠が説明されることはほとんどありません。行政職員が公選職政治家の指揮監督に服して下働きするならば、単なる作業員ですから、日本国籍などは必要ないはずです。しかし、実態的には、中上層の行政職員ともなれば、政治家の指揮監督からは相対的に自由に、「公権力の行使または公の意思形成」をしているでしょう。とするならば、外国人が中上層の行政職員として実質的に統治者として振る舞うことは、被治者である日本国民にとっては、異質な他者による支配として不愉快だということなのでしょう。逆に言えば、日本人によって支配されるならば、同じ日本人は、ある程度は納得するはずだ、ということです。

もっとも、こうした国民としての行政職員と民衆の同一性のフィクションは、実感として納得を生むとは限りません。行政職員が日本人ならば、どんな支配であっても日本人の被治者は納得するというわけではありません。藩閥だけに限定されたら不公平感を持ちますが、全国民に開かれたからといって、直ちに納得が得られるものでもありません。

⑦民衆と行政職員の経済均衡

⑤⑥は機会の話でした。公務就任の可能性だけが国民に広く開かれていても、実際に行政職員になる人は限られています。現に行政職員となった統治者が、結果として本当に被治者である民衆と同一性を持っているのか、は別問題です。

戦前体制では、確かに高文官僚などの行政職員への門戸は一般民衆にも開かれましたが、実は、個人的な「立身出世」の梯子の第一歩だったというだけです。むしろ、官僚になることは、特権身分の一員になることでした。確かに、生まれながらの身分制ではありません。「人の上に人を造らず」です。しかし、現実に上下格差があるのはなぜか、福沢諭吉の答えは明確です。学問をするかしないかです。つまり、学問をして学力をつけて高文試験に合格すれば、特権統治身分の一員になれるということです。つまり、むしろ、高文試験制度は、統治者と被治者の同一性をなくす方向に作用していました。試験制度は、機会は平等でも結果は不平等です。

戦後改革は、身分制的かつ特権的な官僚制を、民主的な公務員制度に改革しようというものでした（第3章2）。ここで言う「民主的」とは、民主主義の原理のもとで、公選職政治家の指揮監督に服するという意味もないわけではないのですが、それ以上に、身分制的な特権性を剝奪して、統治者と被治者の同一性を回復するということです。もっと露骨に言えば、一般民衆と同程度の処遇しか受けない存在にすることです。それによって、統治者である行政職員と、被治者である民衆とは、経済階層という意味では、同一性が確保されるのです。結果的には、民間賃金水準と均衡する公務員給与水準とする人事院勧告制度として定着しました。

もっとも、その後もこの問題は、繰り返し問われ続けます。行政職員が優遇されているのではないか、というものです。例えば、仕事が楽なのに給料は同じ水準だ、表面上の給料は同じだとしても裏で様々な役得がある、その典型は退職後の「天下り」だ、そもそも、民間企業と違ってリストラ・失業の危険がない、などという「公務員バッシング」です。的を得た批判もあれば、誤解に基づくものもあれば、理性的でない批判も、あるかもしれません。しかし、根本的に重要なのは、戦後日本における民主主義にとって、統治者と被治者の同一性を確保する一つの方策が、行政職員と一般民衆の経済階層の同一性だったのです。

⑧行政職員と民衆の類似性――代表的官僚制

行政職員と一般民衆の同一性が問われるのは、経済処遇の問題だけではありません。一般民衆の様々な属性と、行政職員の属性が大きく乖離していれば、同一性が存在しないことになります。同一性が存在しないからといって、直ちに、異質な他者による支配として、不快感を持たれるとは限りません。しかし、人々の意識や、情勢の変化によっては、それが違和感に変わることはあり得るのです。

イギリス・フランスのような階級社会で問題となったのは、行政職員が有産階級で占められていることです。被治者である一般民衆には、無産階級（労働者階級）もいれば、有産階級もいるとしても、統治者側である行政職員が有産階級で「文化資本の遺産相続者」に偏っているのであるならば、統治者と被治者の同一性は確保できません。普通選挙制度によって、公選職政治家に無産階級が増えるのであれば、公選職政治家と行政職員の指揮監督関係もぎくしゃくするでしょう。仮に、普通選挙になっても、エリートである公選職政治家が有産階級で占め続けられるのであれば、政治家と行政職員の関係はうまくいくかもしれませんが、為政者と被治者の亀裂は大きいものになります。現代日本でも、行政職員の出身階層が、社会の中上層に偏るのであれば、格差社会のなかでは、違和感の源泉になるでしょう。

アメリカのような多人種・多民族国家で問題となるのは、人種・民族の問題です。白人が黒人や黄色人種より過剰に多ければ、あるいは、アングロ・サクソン系がヒスパニック・ラテン系よりも過剰に多ければ、何かのときに不満は爆発します。例えば、白人警官が黒人民衆を暴行することは、しばしば社会暴動の引き鉄《がね》になってきました。西ヨーロッパ諸国はもともと、国内のエスニシティが多様ですし、近年ではアジア・アフリカの旧植民地や中近東・東ヨーロッパ系の人々も増えているのです。

「単一民族神話」の国民意識が根強い日本では、こうした違和感が表面化されることさえ、抑圧されてきました。不満も圧倒的に少数ならば掻き消すことはできるからです。そもそも、国籍を少数エスニシティに認めなければ、有権者や行政職員を日本国籍に限定することで、「在日外国人」の被治者を無視することもできます。とはいえ、少数エスニシティで日本国籍を持っている人もいます。しかし、そもそも、統治者と被治者の同一性という民主主義の原理は、被治者を国民に限定できないところもあります。合法か違法か便法か脱法かはともかく、結果として、外国人移民が日本に増えていますから、現にここ日本に在る被治者との同一性が問われる事態になるのは、避けがたいものです。

日本で現在もっとも問題となっているのは、男女のアンバランスです。戦前体制の身分制官僚制においても、女性高文官僚・女性公吏はいましたし、戦後には、男女平等の理念は強化されたはずです。とはいえ、結果として男性の行政職員が多く、管理職・幹部職になれば、その傾向はさらに著しかったわけです。しかし、近年、新規採用における男女比は、ようやく女性が三割程度になってきましたが、逆にいえば半分に達していません。しかも、仕事と家事・育児・介護を特に女性に求める世の中のままでは、採用した女性職員の早期退職が避けられたとしても、責任のある管理職・幹部職への登用が難しいのです。また、すでにいる行政職員集団というストックで見れば、男女比は遅々としてしか変わらないのです。

男女比の是正は、女性の社会進出や男女機会均等・男女共同参画社会という目的から求められるのであって、統治者と被治者の同一性という観点からは、求められているわけではないかもしれません。男性の行政職員が多いからといって、女性が異質な他者（男性）による支配を受けている違和感を持っていないかもしれません。もっとも、違和感がないということ自体、男性が支配的地位にいて女性が被支配的地位にいるという、ジェンダー格差秩序（「男尊女卑」）が女性のなかにも内面化された状態（「男尊女子」）であり、最も深刻なのかもしれません。また、女性職員を増やす理由が、「女性ならではの視点」や「女性らしいきめ細かな配慮」などを行政に導入するというような場合には、かえって、男女の性別役割分業を固定化することを進める危険もあります。

このように、様々な社会属性が問題となり得ます。しかし、いくら行政職員と一般民衆とを、集団として近似させて同一性を確保しようとしても、限界があります。ある民衆の自分自身が同時に現前にいる行政職員ではない以上、行政による支配は常に他者による支配なのです。そもそも、ある人が行政職員であったとしても、その人が別の案件で、一般民衆の立場で行政と接することになれば、やはり目の前にいる行政職員は他者なのです。その意味で、行政を他者として位置づけることは、消え去ることはないのです。

⑨行政過程への直接参加

民衆から代表（公選職政治家）を通じて行政職員を指揮監督する自己支配の回路は、迂遠かつ脆弱なものです。かといって、行政職員の構成自体を、民衆と同一にすることも容易ではありません。結局のところ、民衆の前に為政者として立ち現れる行政職員は、異質な他者です。異質な他者には、抵抗・要求をするしかないともいえますが、他者である行政職員は民衆の抵抗・要求に応答するとは限りません。このようななかでは、民衆は代表（公選職政治家）を通じないで、行政職員を直接に指揮監督することを目指すことになります。これが、行政過程への民衆の直接参加です。

行政過程への直接参加は、公選職政治家を通じる長い自己支配の回路と比べるならば、公選職政治家を通じないで、直接に行政職員への自己支配を行う短い回路です。公選職政治家を通じる間接／代表民主主義に対して、直接民主主義といってもよいでしょう。もっとも、こうした直接参加に対応する行政職員にとっては、悩ましい問題があります。

というのは、直接参加してくる現前の人たち民衆は、果たして、行政職員として服してよい民主主義の主体（統治者）なのか、判然としないからです。政治家の場合には、一応、選挙で一定数の民衆の支持を得たという、ある程度の推定があります。しかし、直接参加に現れる人たちは、民衆の代表と考えてよいか分からないのです。ただの「声の大きな住民（ボイス・マイノリティ）」にすぎず、「サイレント・マジョリティ」の意向は別のところにあるのかもしれません。さらに言えば、単なる私利私欲のゴリ押しを求める人かもしれません。「モンスター」とか、「行政対象暴力」とか、いわれる現象もあるくらいです。

したがって、民主主義の観点からは、行政過程への直接参加に対しては、行政職員としては、そこで示される民衆の意向が、広く人々の意向を代表したものといえるのかを判断しなければならないのです。とはいえ、全体の奉仕者の観点からは、多数派の意向と称するものによって、少数の現前の人を排除してよいということでもありません。行政職員は民衆全体の意向に対応すべきであって、党派的選好を帯びた多数派や執政の意向にだけ服するべきものではないからです。行政職員には、判断をする行政責任が発生します。

しかし、これは、ある意味で怖いことです。被治者の声を聞くべきかどうかを、為政者である行政職員が取捨選択するということだからです。そして、耳を傾けて応答すべき直接参加者の声を、ただの「クレーマー」と錯覚してしまうこともあり得るのです。行政過程への直接参加は、為政者である行政職員に、被治者の本当の声を聞き分ける対処を求めているのです。

また、このような識別能力があるくらいならば、あらかじめ行政職員は被治者である民衆個々人の意向が分かっていることになるはずです。あらかじめ民衆の声が分かっている行政職員は、行政過程への直接参加に対応できます。しかし、そのような行政職員には直接参加は不要です。他方、あらかじめ民衆の声が分かっていない行政職員こそ、直接参加によって民衆のナマの声に触れるべきです。しかし、そのような感度の低い行政職員は、そもそも、行政過程への直接参加に対応できないのです。行政過程への直接参加が抱える悩みです。

翻って、行政過程への直接参加をする人は、民主主義的な観点から行政職員を自らの意向に従わせたいならば、自分の要望というだけでなく広く皆の意向であることを標榜して、自らが民衆の代表者として振る舞わなければならないことを意味します。これは大変に難しいことです。民衆の代表として直接参加をする限りにおいてはじめて、統治者（＝直接参加者）と被治者（他の一般民衆）の同一性は担保されます。

しかし、民衆の代表ではなく、単なる一個人または集団として直接参加をするならば、統治者と被治者は別物です。簡単に言えば、参加した一部の人々が、行政職員を通じて、一般民衆への支配を変えさせたことになるのです。民主主義的な支配ではなく、少数者専制といってもよいでしょう。ところが、直接参加をするときには、自らが民衆の代表であることを推定させる方法は、本人の自覚や良心を除いて、何物もありません。しかも、民衆の代表としてではなく、一個人または少数の集団の権利や自由のために、直接参加をすることも大事です。民主主義だけでは、少数派の権利は保障されないからです。自由主義的な観点から直接参加をする人が、民衆の代表として振舞う必要は必ずしもないので、この意味からも、行政職員は少数者を排除してはいけません。

このように、行政過程への直接参加は、大変に重要なものなのですが、行政職員にも民衆にも、非常に大きな能力と自覚を求めるものなのです。

4 自由と行政

①国民主権と行政

日本国憲法は、戦前の天皇主権を否定して、国民主権の原理を採用したといわれます。最近では、選挙などの場面でも、政策論議の場面でも、「国民が主権者である」「主権者として投票に臨む」などと言われることは、ごく普通のことです。いわゆる一八歳選挙権を契機にして、「主権者教育」などが、文部科学省や総務省という為政者を旗振り役にして、行われることもあります。

例えば、一九九九年に制定された、いわゆる情報公開法（「行政機関の保有する情報の公開に関する法律」）には、目的として、

第一条　この法律は、国民主権の理念にのっとり、行政文書の開示を請求する権利につき定めること等により、行政機関の保有する情報の一層の公開を図り、もって政府の有するその諸活動を国民に説明する責務が全うされるようにするとともに、国民の的確な理解と批判の下にある公正で民主的な行政の推進に資することを目的とする。

ということが定められています（傍線部、筆者）。行政機関に国民が情報公開を義務づける情報公開法が、このように定められたことは、極めて意味深長です。ちなみに、アメリカ・イギリス・オーストラリアなどの情報公開法は、「情報自由法（Freedom of Information Act: FOIA）」と命名されています。また、カナダ情報公開法は、「情報アクセス法（Access to Information Act）」と言います。日本と諸外国のこうした違いは、主権と自由を考える上で、大変に示唆的

です。

日本の情報公開法の特徴は、

1国民の「情報自由（Freedom of Information）」という自由・権利を基盤に据えるのではなく、主権国家における国民主権を機軸にしています

2「国民の知る権利」という自由・権利を前面に打ち出すのではなく、為政者である行政側の「国民に説明する責務」（いわゆる説明責任）を全《まっと》うするための手段に過ぎないという位置づけです

3「民主的な行政の推進」が目的なので、「行政文書の開示を請求する権利」は、それ自体としての情報自由（アクセス）権という価値を持つものではなく、民主的行政のための手段に過ぎないとされています

ということにあります。つまり、民衆や個々人の情報自由権や情報アクセス権よりも、国民主権・民主的行政と為政者の責務を重んじているのです。国民主権の原理を採用した現行憲法体制では、ある意味で当然のことのように思えるかもしれません。しかし、ことはそう単純ではないのです。

②主権と行政

主権とは、大変に難しいものではありますが、支配の最高権力・権威と考えることができましょう。主権は最高の存在ですから、主権者に対して支配を及ぼす別の者があってはいけません。主権者より上位にあっていいのは、全知全能の創造主である一神教の神だけです。その意味では、「八百万《やおよろず》の神」を前提とする多神教の日本の「伝統」には、適合しないでしょう。主権とは、もともとは、ヨーロッパ中世の封建領主・教会・都市などが割拠するなかで、君主が地上の最高権力を掌握するために使われた用語と言ってよいでしょう。君主に主権があるならば、他の封建諸侯・領主や貴族、教会・都市などは、君主の一元的な支配に服することになるわけです。主権概念は専制君主制と相性がよいのです。欽定明治憲法が天皇主権の原理を採用したのも、その一環で自然といえましょう。

主権は地上での最高の存在ですから、複数が混在することはあり得ないことになります。実際には、主権国家体系というように、地球上には複数の主権国家が併存します。そこで、空間・時間で境界を明確に区画し、特定の空間内での特定の時間内には、唯一の主権しか存在しないように整理する必要があります。こうして領域・時間支配によって区画された主権国家は、理屈上は互いに上下関係はありませんから、相互合意の条約を締結するだけです。もっとも、現実には実力（軍事力・暴力）を行使する戦争もありますので、武力の威圧の下での「合意」のこともあります。とはいえ、主権国家間の戦争の後には、主権を否定しない限り、最高権力を持つ主権国家間の講和条約が必要になります。

問題は国内支配です。国家主権＝君主主権のときには、君主が最高権力・権威ですから、個人の権利や自由は基本的にありません。あくまで、君主が恩恵で付与する「権利」が臣民に与えられるだけです。君主の部下である行政は、為政者集団の一員として、君主を最高権力として補弼《ほひつ》しながら、民衆を支配します。君主の意思は単一ですから、一人のトップを頂くピラミッド型の官僚制として、行政を組織することができます。

このような君主主権は、個人または伝統的な中間団体などの権利や自由にとっては、大いなる侵害です。逆に、君主主権のもとで抑圧された、民衆の個々人の自由を回復するには、どうしたらいいでしょうか。

第一は、権力分立制の導入です。仮に主権国家であるとしても、その統治権力が、立法・司法・行政に分割されて、相互牽制をすれば、国内では実質的には最高権力・権威は抑制できます。君主主権の専制君主制のもとで、君主は行政を掌握することが普通でしたから、行政から立法と司法を切り分けて行けばよいのです。仮に、君主主権の原理のもとで、君主が行政権を掌握し続けたとしても、実質的には主権は最高権力・権威ではなくなります。しかし、弱められたとはいえ、君主主権と共存しうるのが、権力分立制の難点です。

第二は、国民主権の原理への転換です。君主の専制支配を止めさせるには、君主に最高権力・権威がないことを確立すればよいのです。主権国家（「国家の主権」）という領域支配内での、主権（「国家における主権」）という発想を否定しないのであれば、誰が最高権力・権威を持つのか、という問題が発生します。一番単純には、国民が最高権力・権威を持つという、国民主権の原理を採用することです。これ以外にも、例えば、議会が主権を持つという議会主権という考え方もあり得ます。また、主権は国家そのものに存在するという、国家主権という考え方もあります。もっとも、国民主権にせよ、議会主権にせよ、国家主権にせよ、それによって個々人の自由と権利が保障されるかは、大いに疑問です。というのは、主権とは最高権力・権威ですから、主権者（国民・議会・国家など）の命令の前には、個々人の自由と権利は全く太刀打ちができないのです。主権という発想を持つ限り、主権者の自制を除いては、個々人の自由と権利は保障されません。

③国民主権ではなく個人の権利からの位置づけ

そこで、第三の道が必要です。つまり、主権と無関係に、個々人の自由などの基本的人権を、「神聖な自然的権利」として位置づけることです。フランス人権宣言のやり方です（第1章2）。前文では、「……人の権利に対する無知、忘却、または軽視が、公の不幸と政府の腐敗の唯一の原因であることを考慮し、人の譲りわたすことのできない神聖な自然的権利を、厳粛な宣言において提示する」としています（傍線部、筆者）。いわば、人間による人為の前にある自然の権利なのです。

主権があって権利があるのではなく、主権があろうとなかろうと、神聖にして自然な形で、自由と権利があるということです。国家単位に存在する主権よりも、さらに強力な原理を打ち出して、主権を最高の座から引きずり下ろすわけです。他に表現の方法がないので、「天賦人権」とか「天は人の上に人を造らず、人の下に人を造らず」というように、「天」が認めたというような表現をとることもあります。もちろん、フランス人権宣言第三条は国民主権を規定していますが、あくまで人権が主権よりも先にあるのです。国民主権は、人権にとって有害な君主主権を、否定するためだけに存在するのです。

自由などの基本的人権を究極目的と据えることで、国家も統治機構も行政も官僚制も、手段としての存在意義が与えられます。個人の自由・生命などの人権を保障するために存在する、というわけです。万能の主権が存在して、その主権者が恣意的に命令を下すのではないのです。権力分立制は、人権保障の観点から正当化されます。国家・統治機構・行政も同様です。誰かによる他者への人権侵害あるいは不当な支配を止めさせるには、そのような実力集団を上回る権力・権威が必要だということに過ぎません。結果的には、国家が国内での最強の実力・武力集団である必要が出てきます。国家や行政とは正当とされた実力の独占なのです（第4章1・

2）。弱肉強食または「万人の万人に対する闘争」を防ぐためには、国家建設や効果的な統治機構の整備、効率かつ公平な行政運営は、必要になります。

しかし、国家・統治機構・行政は、最強の実力集団であるとしても、何をやってもよいというわけではありません。国家が弱肉強食を助長するなどは論外です。あくまで、自由などの権利保障という手段に過ぎません。フランス人権宣言第一二条は「公の武力」として、「人および市民の権利の保障は、公の武力を必要とする。したがって、この武力は、すべての者の利益のために設けられるのであり、それが委託される者の特定の利益のために設けられるのではない」と表現しています（傍線部、筆者）。国家は手段であるに過ぎないならば、それは真の意味の何をやってもよいという、有害かつ危険な内容を持つ、絶対的な最高権力という主権ではありません。だから、本来、主権（「国家における主権」）という概念は、少なくとも、国内的には不要なのです。

④国民主権の危険性

現代日本でも、依然として主権という発想が消えていないことは、上述の通りです。安易に、「主権者である国民として」などという標語が使われます。確かに、公選職政治家や行政職員という統治者・為政者に対して、被治者である個々の民衆や諸個人が強く出るためには、それなりに大仰な言葉を使う必要があるかもしれません。そこで、最高権力・権威である主権という概念を持ち出せば、国民の個々人の存在を大きく見せることができるのではないか、という用語の利用者の期待もあるでしょう。

そのように使い出せば、「当事者主権」とか「消費者主権」とか「地域主権」とか、色々、インフレ的にも使えます。インフレによって主権という言葉の重みがなくなることは、主権の発想が不要という本書の立場からすれば、大変によいことです。「主権者としての国民」の立場も、同じように「主権概念のインフレ」によって価値が下がります。しかし、個人の基本的人権を出発点にしていない場合には、単に国民主権の価値が暴落するだけではなく、暴落した主権の名の下で軽々しく行われる為政者による恣意的な支配を招き寄せるだけです。

では、国民主権の価値を暴落させないで、文字通り、最高権力・権威であったらよいのでしょうか。そうではありません。主権は最高権力・権威ですから、単一の意思しか持ち得ません。複数の意見が対立したままであれば、主権とはいえないからです。君主主権は、君主は一人ですから、非常に簡単です。しかし、国民主権の場合には、個々人という意味での国民の構成員は多数ですから、簡単ではありません。結局、個々人の意見の相違とは無関係に、「一にして不可分」という国民集団のみが、主権を持ちます。簡単に言って、国民主権の原理では、国民の個々人は実は主権者ではないのです。ここを勘違いしないことが大事です。

だから、主権者である国民の名の下で、個々人の意見や自由を抑圧することは可能です。主権は最高権力・権威なのですから、何を決定してもよいのです。個々人を抹殺することも、個々人の意見を封殺することも恣意的に行えます。「主権者としての国民」と言うときに、このような恐ろしいことを含んでいることは、当の本人はあまり気が付かないままのことが多いようです。

個々の国民は主権者ではありません。「一にして不可分」という国民集団全体が意思決定をするときに、その国民＝集団は主権者です。しかし、そのような単一集団・団体は、組織としてはどこにも実在しません。国民は「想像の共同体」に過ぎないからです。選挙・国民投票などで、個々人は代表選出や決定に関わることはあり得ます。しかし、個々人の投票で示される意向は多様です。多様な意見が投票箱で「一にして不可分」になるわけではありません。単に少数意見を無視して集計するだけです。国民集団に単一の意思は存在しません。

投票は、そもそも有権者に限られています。選挙で決まるのは政治家の当落だけです。国民投票の原案を作るのは、為政者たちです。存在するのは、有権者団という機関、あるいは、国会という機関です。基本的には、国会・内閣などの統治機構で意思決定をするだけです。国民主権の原理とは、結局、政治家などの為政者が、国民の名の下で、選挙専制的・人民投票民主主義的に決定することに、転落しやすいのです。そして、それが主権という最高権力・権威で正統化される限り、暴走を止めることはできません。個々人の意思と自由は、集団としての国民の名をかたる為政者の前では、鳥の羽よりも軽いのです。個人の一票は有権者全体の一億分の一の存在でしかなく、国民全体のなかではほとんど無力なのです。

⑤民主主義という「人類普遍の原理」

日本国憲法「前文」は以下のように述べています（付番・傍線、筆者）。

1日本国民は、正当に選挙された国会における代表者を通じて行動し、2われらとわれらの子孫のために、3諸国民との協和による成果と、わが国全土にわたつて自由のもたらす恵沢を確保し、政府の行為によつて再び戦争の惨禍が起ることのないやうにすることを決意し、ここに4主権が国民に存することを宣言し、この憲法を確定する。そもそも国政は、5国民の厳粛な信託によるものであつて、その権威は国民に由来し、その権力は国民の代表者がこれを行使し、その福利は国民がこれを享受する。6これは人類普遍の原理であり、この憲法は、かかる原理に基くものである。われらは、これに反する一切の憲法、法令及び詔勅を排除する。

日本国民は、恒久の平和を念願し、人間相互の関係を支配する崇高な理想を深く自覚するのであつて、平和を愛する諸国民の公正と信義に信頼して、われらの安全と生存を保持しようと決意した。われらは、平和を維持し、専制と隷従、圧迫と偏狭を地上から永遠に除去しようと努めてゐる国際社会において、名誉ある地位を占めたいと思ふ。われらは、全世界の国民が、ひとしく恐怖と欠乏から免かれ、7平和のうちに生存する権利を有することを確認する。

われらは、いづれの国家も、自国のことのみに専念して他国を無視してはならないのであつて、8政治道徳の法則は、普遍的なものであり、この法則に従ふことは、自国の主権を維持し、他国と対等関係に立たうとする各国の責務であると信ずる。

日本国民は、国家の名誉にかけ、全力をあげてこの崇高な理想と目的を達成することを誓ふ。

前文は、4を見る限り、国民主権を規定したように読めます。しかし、国民主権を含んだ憲法を確定するのは、主権者である1「日本国民」＝2「われら」が最高権力・権威で絶対的な存在だから、自由に制定したのではありません。あくまで、6にあるように「人類普遍の原理」に基づいているのであって、この普遍原理に反する憲法を主権者である日本国民が制定したとしても、その憲法は排除されます。つまり、主権者は最高権力・権威ではなく、その上位に「人類普遍の原理」があります。端的に言って、主権は最高権力・権威ではないと言っているのです。それは、8で主権国家に責務を課していることからも明らかです。主権が最高権力・権威であるならば、責務を課されるはずはないのです。

では、「人類普遍の原理」とはなにかというと、それは5に書いてあります。「国民の厳粛な信託によるものであつて、その権威は国民に由来し、その権力は国民の代表者がこれを行使し、その福利は国民がこれを享受する」というものです。信託統治という考え方です。そして、有名なリンカーンのフレーズ「人民の(=権威)、人民による(=権力)、人民のため(=福利)の政治」と同じことを言っています。端的に言って、民主主義のことです。つまり、上位価値である民主主義という「人類普遍の原理」のもとに、下位価値として、国民主権が置かれています。4のように、主権者=日本国民は憲法を「確定」しますが、それは「人類普遍の原理」に反することはできません。つまり、主権は最高権力・権威ではないので、自由に憲法を制定することはできません。あくまで、「確」認的に制「定」するだけです。

⑥民主主義と個人の自由――「自由のための民主的行政」

では、「人類普遍の原理」である民主主義ならば、いかなる支配をしてよいのか、という問題が起きます。憲法前文の3によると、実は最上位目的があります。それは、ⓐ諸国民協和、

ⓑ自由のもたらす恵沢、ⓒ政府不戦、です。さらに言えば、7ⓓ平和的生存権があります。このうち、ⓐⓒⓓは諸国民間の平和と主権国家の政府が戦争をしないことによる平和的生存への希求ということでしょう。もうひとつは、ⓑ自由です。

民主主義であるから、皆で決めたならば、何を決めてもよく、その決定には皆は従わなくてはいけない、というのではないのです。「人類普遍の原理」の上位に、個人の自由と平和的生存が位置づけられているのです。その意味では、民主主義は自由と平和的生存の手段に過ぎないのです。自由と平和的生存は、「人類普遍の原理」の上位に立つ、根本的な上位原理と言う

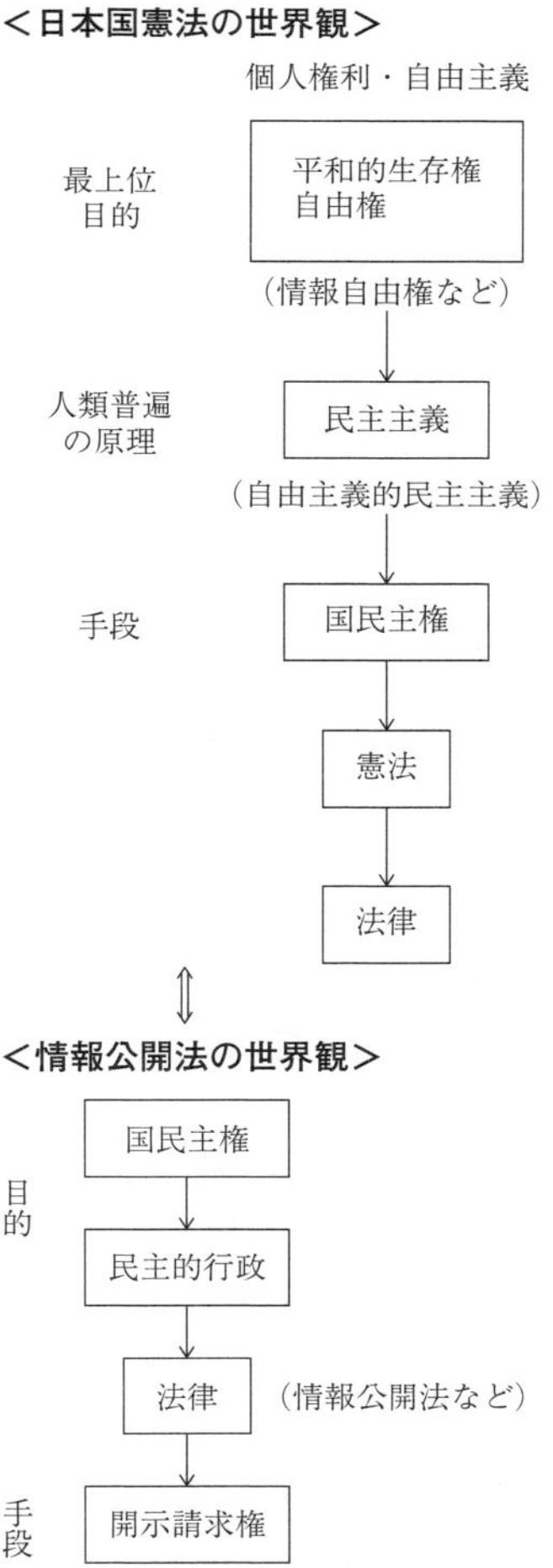

図6　自由主義的民主主義と情報公開法

ことができます。このような民主主義は、民衆諸個人の自由と共存を前提とするので、自由主義的民主主義のことを指します。

「皆のことを皆で決める」「自分たちのことを自分たちで決める」という民主主義は、個人の自由とは無関係に考えることもできます。皆で決めたことには、個人は絶対に従う、ということになりうるからです。この場合、「皆」というのがくせ者です。「皆の和を乱さないように、皆の雰囲気に従って、全員一致に倣え」という形での強要もあり得ます。要するに、ムラ社会にありがちな、全体主義・集団主義・同調主義です。

それでも最後まで意見を曲げない人がいて、全員一致制ならば、個人は自分の意に反する支配を強制されることはありません。しかし、それでは、全ての個人に拒否権が発生して、意思決定が実質的にはできません。ということで、支配の一種である民主主義では、「皆」と言っても、実は多数決制にすることが多いのです。そうなると、自らの意思に反することを、多数決によって押し付けられる少数派が発生します。これが、「多数派の専制」です。個人の自由から見れば、専制君主であろうと、多数派専制・選挙専制であろうと、同じことです。

だから、単に、「統治者と被治者の同一性」「人民の人民による人民のための政治」「自分たちのことを自分たちで決める」といっても、簡単ではありません。被治者＝人民＝自分たちが複数の個々人から形成される以上、多数派と少数派に分かれるのは不可避なのです。多数派が少数派の自由・生存を奪う決定を、全員の名のもとで、してよいのか、という問題です。民主主義といえども、決定してはいけない一線があるというのが、自由主義的民主主義です。多数派による多数決、多数派と少数派の妥協だけではダメです。少数派や個人には絶対に妥協できない領域が残されなければなりません。

つまり、民主主義でも、個人の自由・生存を害してはいけない、という制約をつけているのです。これも「人類普遍の原理」です。民主主義にそのような制約がなければ、国民主権と同じく、皆が決めたならば、皆のためならば、多数派ならば、何をやってもよい、という専制的・恣意的な権力・権威を、多数派や会議体に付与することになってしまうからです。個人の自由と共存の歯止めのない民主主義が、実際には独裁制・恐怖政治・粛清政治になりやすいのは、こうしたことに由来するのです。

こうしてみると、冒頭の情報公開法が、いかに「人類普遍の原理」を体現していないかが分かるでしょう。国民主権と民主的行政（民主主義）には言及するのですが、情報自由権を上位に規定していないのです。あくまで、国民主権と民主的行政という目的に対して、手段としての開示請求権を規定したに過ぎないのです。本来は、個人の自由の一つである情報自由権という上位目的に対して、民主的行政（「人類普遍の原理」）という手段があり、さらに下位の手段である国民主権が位置づけられなければいけないのです。

⑦民主的行政と「行政からの自由」

個人の自由という目的に対して、手段として存在する民主主義は、個人の自由を侵害してはいけないわけです。とはいえ、多数の個々人が相互に衝突することもありますから、ある程度の自由を制約しなければならない場面が出てきます。その意味で、支配の側面は発生します。個々人に支配の具体的活動として現れるのが、行政です。しかし、支配はできるだけ少ない方がよいといえましょう。したがって、行政はゼロにはできないが、行政はできるだけ少ない方がよい、という発想があります。

権力分立制とは、もともとは、君主に統治権を全て握られている状態から、立法権・司法権を分立させ、君主の行政権を制限するものでした（第1章2）。仮に民主的行政になったとしても、立法および司法による行政統制が必要なくなるわけではないのです。こうした状態を、「立法国家」とか「司法国家」と言います。行政が自由を過剰に侵害しないように法律で事前に枠を嵌《は》め、「法律による行政」を求めます。そして、行政が活動した結果を事後的に裁判所で審査することを求めます。いわば、「行政からの自由」というわけです。

「自由放任《レッセフェール》」や「小さな政府」という議論があります。実質的には行政活動を小さくするという発想です。行政活動を小さくすれば、行政によって規制されることも少なくなり、行政から租税を徴収される量も減ります。規制緩和・減税（増税反対）は、「小さな政府」のイメージと合います。

もっとも、「小さな政府」で行政活動を制約すると個々人の自由が増大するかというと、一概には何とも言えません。個々人や団体は行政と無関係に活動した結果、生存競争や弱肉強食を繰り広げることもあります。暴力・実力を持った個人・団体による、他の個人・団体に対する支配です。前者の個人の自由は増えるかもしれませんが、後者の個人の自由は減ります。そのため、「小さな政府」や「司法国家」といえども、個々人の暴力・実力行使を無制限に許すわけではないので、最低限の警察機能は必要です。「夜警国家」とも言われます。要するに、夜間警備というような、最低限のことに限る消極的な存在という意味です。

⑧民主的行政と「行政による自由」

しかし、個々人の間の暴力・実力だけを政府が阻止すれば、個々人の自由が守られるとは限りません。市場経済活動でも、個々人は様々な権力を持ちます。市場経済とは、財力による支配です。金を持っている人、金を稼げる人が、実力・暴力を使わなくても、他人を自由に支配します。富裕層・稼ぎ主や経営手腕・経済才覚のある人は自由です。結果的には、財力のない人、稼げない人、経営手腕・経済才覚のない人の自由は、乏しいものになってしまいます。カネのある人の言うことを聞かざるを得ないのです。

こう考えると、ある程度は財力のない人、稼げない人、経営手腕・経済才覚のない人の実効的な自由を確保する必要があります。そのためには、富裕層や経営者の善意と自発性だけに頼るわけにはいきません。もし、富裕層や経営者の善意（メセナ・寄付）で全ての個々人の自由が確保できるのであれば、行政の出番はないでしょう。しかし、実際にはそうはいきません。そこで、特に経済的弱者の自由を行政によって保障する必要が出てきます。いわば、「行政による自由」です。行政の役割が大きくなるので「行政国家」です。経済的給付が必要になりますから、「大きな政府」になります。単なる夜間警備だけではないので、「サービス国家」「福祉国家」とも言われます。

⑨民主的行政と「行政への自由」

民主主義では、個々人は平等な政治的自由を持ちます。誰かの声が誰かより強い、ということは制度的にはありません。いわば、個々人は平等に行政統制に関わる参政権・参加権を持つわけですから、「行政への自由」が民主的行政の制度です（第1章1・2・3）。しかし、形式的な「行政への自由」がどのような結果になるかは、自明ではありません。経済活動の自由と平等が、結果としての経済格差に繋がり得るのと、ある意味で似ています。

市場経済活動の結果により格差が生じれば、富裕層は少数になるわけですから、民主主義のもとでは多数者である経済的弱者を救済して、格差是正を目指す行政がなされるかもしれません。少なくとも、普通選挙権が認められ、大量の無産者・労働者が有権者になった、民主化の過程の初期においては、そのように考えられました。しかし、必ずしもそうはなりませんでした。市場経済で成功した経済的強者は数は少なくとも、政治活動でも潤沢な財力と、様々な経営手腕と、能力主義のもとでの社会的名声などを持つわけですから、民主主義のもとでも権力を持ちます。こうなると、多数の中産層・貧困層が、富裕層からの「おこぼれ（トリクルダウン）」に期待することも、不思議ではありません。したがって、「行政への自由」を含む民主的行政によって、「行政による自由」が平等に個々人に保障されるとはかぎらないのです。

政治的才覚と経済的才覚が異なるときは、「行政による自由」が達成される可能性もあります。端的に言って、経済的弱者が政治的強者であり、経済的強者が政治的弱者である、という組み合わせのときです。しかし、経済的弱者と経済的強者が、政治的には同等であれば、行政によって経済格差を埋めることはできませんから、「行政による自由」は達成できません。また、経済的強者が同時に政治的強者であれば、行政による格差是正などあり得ません。市場経済による格差を放置するか、さらには、経済格差をより拡大する行政を進めることすら可能です。この場合、貧困層にとっては、行政は活動すればするほど経済状況は悪くなるのですから、せめて「行政からの自由」を求めることになるでしょう。

第2章

外界と行政

1 環境と行政

①地理

行政にとって、地理的環境は大きな制約となっています。領域支配の近代国家の行政では、空間の境界画定は重要です（第2章3）。行政は、基本的には陸上支配なのですが、海域や水面にも、一定の範囲で及びます。また、それぞれの上空（空域）にも及びます。陸上の境界画定には、山脈や河川などの地理が大きな影響を与えます。「列島」と呼ばれる日本の場合、国境画定が陸上で行われることはありません。これに対して、自治体の区域画定は陸上の地理が大きな意味を持ちます。また、自治体の境界変更である市町村合併にも、陸上の地理は大きな影響を与えます。

境界画定された空間のなかでも、地理が意味を持ちます。単に、地図上の緯度経度やGPS（全地球測位システム）の問題だけではなく、行政の支配が及びやすいかという権力的距離に影響するからです。遠さと広さの問題と言ってもよいでしょう。結局は、行政が支配に使用しなければならない、時間・資源などの費用問題とも言えます。

したがって、交通や通信の接続が変化すれば、地理の意味も変わります。例えば、河川は舟運が中心であれば、河川は両岸や上下流を結びつけます。しかし、鉄道・自動車輸送が中心になり、河川は単に洪水の原因でしかないとすると、河川は堤防で隔離された堤外地となり、河川は両岸を隔て、上下流を対立関係に導きます。しかし、水資源として意味を持てば、上下流の水系一貫管理は重要になります。また、橋梁で結合すれば、河川は両岸を隔てることはなくなります。基本的には、道路・航路・鉄道・橋梁・トンネル・航空路などで結合すれば、地理的距離は時間的に短くなりますし、結合できなければ長いままです。その意味では、地理的環境の制約を、交通・通信（古い言葉で言えば「逓信《ていしん》」）のインフラ整備や技術で跳ね返すことができます。

また、平野・台地・丘陵・山岳などの様々な地形は、経済を含む人間活動や、動植物相にも影響を与えますので、行政にとっても大いなる外圧になります。例えば、稲作農業が経済活動の中心であれば、水利のある平野が集落の中心になりますし、加工貿易と呼ばれる工業が中心であれば、海外との原料・製品の輸出入に容易な港湾周辺部が都市の中心になります。それに応じて、農業基盤整備や都市基盤整備が行政に求められます。薪炭がエネルギー源として主力であれば、中山間地であっても林業経済が成り立ちますが、エネルギー革命によって化石燃料が中心になると、山林地帯の集落は衰退していきます。すると、過疎対策や限界集落問題が行政の課題となります。このように地理は、人間の経済活動に影響を与えますので、行政にも間接的に影響が及びます（第2章2）。

②歴史

地理という空間は行政の外界ですが、歴史という時間も行政にとっては外界です。現在の支配権力は、しばしば、過去の蓄積を継承しています。少なくとも、ある時点の行政は、一分前の行政とはほとんど違っていません。こうして徐々に時間を遡っていくと、過去と現在の行政は何らかの形で繋がっています。とはいえ、時間の経過において全く同じではありませんから、全てが同じになることはありません。

過去の歴史との関係とは、時間の経過のなかで、何を同じと一体視し、何を異なると一体視しないのか、という歴史観・歴史意識の問題でもあります。歴史も「日本史」または「国史」という「想像の共同体」でしかなく、知的創造の産物でしかありません（第4章4）。日本の行政は日本の歴史を背負っているともいえますが、北海道（蝦夷地）や沖縄（琉球）、さらには、東国・西国というエリアにおいて、どこまで一体性があるのかは、歴史観の産物です。簡単に言えば、日本＝やまと＝畿内でしかないのかもしれません。

そもそも、北海道は地理的にはかつて日本の領域支配の外にあったのですが、国内植民地としての「北海道」に「倭人」が「入植」「拓殖」したという意味において、人的集団としては連続した日本人の領域支配・日本が、空間的に拡大したと位置づけて、歴史を一体的に理解する人もいるでしょう。しかし、地理的に同一の空間を時間的に遡ったときに、歴史が連続しているという保証は全くありません。自治体がしばしば『市史』などを編纂しますが、その土地で起きた事象が、どこまで現在の自治体行政と関連しているのかは、歴史認識による位置づけ次第と言えます。近現代に限りませんが、人は空間的に移動します。時間を遡っても同じ地域に先祖がいた「地の人」（土着・地着き）と、そうではない人とでは、歴史観が同じではないかもしれません。逆に、「風の人」として地域を転々とするがゆえに、ある時点ではある地域の歴史観と瞬間的に一体化するのかもしれません。

行政にとって、歴史は外圧として作用します。過去の経験、由来、縁起、しきたり、伝統、誇り、恨み、しこり、記憶などが、民衆や団体から抵抗や要求の一環として持ち出されます。あるいは、民衆に対して支配の論理の一環として持ち出します。歴史は行政にとって、制約要因でもあり、資源・資産でもあります。それは正の資産でもあり得ますし、負の資産でもあり得ます。それゆえに、行政にとって都合よく歴史や歴史観を操作し、支配しようともします（第4章4）。それが「正史」です。知力という権力の源泉になるからです。もちろん、「偽史」であってはいけないので、史料の裏付けが必要ではあります。とはいえ、そこには物語として操作をする余地はあるのです。同様に、民衆や団体の側も、様々に歴史を「野史」「外史」の物語として操作し、行政に自己の歴史観を押し付けようとするのです。行政の支配権力を利用できれば、一部民衆の歴史観を、他の民衆や団体という他者に流布できるからです。

近現代日本の為政者も、様々な形で歴史観を操作してきました。「王政復古」「明治維新」史観はその最たるもので、「近世」の全国政権（「公儀《こうぎ》」）のことを「幕府」と命名し、地方政権を「藩」とし、「幕藩体制」と呼んできました。戦後日本の為政者にとって厄介だったのは、「太平洋戦争」の「侵略」の「戦争責任」にまつわる問題でした。米国からすれば、「東京裁判史観」を強要するのは当然です（第2章4）。戦後体制の為政者は親米が権力基盤ですので、微妙な立ち位置にありました。親米の枠内にありながら、「戦前はよかった／やむをえなかった」という歴史観を作ろうという動きもあります。「白人優位の世界を打ち破り、非白人で近代化を成し遂げ、大東亜戦争とは追いつめられた自衛の戦争で、しかも、アジア植民地の解放のきっかけを作った」などという具合です。

別の歴史観の可能性もあり得ます。例えば、「戦前の為政者は間違っていた。戦前と戦後は、統治体制として連続していないから、戦前体制とは歴史の一体感も持たない」という形です。要するに、日本社会の民衆の歴史は連続しているとしても、為政者や支配体制の歴史は連続していないと考えるのです。他者の歴史である戦前の「軍国主義日本」には、何の共感も同情も必要ないわけです。連合国に「軍国主義日本」が糾弾されても、自分が批判されている気にならないでしょう。むしろ、連合国の価値観と一体となって、一緒になって批判すればいいのです。実際、戦前日本でも民主主義的傾向・政党内閣や平和主義・国際協調主義の歴史もあったので、その流れと歴史を一体化するのです——というような具合でしょう。

歴史の扱いは行政にとっては極めて厄介です。そして、行政の日々の蓄積は、それ自体が歴史を積み重ねることです。戦後体制のあり方を、どのような物語にして操作するのかも、為政者と被治者の営みと相互作用の総体です。「文化国家」「奇跡の戦後復興」「世界第二の経済大国」「技術立国」「ものづくり大国」「唯一の被爆国」「非核三原則」「何十年も戦争をしなかった国」「公害（克服の）先進国」「原発被災（からの復興）」「クール・ジャパン」などです。為政者とは、支配がいかに成功しているかを、喧伝するものです。被治者のなかにも、歴史を操作することで、自己満足を得ようとする人々も多いでしょう。しかし、そのような歴史観に満足しない人々も存在するのです（第4章4）。

③気象

春夏秋冬という年周の気候循環は、そもそも時間の機軸となって、暦年・年度を構成しています。予算編成や通常国会などは、それ自体は気象現象と関係はありませんが、年度という時間自体が気象を前提にしています。国会議員や自治体首長・議員の任期満了が四年ないし六年であるのも、年という時間単位で設定されています。そもそも、一日二四時間も、日周運動をもとにしています。しかし、こうした時間軸を構築する周期的な変動ではない、細かい変動が広い意味の気象現象として、行政の制約となって作用します（細かくは、地象、水象と分けます）。

最も典型的には、自然災害です。暴風・豪雨・豪雪、火山、地震、津波などは、ある程度の周期性は存在するようですが、日周・年周運動のような時間軸にはなりません。むしろ、「天災は忘れた頃にやってくる」もので、「いずれいつかは必ず起こるが、いつ起こるか分からない」という意味で、現実的には予測（予報・予知）不可能なものもあります。その中間に、ある程度周期的に起こる現象もあります。例えば、豪雪地帯や台風常襲地帯では、だいたいの災害が発生する時期は分かります。ただし、どの程度の深刻さで、いつ起こるかは不明です。毎年冬には大雪が降るのが雪国なので、ある意味で雪害は想定の範囲内なのですが、「〇〇豪雪」のように、特定の年には災害級の雪害に見舞われます。

かつては、自然災害が起きるのは政治が悪いからであり、いわば、災害は天による人間に対する処罰と見る「天譴論《てんけんろん》」もありました。異常気象の発生自体までも、人間社会や政治行政に責任を帰着させる発想です。今日でもこうした「天譴論」を述べる人もいます。例えば、「日本人の我欲がひどいから、東日本大震災が起きた」というような議論です。

人間の所業のゆえに、地震や台風という気象現象が起きるというのは、今日では非科学的といわれるでしょう。もっとも、自然現象が災害になるのは、行政や社会の側の対処が充分でなかったことにも拠ります。したがって人災と天災の境界は曖昧です。その意味では、災害は全て人災といえます。防災・減災や災害応急対策・復旧・復興の是非によって、影響は異なってきます。さらに言えば、社会基盤整備や社会保障という日常行政そのものが、自然災害に対して強靭な社会を作るわけです。例えば、少雨・渇水という異常気象が旱魃という災害となることを、農業用水やダム・貯水池の整備によって、かなり回避することはできます。あるいは、そもそも人のいない地域であれば、干害にはなりません。

人為による災害の典型は火災です。それだけではなく、例えば、いわゆる地球温暖化・気候変動という異常気象現象は、近代化に伴う化石燃料の大幅使用と、温室効果ガスの大量発生という人為が原因だと言われています。日本各地で夏になると猛暑が増え、台風の勢力が強くなり、また、冬の豪雪が少なくなったのは、地球温暖化が原因といわれています。もし、それが科学的に妥当ならば、人間の経済・社会や政治・行政に責任があることになりましょう。なお、何十年かしてみて、地球温暖化論は科学的には全くのデタラメであったという結論が出るならば、後世からは天譴論とか「トンデモ学説」の一種といわれるかもしれません。

④自然環境

自然環境に比べて人間活動が小さい場合には、自然環境は行政にとって大きな制約になります。それゆえに、人間活動は自然環境を支配しようとします。行政は、被治者という人間を支配するだけでなく、自然環境への支配としても作用します。さらに言えば、自然環境への支配を通じて、被治者を支配すると言うこともできましょう。こうして、しばしば建造環境（build environment）という人工の環境を形成するわけです。例えば、建物・道路などは自然環境を支配する建造環境の典型です。

しかし、人間活動が自然環境に比べて大きくなる場合には、それが思わぬ方向に自然環境を改変し、人間へのしっぺ返しの外圧になることもあります。したがって、自然環境に比べて人間活動が大きい場合にも、自然環境は大きな制約になります。行政とは、人間と自然環境の関係を適切に整備しなければなりませんが、それは行政側の一方的な思惑と行動で制御することはできません。

例えば、建物・道路を無秩序に開発していけば、様々な問題を引き起こします。森林などの自然環境は破壊され、無謀な土地造成が災害を起こし、密集市街地が火災・通風・日照・景観などの問題を引き起こし、あるいは空き家が危険・治安などの問題を引き起こすことがあります。日照は常に保証されているわけではなく、自然環境が提示する制約です。放置された空き家は、長期的に見れば、日本の自然環境のもとであれば、いずれ朽ち果てて、そのうち草木に埋もれるので、自然環境の包容力によって回収されるかもしれません。しかし、そこに至る過程では、様々な問題を引き起こします。自然環境の回復力の遅さが制約になります。逆に、建物や道路や住宅を適正に管理するには、雑草に埋もれないようにする必要があります。この場合には、自然環境の回復力の早さが制約です。

自然環境が外圧になるのは、人間活動の介入が過剰な場合と、人間活動の介入が過小な場合と、両方であり得るのです。行政は、過剰な人間活動を抑制し、過小な人間活動を補完しなくてはなりません。

前者の典型は、公害防止などの環境規制です。過剰に汚染物質を排出することが、自然の包容力・回復力を超えるがゆえに、様々な自然環境破壊を引き起こし、人間活動にも悪影響をもたらします。廃棄物問題もその一種です。しかも、分解されない廃棄物は、ただ、地中に埋めるしかないことも多いのです。このような廃棄物「処理」は、右から左に／上から下に移動するだけのこともあります。自然環境の制約のもとで、根本的な対策は、行政はできないこともあります。とはいえ、人間活動に影響を与えないように、隔離し、「処」の「理」を踏まえる「処理」行政でも、やむを得ないものもあるでしょう。

後者は、人口減少・右肩下がりの日本では、行政の大きな課題となっていくでしょう。林業の衰退は放置林を、農業の衰退は耕作放棄地を生み出します。そして、中山間地での人間活動の後退は、鳥獣の活動前線の拡大とのせめぎ合いにつながり、鳥獣被害対策が求められます。

⑤人口――総人口・年齢階層別人口・地域別人口

行政による支配は、基本的には被治者という人間社会に対して行われます。したがって、人間社会の現実のあり方が、行政活動の必要性に関する為政者の判断を左右します。人間社会は行政への需要要因です。とはいえ、行政は万能ではありませんから、人間社会のあり方によって、実効可能な支配もあれば、可能でない支配もあります。つまり、人間社会は行政への制約要因でもあります。人間社会は、統治者（＝主体）であるとともに被治者（＝客体）でありますが、需要要因かつ制約要因という外圧（＝第三者）でもあります。

人間社会のあり方の大きな特徴が、人口です。人口は、行政への需要を規定し、また、行政の供給能力への制約となります。人口（population）とは、個々人の差異を個別に掌握するのではなく、個体を均質の一単位と数えて、集団である個体群（population）として分類・集計する発想に立ちます。個人を、「口」数で集計するのは、行政に意見を表明する「口」であり、行政から給仕を求める「口」という需要面を指す意味で、巧みな表現とも言えます。逆に、支配の観点からは、「口封じ」と「口減らし」の対象にもなりうるということです。

人口の基本は総人口です。総人口は、出生・死亡、転出・転入で変動します。結婚・離婚は、出生に影響するという前提に立てば人口動態の一種とも言えますが、本当は人口動態には直接の関係はありません。総人口が増えれば、行政需要は増大するとも言えますが、同時に、行政の供給能力も増大するかもしれません。逆に言えば、総人口が減れば、行政需要は減少するでしょうが、行政サービスの供給能力も下がるでしょう。その意味では、需要と供給のバランスにどのように作用するかによって、総人口の意味は変わってきます。日本の場合、二一世紀に入り、有史以来初めて継続的な人口減少社会に入りました。

人口を一人＝一単位と平板に捉えるだけでは、行政としては不充分です。特に、年齢階層別人口が重要です。一般に、年少期と老齢期は仕事などの生産に従事しないので、供給能力には繋がりません。供給に繋がりうるのは、いわゆる「働き盛り」の生産年齢人口と考えられています。他方、行政需要は全世代から発生します。年少期・高齢期の方が、教育・養護、医療・福祉、介護・年金などを考えると、生産年齢期よりも行政需要が大きいといえるでしょう。

その意味で、年少人口・高齢人口と生産年齢人口の対比（従属人口指数）が必要になります、特に、高齢人口比率・高齢化率が問題となります。国際連合などの用語では、高齢化が進んでいくと、「高齢化社会」（高齢化率七％超）、「高齢社会」（高齢化率一四％超）、「超高齢社会」（高齢化率二一％超）などと呼ばれていきます。高齢化の進行は、行政の需給両面で大きな外圧になっています。『平成二九年版高齢社会白書』によると日本の場合、二〇一六年で高齢化率二七・三％ですから超高齢社会です。また、その将来推計に拠れば、二〇六五年には高齢化率三八・四％です。

総人口も年齢階層別人口も、地理的・空間的に不均衡に変動します。日本の総人口が増加しても、地域的には人口減少が起きていたところもあります。このように、地域別人口も行政の需給に大きな外圧となります。日本全体は人口増加基調にあった一九六〇年代のころより、地方圏を中心に、すでに「過疎」という人口減少が始まっていました。これは高度成長によって、人口が地方圏から大都市圏（太平洋ベルト地帯・四大工業地帯）に社会移動したことが原因です。また、大都市圏ではドーナツ化現象というように、郊外部で人口急増が起きるのに対して、都心部では人口停滞・減少が起きることもあります。

地方圏での過疎は、人口総数の減少だけでなく、若者・壮年の転出・流出＝社会減とセットであったため、高齢化の進行と一体不可分でした。現に中高年が残留するだけではなく、子育て世代が流出したため子供の出生（自然増）も減退したので、中長期的にも高齢化を進めたわけです。こうして、一九九〇年代には「限界集落」と呼ばれるようになります。限界集落とは、高齢化比率だけで定義するものではありませんが、六五歳以上が総人口の半数以上という状態のことです。また、近年では、大都市圏の人口集中も、ほぼ東京圏のみの現象となり、東京一極集中と呼ばれます。加えて、大都市圏でも急速な高齢化が進んでいますから、地区によって限界集落化しているところもあります。通勤に不便な遠距離の大都市圏郊外周辺部は、かつてのニュータウンでしたが、高齢化が進むとともに人口減少が起きています。また、都心回帰の現象も見られます。

地域別人口は、自治体行政に第一義的に大きな外圧として作用します。そして、自治体が国に支援を求めることで、国の行政にも影響を与えます。

⑥家族

被治者である個々人は、「国家と丸裸の諸個人」というわけではありません。様々な形で相互に結合する紐帯《ちゅうたい》を持っています。それを中間団体とか結社・自治団体などと呼ぶこともできます。実際、企業、非営利団体、社会団体、集団など、様々な人的結合である団体を構成して、経済活動や社会生活が営まれています。行政の支配に対しては、こうした人的結合は抵抗・参加の拠点となる場合もあります。しかし、人的結合を利用して、行政による支配の媒体または道具とすることもできます。団体・人脈は外界からの制約であるとともに、身内にもなるのです（第3章3・4）。

行政にとって媒体・道具であるとともに、外圧として機能している人的結合が、家族です。家族とは親子の血縁関係を機軸とする人的結合です。親子関係の構築のためには、父母が必要だということから、夫婦関係という人的結合が加えられます。「子はかすがい」というのは、夫婦それ自体には、血縁関係は存在しないからです。家族という人的結合の中核は、親子関係とその連鎖の血族です。

しかし、両親と子供という人的結合を「核家族」として位置づけるときには、夫婦関係という人的結合があたかも家族において不可欠の要素のように扱われます。こうして、血縁とは全く関係のない婚姻関係が生じます。婚姻すれば、さらに義理の家族という姻族が発生します。さらにいえば、子供がいなくても婚姻関係は成立します。しかし、子供のない夫婦関係は、血縁とは無関係です。婚姻関係は、愛情または性的結社、あるいは、ケアに関する非営利団体・経済団体（家計）かもしれません。

要するに、家族とはよく分からない存在で、固定した形はありません。「戸籍」とか「核家族」（両親と未成年の子供のみの家族）とか「標準世帯」（両親と子供二人）とかを、行政側が位置づけることはできます。しかし、それは支配側の選択の一つに過ぎず、現実の諸個人は多様な人的結合を選択します。独居老人、老夫婦、三世代同居家族、別居（単身赴任など）、片親子供（いわゆる「シングルマザー・シングルファーザー」）、成年一人、成年男女二人（法律婚やいわゆる同棲や事実婚）、同性二人同居、成人多数同居（シェアハウスなど）、など様々です。「サザエさん一家」のような家族形態もあり得ます。親子の血縁は必ずしも必要はありません。成人間で性的・恋愛関係があるかどうかも不明です。

行政は、多様な家族形態の実態に即応して、支配を行わなければならないという意味で、家族は最大の制約です。多様な家族に適合しない行政運営は、家族に受け入れられることなく、効果を持ちません。しかし、同時に、行政は特定の家族形態に肩入れして、特定の家族形態以外を抑圧するという支配を行います。行政は家族に制約され、家族は行政に支配されます。行政が典型かつ望ましいと考える「標準世帯」として、ある諸個人が生活する限り、行政による家族支配は意識されることはないかもしれません。しかし、それ以外の家族形態で生活すると、行政による家族支配は苛政として可視化されます。

行政の支配にとって、「標準世帯」とか「核家族」とかは、諸個人間の夫婦・親子関係の人的結合によって、ある程度の経済・福祉が確保されることを意味します。例えば、専業主婦も子供も所得ゼロですが、父親が稼得して扶養すれば問題はない、という「父親稼ぎ手モデル」です。要するに、父親に勤労・稼得・扶養義務を課せば、行政は母親や子供に対して給付をしないで済みます。

家族の人的結合に行政が依存しなければ、所得ゼロの母親には、所得保障をしなければなりません。そして、母親にも自立助長＝就労指導をするでしょう。外に働きに出て生活保護基準を上回る所得を達成すれば、定義的に言って専業主婦ではあり得ません。あるいは、夫から家事・育児・介護のケア労働を有償受託する、個人事業主になるしかありません。また、子供が経済・ケアを両親に依存しないならば、行政は全ての子供を社会的養護施設に収容するしかありません。そうしたくない行政は、両親に子供の絶対的扶養を義務づけて、給付を免れます。

標準世帯や核家族という人的結合に行政サービスの肩代わりをさせるのが、行政による家族支配です。そして、こうした人的結合に基づく経済・福祉が確保されない、「欠ける」諸個人にのみ、選別的・補完的に行政が給付をするので、家族支配の強権性は露骨に現れます。「標準」の諸個人に対しては不自由と負担を、「欠ける」諸個人には劣等処遇とスティグマ（悪い烙《らく》印《いん》）を、それぞれ押し付けるからです。

標準世帯では、父親は家庭外での賃労働を、母親は家庭内で無賃家事労働を、子供は親権への服従を、それぞれ迫られます。しかも、子供を真っ当に躾て育て、子供の家庭内外での反抗を制止することも、親権者の責任として、行政から押し付けられます。片親家庭という非標準世帯では、行政からの保育への多少の現物・現金給付と引き替えに、片親一人に全てが押し付けられます。標準世帯でも非標準世帯でも、家族・家庭・世帯内でいかなる役割を行政からあてがわれても、個人の自由は抑圧されます。

⑦地域社会と都市型社会

家族は人的結合の典型ですが、地域社会やコミュニティも人的結合の典型です。前者が血縁で、後者は地縁です。日本でも中世・近世以来、イエとムラは人的結合の両輪でした。集団の大小という意味では、イエはムラに包摂され、ムラはイエの連合体ですが、血縁ですからイエはムラをはるかに超える空間に及ぶこともあり得ます。例えば、家族に扶養義務を課しておけば、生活保護申請に際して、遠くに住んでいて音信のないような家族・親族にも、扶養照会がなされるわけです。この点、地域社会やコミュニティに依拠する民生委員の場合には、遠くに移り住んでしまえば、関係を切ることは可能です。

近世以来、多くの一般民衆は百姓として、ムラという地域社会の人的結合の編み目《しがらみ》のなかにありました。ムラはムレ（群れ）でもあり、個々人またはイエの集合体である個体群です。とはいえ、農業が経済活動そのものであるとすると、自然村は地域社会であるとともに、農業生産者団体です。今日的に言えば、営農企業または農業協同組合といった経済団体です。

地域社会の人的結合関係がある場合、近代主権国家の支配は、人的結合を排除して直轄するのか、人的結合に便乗して進めるのか、という選択を迫られます。明治政府が地方制度として直面した問題です。後者を選択すると、自然村＝団体の自治を認めることになり、明治政府の支配が貫徹しない恐れがあります。しかし、前者を採用すると、支配の外部に無関係に置かれる自然村が全体として抵抗の拠点となり、明治政府に服さないかもしれません。そこで、自然村の人的結合の自治を承認しつつ、行政村としての市町村のなかに組み込みながら、行政村を国の出先機関の末端に位置づける地方制度を形作っていったのです。戦前体制での地方制度は、既存の地域社会の人的結合の基盤の上に構築されました（第1章2）。その意味で、地域社会は支配にとって制約なのです。地域社会に反することは、行政は貫徹できないのです。

しかし、農業社会の崩壊によって、ムラ的な人的結合は徐々に解体していきます。ムラは経済団体でもありましたが、農業人口が減れば、ムラという団体は不要になります。戦後高度成長期には、人口の大規模な地域的移動により、地方圏のムラは空洞化していきます。

大都市圏には人口は集積しますが、多くは勤め人ですから、地域社会の結合に経済上の必要性はありません。もちろん、地方圏にあった地縁による人的結合という様式は移植されます。それは、戦中戦後に整備された町内会・自治会です。あるいは、一九七〇年代ごろに整備された「コミュニティ」です。とはいえ、生産という経済活動上の結合紐帯がありません。せいぜい、子育て、高齢者地域福祉、地域環境保全、消費生活、防災・防犯という消費・生活面での結合関係です。しかし、地域活動が直ちに生産面に繋がらないので、人的結合の維持のために必要な資源を、経済活動によって自ら生み出すことができません。つまり、人的結合としての持続可能性と自活性を持たないのです。こうして、コミュニティは、その必要性を叫ばれながら、常に、疲弊して担い手不足に直面し続けます。

行政という支配は、自治会・町内会やコミュニティの人的結合の基盤の上に便乗して展開することが困難になってきます。ここでも行政は選択肢に直面するのです。第一は、弱体化しつつある自治会・町内会や地縁型コミュニティの人的結合の維持・再生に向けて援助をする方策です。しかし、これは行政にとっては、実効性と持続性に乏しい重荷でしかありません。第二は、新たな人的結合を拡大するという方策です。NPO（非営利活動団体）とかテーマ型コミュニティといいます。しかし、NPOなども経済的に自活できません。結局は、行政の負担になるか、ボランティアの人たちのやりがいを搾取するか、になる危険があり、そうならば持続可能性は限られています。第三は、地域社会の人的結合に依存するのは諦めて、直接に個々人に対して行政を行うという方策です。しかし、全ての個々人にアウトリーチ（接触）できるほど、行政には人的資源はありません。つまり、どの選択肢も行き詰まりを見せており、やむなく、行政は三つを同時に追求しつつ、全体としては地域社会の弱体化が進むのです。

また、個々人の側からいっても、地域での生活において、地域社会やコミュニティに頼ることはできません。地域社会には頼りがいは、もはやないのです。このような「都市型社会」（松下圭一）では、市場によるサービスの他は、行政の提供する制度・政策こそが、個々人の生活には不可欠な存在になります。個々人は、地域社会・コミュニティの自生的な人的結合の編み目のなかにいるのではなく、行政が提供する制度・政策という人的結合のなかで生活するしかありません。人的結合を作るのは、地域社会という自生的単位ではなく、あくまで、行政という統治権力です。

それゆえに、個々人にとっては、行政とは無関係に、地域社会やコミュニティの自治と家族・個人の自由に安住することは、もはやできません。結局、行政に制度・政策を要求せざるを得なくなるわけです。いわば、「行政への自由」を行使することで「行政による自由」を確保する「市民」にならざるを得ません。市民は、行政にとって、潜在的に大きな外圧として登場します。もっとも、一般民衆は、「行政への自由」を行使せざるを得ないような、不自由な存在になるわけです。いわば「仕民」です。そして「行政への自由」を行使しなければ、行政による制度・政策に生殺与奪を握られる「斯《し》民」（戦前体制の中央報徳会の機関誌名でもあります）となります（第1章4）。

2　経済と行政

①租税収奪と「代表なければ課税なし」

行政は支配を担うものですから、自らが経済活動を行わなくても構いません。一般民衆の経済活動から、収奪すればよいのです。このような強制的収奪が、租庸調、年貢、御用金、租税、社会保険料、公共料金などと色々に呼ばれてきたものです。異質な支配者が、被治者である民衆を収奪するのは、ある意味で当然のことかもしれません。統治者は、被治者に行政サービスを提供しなければならない謂われはなく、まずもって、被治者から租税などを一方的に徴収するものです。支配の根幹は租税徴収と言ってもよいでしょう。

被治者にとっては、支配とは、経済活動の成果の一部を上納させられることですから、不愉快きわまりないことです。したがって、「上納をさせるならば被治者の同意を得るべき」と考えられます。もちろん、被治者全員の同意を取ることは現実的ではありませんから、被治者の代表者の同意です。これが、「承諾／代表なければ課税なし」という格言です。納税者という立場の被治者の存在は、「租税法定主義」という、行政にとって最大の外圧の一つです。

これは、「納税をしたくないから代表を出さないでも結構です、選挙権も参政権も要りません、いつでも返上します」とか「選挙権がありませんから、納税もしません」とか「増税法案に反対票を投じた私は払いません、賛成した人だけが払えばよいのです」などという意味ではありません。被治者の側が代表権を放棄しようとしまいと、統治者は支配（すなわち、租税収奪）を止めません。したがって、「どうせ課税される以上は、代表を出させろ」という民主化を求める被治者からの要求ということになります。

もっとも、租税が異質な他者＝統治者による収奪ならば、被治者である代表（＝公選職政治家）は減税を求めるしかありません。究極的には、租税廃止が目標です。こういう力学を「租税抵抗」と言います。もちろん、行政などの統治者側としては、租税は国家・行政の存立の基盤ですから、租税全廃を受け入れることはあり得ませんし、減税にも抵抗するでしょう。租税法定主義の状態では、膠着《こうちゃく》状態に陥ることが目に見えています。

例えば、明治憲法のもとで、一八八九年に帝国議会が開設された直後の「初期議会」では、被治者＝納税者の代表である衆議院・民党は、「民力休養」という減税論を掲げました。統治者たる藩閥政府は異質な他者ですので、租税収奪はできるだけ少ない方がよいからです。こうして、民党と藩閥政府は正面衝突をしてしまいました。結局、藩閥政府は一時的に内閣を民党に明け渡します。これが一八九八年の第一次大隈内閣（いわゆる隈板《わいはん》内閣）です。「代表なければ課税なし」の理屈は、結局のところ、政党内閣にまで行き着くのです。

「代表なければ課税なし」の原則は、代表機関である帝国議会衆議院の開設から、一〇年も経たずに政党内閣を実現させてしまうくらい、強力なのです。もっとも、あっと言う間に戦前体制は民主化したのかというと、全くそういうことはありません。民主主義は被治者による自己支配ですから、支配がうまく運営できなければ持続しません。第一次大隈内閣は、半年も経たないうちに崩壊して、民主化への動きは頓挫してしまいました。為政者にはどのような体制であれ、その体制が要請する統治能力も求められるのです。

②行政サービスへの対価というフィクション

民主体制は、統治者と被治者の同一性ですから、被治者が納付した租税も、異質な他者である統治者に上納して、遊興三昧に浪費されるわけではありません。統治者は同時に被治者ですから、被治者にとって都合がよいように支出できるはずです。

行政での使い道を決めるのが予算ですから、予算も代表（＝公選職政治家）によって決めることになります。租税法定主義を拡大した「財政民主主義の原則」です。つまり、租税とは、被治者から統治者への収奪ではなく、被治者から統治者を通じて被治者へ自己還流します。こう考えれば、民衆負担は常にプラス・マイナス＝ゼロです。

このような説明は、屁理屈に過ぎないということもできましょう。支配の業務に当たる行政は厳然たる他者であって、租税は何と言おうと、被治者から為政者に現金が移転する収奪に他ならないわけです。しかし、等価取引ならば、現金が移転しても収奪ではありません。市場経済において、現金を支払う代わり、商品を購入したり、サービスを受けたりすることができます。むしろ、代金を払わないで、商品やサービスを受け取ることの方が問題です。つまり、租税という現金を納付させられたとしても、代わりに行政サービスがきちんと提供されるのであれば、それは収奪ではなく等価取引になるという話を構築できます。

この場合には、行政は被治者と異なる異質な他者のままでも構いません。いや、むしろ、行政は統治者として、被治者とは異なる異質な他者である方がよいのです。自分で自分に支払う取引は成立しません。自分が他者にサービスの対価として支払うから、真っ当な取引が成立するのです。民衆が負担した租税や社会保険料は、統治者からの行政サービスとして、全て被治者である民衆に還元されるのならば、問題はありません。つまり、租税負担は行政サービスの対価というフィクションです。

しかし、受益と負担の等価取引というフィクションを打ち出せば、問題が消えるわけではありません。行政サービスという受益と、納税という負担とが、本当に等価なのかが厳しく問われます。サービスの受益=負担者としての被治者は、サービスの消費者・顧客です。消費者・顧客の存在は、大きな外圧なのです。行政は、被治者にとって異質な他者ではあっても、行政サービスが被治者という顧客にとって満足いくものであれば、問題は起きません。そもそも、このように理解すれば、行政は支配ではなくサービス提供なのですから、異質な他者による支配という印象を与えません。とはいえ、対価に見合うサービスの提供がなされない限り、顧客＝被治者は、供給者＝統治者である行政に厳しく不満をぶつけてきます。被治者から言えば、納税は行政のあり方を糺《ただ》すときの大きな根拠になるのです。

③経済開発

行政による支配は、民衆の経済活動から租税を収奪することです。ところが、経済活動から収奪しすぎれば、経済活動は疲弊してしまいます。経済活動が疲弊してしまえば、どんなに収奪を強化しても、大した上納は得られません。かといって、全く収奪をしなければ、行政は存立し得ません。行政にとって経済は、「生かさず殺さず」なのです。

こうしたイメージをグラフ的に表現したのが、「ラッファー曲線」です。税率一〇〇％という完全収奪をすると、経済は破綻しますから、税収は結局ゼロになります。税率〇％という完全非収奪では、経済は成り立つかもしれませんが、税収はゼロです。税率の一〇〇％と〇％という両極端は税収ゼロですが、現実の世の中では、一定の税率で一定の税収を上げています。したがって、どこかの税率で税収を最大化できるはずであり、租税収奪という観点からは最適な水準があるということになります。もっとも、現実に最適税率が何％かは分かりませんが、ものの考え方としては説得力があります。

租税収奪とは、パイが一定の経済活動のなかから、行政と民衆とがゼロサム的に取り合うだけではありません。租税収奪と行政活動のあり方自体が、経済活動の総量自体を増減させるのです。とするならば、行政は、経済活動をできるだけ活発にしたうえで、そのなかから租税を収奪する方が、望ましいと考えるでしょう。また、民衆も、行政の政策によって経済活動が成長するのであれば、税率が上昇したとしても、絶対的な経済状態は改善するのです。経済開発の実現は、統治者にとっても被治者にとっても望ましい、ウィン・ウィン状態なのです。

④統治権力と経済権力

このように、自ら経済活動を営まない行政にとっては、民衆による経済活動の規模や変化(成長・衰退)が、大きな足枷《あしかせ》になっています。経済活動は行政にとって大きな制約であり、それを無視して行政できないのです。行政は経済から収奪を目論みますが、まさにそれゆえに、経済による外圧から自由ではないのです。

それを露骨に表現するのが、古典的なマルクス主義です。行政という上部構造は、経済という下部構造に規定されます。資本主義経済のもとでは、行政は経済を支配する資本の論理によって支配されます。非民主体制でも民主体制でも同じで、行政は経済の枠内でしか動けないからです。しかも、民主化=ブルジョワ革命(市民革命)がされれば、被治者である有産階級・

ブルジョワジーが、直接的に為政者である公選職政治家を送り出します。こうなれば、民主体制での政党政治家から構成される内閣は、所詮は「資本家階級の委員会」にすぎなくなります。行政職員は、資本家の代弁者である政治家の指揮監督を受けるだけです。

ここまであからさまに言うかはともかくとして、行政は経済を支配しているように見えて、経済に制約されることも多い、とは言えましょう。人間に当て嵌めて表現すれば、為政者である政治家・行政職員といえども、被治者のうちで、経済活動を牛耳っている経営者・株主・富裕層などという経済権力には、頭が上がらないことが多いということです。

もちろん、経済人があまりに傍若無人な要求を繰り返せば、行政は統治権力を持っていますから、逆ギレ的に支配を試みることはあるでしょう。収奪を強化したり、経済活動を過度に規制したりすることです。しかし、そのようなことをすれば、経済活動が沈滞・破綻し、結局、行政も租税収奪が困難になって、共倒れになるだけです。共倒れになるくらいならば、行政は経済の側の要望をかなり甘受します。そして、経済の側は、行政が逆ギレしない間合いを見計らって、最大限の要望をすることに留めます。

⑤行政による経済支配の試み

自ら経済活動を営まない行政にとっては、経済は最大の制約で、支配にとっての足枷です。

とするならば、行政が自ら経済活動を営めば、問題は解決するように思えます。行政が経済を支配する状態を、統制経済とか計画経済とか指令経済といいます。

例えば、近代日本においても、アジア・太平洋戦争という総力戦を遂行するために、「国家総動員体制」という統制経済が採用されました。資本主義経済のもとでは、戦前体制といえども、経済の論理の制約を受けざるを得ません。国力の限界に挑戦して、「聖戦完遂」のために経済活動から収奪するには、経済自体を行政の統制下に置くしかないのです。一般に戦争の際には、経済の制約を無視して収奪（動員）をするために、統制経済が採用されることがありますので、戦時統制経済と呼ばれます。このような行政による経済支配は、結果的にはうまくいかず、経済は破綻していくことが普通です。

資本主義経済を否定する社会主義経済体制も、計画経済または指令経済となります。資本主義経済を前提にする限り、行政は経済権力すなわち資本家の支配を受けます。資本家の横暴をなくすには、「社会主義革命」によって統治権力をプロレタリア（無産階級）が奪取して統治者になった上で、資本主義経済および資本家階級をなくすしかないということになります。もっとも、無産階級の人民が本当の統治者になったのではなく、前衛である共産党の一党独裁のもとで、共産党や、そのもとにある官僚（「ノーメンクラツーラ」）たちが、人民の経済活動を支配したということです。

資本家を一掃した以上は、行政が経済活動を自ら運営するしかありません。そのために、五カ年計画のような計画経済が採用され、個別の企業に対して生産のノルマなどを示す指令経済になります。このような行政による経済支配は、統制経済と同様に、結果的にはうまくいかず、経済は破綻していくことが普通です。社会主義国家であったソ連は、経済で行き詰まりを迎えました。それを回避するため、中国は「改革開放路線」のもとで「社会主義市場経済」を採用しました。要するに、共産党一党独裁という非民主体制を固持しつつ、経済成長を目指すべく、人民の市場経済的な活動を認めたということです。経済のパイを大きくする方が、中国共産党という統治者にとっても、収奪を最大化できるということです。

⑥国営企業など政府系企業

民主体制のもとでは、基本的には指令経済は採用しません。収奪を最大化するには、資本主義市場経済を育てた方が得策だからです。また、経済の意向を反映した公選職政治家が為政者となりますので、指令経済体制を採用することはないのです。とはいえ、部分的には経済を支配しようと、統治者として判断することはあり得ます。そのときには、国有・公有企業が国営・公営事業を展開します。しかし、経営的には苦労することが普通ですから、あまり大々的に行われることはありません。経営上の難点を上回るだけの、公益性・公共性があるときに、または為政者にとって利得があるときに限られるのです。

行政が経済を支配することは、行政職員にあたかも企業経営者のような振る舞いをするように求めることです。このようなことは、通常はできません。為政者は、支配の能力は問われるものですが、経営才覚を持つとは限らないのです。政府系企業には、行政運営と会社経営の「二足のわらじ」の能力が必要です。そのような天才は、この世の中にはほとんどいません。

国営企業をうまく経営しようとすれば、資本主義市場経済のなかで生き残れるような、シビアな会社経営を求められます。それができないときには、無理矢理に独占状態を作って、競争に晒されないようにしなければなりません。しかし、それは「親方日の丸」という多大なる非効率をもたらし、無駄・非効率という追及を受けます。追及を避けるには、一国の国民経済を全て指令経済とする戦時統制または社会主義経済体制を採るしかありません。統制は統制を生みます。しかし、世界経済は社会主義ではない以上、資本主義市場経済である世界経済のなかで一国指令経済体制は非効率をさらけ出します。ですから、そもそも、社会主義革命は世界革命でなければならず、昭和維新は「八紘一宇」の「大東亜共栄圏」でなければならないということでした。しかし、仮に世界的に指令経済・ブロック経済となれば、世界の経済活動が収縮するだけでしょう。

もちろん、理屈上は、為政者が同時に経営才覚を発揮し、国営企業を経営することはあり得るでしょう。しかし、現実は簡単ではありません。また、帝国主義時代には、イギリスやオランダの東インド会社や、日本の南満洲鉄道株式会社のように、国策企業はありましたが、これは国外・植民地で、軍事力（実力）・外交力（知力）と渾然一体として展開されたもので、純然たる経営才覚による会社経営ではないのです。

⑦民営化は潮流か？

戦後日本では、三公社五現業と呼ばれたように、広い意味での国営企業・事業がそれなりにありました。三公社とは、公共企業体とも呼ばれたもので、日本専売公社、日本電信電話公社、日本国有鉄道ですが、いずれも中曽根内閣のときに民営化されて、日本たばこ産業、ＮＴＴグループ各社、ＪＲグループ各社になりました。また、五現業とは、郵政事業、国有林野事業、印刷事業、造幣事業、アルコール専売事業です。

小泉内閣で郵政事業が民営化されたのは記憶に新しいところでしょう。アルコール専売は日本アルコール産業になりました。とはいえ、全てが民営化ができるとは限らず、国有林野は企業的運営が廃止されましたし、印刷は行政執行法人（独立行政法人）国立印刷局に、造幣は行政執行法人（独立行政法人）造幣局になりました。

一九八〇年代以来、イギリスのサッチャーリズムや、アメリカのレーガノミクスなど、民営化を進める新自由主義《ネオリベラリズム》の潮流が形成されたと言われます。日本でも三公社五現業の他にも色々な国策会社や特殊法人（帝都高速度交通営団・日本道路公団・日本開発銀行など）が民営化されたので、そのように看做《みな》すこともできましょう。しかし、行政は必要に応じて、企業の国有化や公的管理をしたり、さらには、国営・国策企業を作ることは厭いません。行政は、行政が考えるところの経済のためならば、なりふり構わない行動をすることがあります。

例えば、一九九〇年代末からの金融危機に関しては、銀行を一時国有化＝公的管理のもとに置きました。さらに、金融再生プログラムでは、株式会社産業再生機構を活用しました（二〇〇三年から二〇〇七年）。預金保険機構が株式の過半数を持つ国策会社です。また、二〇〇九年には、産業競争力強化などと称して、官民出資の投資ファンドの株式会社産業革新機構などを設置しています。官民出資とはいえ大半は政府出資ですから、実質は国営・国策企業です。また、東京電力福島第一原子力発電所の苛酷事故の処理・補償および会社の存続のために、国は東京電力を実質的に国有化しました（二〇一一年。二〇一七年一〇月現在で、東京電力ホールディングスの株式の約五五％を原子力損害賠償・廃炉等支援機構が所有しています。同機構は政府と原子力事業者等が半々で出資した、特別の法律に基づく認可法人です）。戦時統制経済体制での「電力国家管理」のときですら国有化できなかった電力会社を、実質国有化してしまったのです。

あるいは、年金積立金管理運用独立行政法人（ＧＰＩＦ）があります。独立行政法人であって国有企業ではありません。しかし、株式投資などによって、厚生年金と国民年金の積立金の管理・運用を行っています。運用実績がよければ年金積立金は増えて、民衆としても望ましいでしょうが、運用実績が悪ければ年金積立金に穴が空くことになります。だからこそ、GPIFは大量に株式を買って、官製相場によって株価上昇を目指します。加入者から強制徴収した年金積立金の運用に関しては、あたかも投資企業のように経済活動をしているのです。

ですから、新自由主義などといっても、行政は必要性を感じたら、国営企業などを使って、経済の支配を試みます。ただし、政府系企業は経営才覚を必要とするので、「武家の商法」になりやすい行政としては、決して得手の業務ではないでしょう。とはいえ、経営に失敗しても、経営に携わった経営者・職員の責任にならないところが、政府系企業の強みです。負担は被治者が負うからです。

⑧規制・誘導

経済活動のパイの枠内でのみ、行政（財政）が許されるという意味で、行政は常に経済の外圧に押されています。しかし、経済活動を自由放任に任せたときに、うまくいくとは限りません。いわゆる「市場の失敗」です。そのときには、行政は経済への介入を試みます。もちろん、それが必ずしもうまくいくとは限りません。「政府の失敗」といいます。「市場の失敗」と「政府の失敗」の狭間のなかで、現実の行政は、経済への適度な支配を目指すのです。それが、規制や誘導というものです。

規制や誘導は、資本主義市場経済に対して行われるものですから、経済の論理に大きく背けません。経済活動は損得の合利的計算で動きます。したがって、行政から見て望ましい経済活動には得を与えて、促進・助成して誘導します。行政から見て望ましくない経済活動には損を与えて、抑制・制限して規制します。もっとも、経済は損得で動くので、行政の規制・誘導にそのまま乗っかるのではなく、裏をかいたり、出し抜いたり、抜け道を探したり、隠したり、逃げたり、見せかけで盛ったりすることが得になる場合には、規制・誘導にはそのまま従いません。行政と企業の間には、虚々実々の駆け引きや、「いたちごっこ」が発生します。

租税収奪を目論む行政としては、経済のパイを大きくするような経済開発的効果のある規制・誘導は、望ましいと言えましょう。行政と経済がウィン・ウィン関係となります。もちろん、細かく言えば色々です。

ある産業にはマイナスですが、経済全体や他の産業にはプラスになる規制・誘導もあるでしょう。例えば、衰退産業を整理・縮小して、成長産業に経済資源を振り向けるような、産業構造転換です。衰退産業側からは、もっと支援策を求められているのに、引導を渡すようなものです。あるいは、労働者保護規制とか環境規制は、短期的には経済界には疎まれるでしょう。

しかし、ブラック企業が労働者を酷使しすぎて、働き手不足になるのでは、経済全体にもマイナスです。企業が公害を引き起こせば、結局は、その生産は止めざるを得ませんし、当該企業にせよ行政（結局は他の企業の税負担になる）にせよ、補償を負担しなければならないのですから、経済にとって重荷になります。

行政が、経済全体の立場で規制・誘導をできるのか、個別企業・業界の経営経済に囚われた立場で規制・誘導をするのかは、その力量が問われるところです。とはいえ、大局では規制・誘導に際して、行政と経済は利害を一致しうるところです。

厄介なのは、経済開発を阻害する恐れはあるが、統治の観点から必要と考え得る規制・誘導です。統治は総合的なものですから、経済にはマイナスでも、他に追求しなければならない価値がある場合はあるでしょう。とはいえ、民間の経済活動からの租税収奪で成り立っている行政としては、経済への配慮を求められるという外圧から逃れることは容易ではありません。例えば、環境規制は経済成長にマイナスでも、人権や次世代への責任からしなければならない、という判断もあり得ます。しかし、そうした状態は経済からの反撃に脆弱です。ですから、「持続可能な開発」などのように、できるだけ両立するような言い回しになるのです。

なお、行政は経済運営の才覚があるとは限りませんから、経済成長を意図した規制・誘導が、結果的には経済沈滞を招くことはあり得ます。例えば、経済成長を目指して、労働者の保護規制を緩和します。短期的には、個別企業はリストラをしやすくなりますから業績は回復しますし、派遣労働者が増えますから、人材派遣業も儲かるでしょう。しかし、国民経済全体で見たときに中長期的には、貧困に喘ぐ労働者が国内消費を落ち込ませて、いつまで経っても景気は回復せず、デフレ・スパイラルに陥ることはあり得ます。この状態で、経済成長を目指してさらに労働者保護規制を緩和すると、益々事態は悪化しますが、経済才覚のない行政の担当者が、間違った処方であることを認識できるとは限らないのです。むしろ、規制緩和が足りないからだ、などと間違いを重ねる危険すらあります。

3 外国と行政

①領域国家

自由などの権利を保障することを目的とする近現代行政は、支配を及ぼしてはいけない領域を設定するものです。個人の基本的人権を、「天賦」または「神聖不可侵」であるとするのは、行政の支配が及ばない限界を表現するものといえましょう。また、地方自治の制度的保障は、国の行政の支配の及ばない、自治という限界を確保することでしょう。しかし、実際には、基本的人権を保障するためには、人権侵害をする権力者を制止する必要があるので、為政者を含む人権侵害者に対する支配を必要とします。地方自治の制度的保障とは、地方自治を侵害しかねない為政者、特に、国政為政者に対して、侵害をさせないために支配をする必要があります。狭い意味での悪い支配を権力者にさせないためには、広い意味での支配が必要になってきます。その意味では、支配の限界を画定できるのは、広い意味での支配が及ぶ内界でなければならないともいえます【図7】。

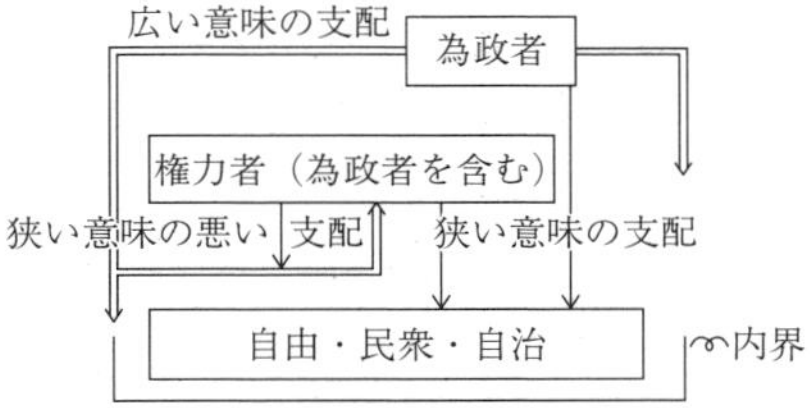

図7　広い意味での支配と狭い意味での支配

このような広い意味での支配の及ぶ内界はどこでしょうか。多くの場合、ある特定の時点においては、地理的・空間的範囲で画定されてきました。支配には支配領域としての版図が付随するわけです。もっとも、版図のなかでも、本当に狭い意味の支配が隅々まで及んでいるかは、別問題です。例えば、古代・中世社会では、王朝とか君主による支配があったとしても、封建領主や村落共同体・領民・家族が、どこまで君主の支配に実効的に服していたかには限界もあります。村落共同体は年貢徴集などの支配を受けていたとはいえ、村落内の日常的な支配業務に関しては、実質的には自治が許されていたということもあります。つまり、支配は地理的に示されるとしても、実際の支配の浸透には濃淡があるのです。

王朝や君主による領域支配が強化されたのが、ヨーロッパでは近代絶対君主制という専制支配です。もちろん、言葉の厳密な意味で「絶対」であったかどうかはともかく、中世封建制に比べれば、支配が浸透するようになったということでしょう。君主による領域支配が強化されれば、同一の領域に複数の支配君主が存在することはあり得なくなります。領域支配の浸透の強化は、支配領域の空間的画定を促します。こうしてできあがった支配が、領域国家と呼ばれる体制です。領域国家にとって、明確な国境は不可欠の存在です。そして、国境の内界である領域においては、支配は強く深く浸透します。こうした支配を、主権と呼ぶことができます(第1章4)。領域国家は、しばしば、自称、主権国家でもあります。

②近現代日本という領域画定

日本の場合、江戸体制では、徳川政権(公儀・徳川将軍家)が直接に支配する領地(「御料」など。「天領」は明治維新史観の呼称)は限られて、他は各地の大名・旗本の支配地(「知行地《ちぎょうち》」)でしたから、近代絶対君主制というよりは、中世封建制に近いものだったかもしれません。そうはいっても、戦国時代とは異なって、「権現様《ごんげんさま》」徳川家康以来の「大大名」が「公儀の御威光」によって「御静謐《ごせいひつ》」を果たしていたのですから、一応、全国的な支配は成立しています。ということで、近代とも中世とも判別がつかないので、「近世」といいます。

結局、近代絶対君主制に移行したのは、「版籍奉還」・「廃藩置県」と「地租改正」によって、直接的な領域支配を浸透させた、戦前体制でしょう。版籍奉還とは、諸大名が、「版」（＝領地）と、「籍」（＝領民）を支配していたのを、天皇を担いでいる明治政府に「奉還」（＝返還）することです。もともと、天皇が領域と領民を支配していた「公地公民」であったにもかかわらず、大名たちが天皇に代わって長らく支配していたので、それを天皇に返還するという物語です（ちなみに、一九七二年の沖縄「祖国復帰」が日本政府の為政者にとって、「沖縄返還」であるのも、同類の物語です）。廃藩置県は、大名による旧領域支配（これを明治政府は「藩」と呼びました）を廃止して、明治政府が直接に支配する地方出先機関としての県を置くというものです。地租改正とは、それまでの年貢が徳川政権・大名などの近世領主に収納されていたのを、明治政府に金銭形態の租税として、直接に徴収しようということです。

そして、領域国家では、支配の及ぶ内界と、支配の及ばない外界とを、国境で区別する必要があります。そのため、明治政府は、国内支配の浸透と並行して、早い段階から国境画定に乗り出します。正確に言えば、江戸体制の末期から、欧米諸国の到来に対応する形で、徳川政権も国境画定の作業に乗り出していました。万国公法なる近代主権国家体系のもとでは、国境の内側は支配が及ぶのですから、統治者としては、できるだけ広く版図を確保するために、できるだけ遠くに国境を画定しようとするものなのです。

日本は島国ですから、大陸諸国に比べて国境画定はしやすい、と考えられるかもしれません。しかし、どの島までを支配領域とするかは、「島国」というだけでは決まらないのです。そもそも、「島国」であることも自明ではありません。江戸体制では、大名に知行地を安堵《あんど》するという形で、漠然と年貢取立てのための支配領域は決まっていましたが、遠方では曖昧なまま処理していました。絶対的支配でなければ、適当に処理しておくことで充分だったからです。蝦《え》夷地《ぞち》、千島、樺太、琉球、台湾、小笠原諸島などは、曖昧な領域と考えられていました。しかし、領域国家として、支配領域を広く取りたい明治政府は、国境画定を目指します。

一八六九年に、江戸体制下の「蝦夷地」が「北海道」と改称され、北海道開拓使が設置されます。一八八二年には開拓使が廃止され、札幌県・函館県・根室県の三県となります。また、翌一八八三年には、農商務省北海道事業管理局が北海道全体を管轄するので、「三県一局」時代とも呼ばれます。そして、一八八六年に北海道庁となりますが、内地の府県制とは別個の扱いです。アイヌ先住民と倭人が混在する蝦夷地を、日本国家の領域である北海道に塗り替えたわけです。また、北海道の領域支配のために、倭人を植民・屯田《とんでん》させていきます。

さらに、北海道の外界をロシアとの間で画定しました。それが、一八七五年の樺太千島交換条約です。江戸体制下の一八五五年の日露和親条約で、千島（クリル）列島の国境線は、択捉《えとろふ》島とウルップ島の間に画定されましたが、樺太には国境は画定されずに、日露混住の地とされました。ロシアも日本もそれぞれに領域支配の既成事実を作るために人間を送り込み、アイヌ先住民も含めて、紛争が頻発したわけです。そこで、樺太（サハリン）での日本の権益を放棄する代わりに、ウルップ島以北の千島一八島をロシアが日本に譲渡することになりました。

また、一八七九年には琉球処分が行われ、西南方面での国境画定がなされます。江戸体制下では、琉球王国は、島津家の支配を受けつつ、清国に対して朝貢を行う、微妙な立ち位置にあった領域です。しかし、明治政府は、一八七二年に「琉球国」を廃止して、「琉球藩」としました。内地でも「廃藩置県」（一八七一年）の前に旧大名領に「藩」を置く「府県藩三治制」が行われたのですが（一八六八〜七〇年）、琉球では「廃国置藩」が進められたのです。そのうえで、琉球藩に清国との冊封《さくほう》関係・通交の断絶、明治元号の使用（朝貢国は中国暦を使う）、藩王の上京などを要求します。琉球側が従わなかったため、一八七九年三月に武力的威圧のもとで廃藩置県（沖縄県設置）をして、琉球王国を滅亡させました。その後も、琉球士族の一部が抵抗して清国に救援を求め、清国も明治政府に抗議しました。日清交渉のなかで「分島改約案」（八重山諸島・宮古島という先島《さきしま》諸島を清国領とする代わりに、清国内での日本人の通商権を獲得する案）が作られ、調印の目前になりました。しかし、最終段階で清国が調印を拒否したため、先島諸島を内界とする形で、琉球に関する日清国境が画定されました。

③国境画定と帝国

国境によって、支配領域は内界と外界に分かれ、内界は領域国家として支配を行います。しかし、国境という存在は、不可避的に外国が存在することを認めることです。国境に意味があるのは、自国として、その境界線が国境であると考えること以上に、外国が、その境界線を国境であることを承認し、それより自国から見て内側（外国から見れば外側）には支配を行使しないということです。お互いが領域国家であるならば、国境の内界では領域支配を及ぼし、国境の外界では領域支配を行わない、ということです。こうすれば、領域国家は共存できます。

国境の画定とは、外国による国境の承認ですから、そもそも外国が存在していなければなりません。外国という領域国家の存在を承認するのは誰かといえば、実は自国を含めた、当該外国以外の国々です。つまり、領域国家は国境内でしか支配の正統性を持たないにもかかわらず、領域外の外国の国家を承認することをするのです。さらに言えば、領域国家は、交戦権があるとして、外国と戦争できます。領域支配の権限の及ばない外国領内にまで、当該外国の了解もなく、派兵・出兵します。ときには、戦争の結果の講和条約で、国境さえ変更することもあります。あるいは、植民地にしてしまうこともあります。近代主権国家システムにおける領域国家は、誠にご都合主義であって、実は、国境の外界にも、色々と支配を及ぼそうとしています。

だから、領域国家と国家主権を謳いながらも、列強という領域国家は、領域拡張のための対外戦争をするとともに、同時に植民地を有する「帝国」でもあったのです。

帝国とは、支配権の及ぶ境界内部に、本国と植民地または自治領土とを抱える領域支配です。全体が均一な空間になれば、全てが領域国家です。しかし、しばしば、本国は領域国家ではありますが、植民地や自治領土は、独自の国家でもなければ、本国と一体でもない支配領域となります。植民地や自治領土は、本国外であるとともに帝国内なのです。「本土」や「内地」に対する「外地」なのです。植民地や自治領土は本国に同化してしまえば、外地ではなくなります。しかし、独立すれば外国になります。

一九世紀後半以降、列強は帝国主義を採用したと言われます。要は、アジア・アフリカに支配領域である植民地を大きく抱えたということです。戦前体制も、「大日本帝国」の自称の通り、北海道、樺太、千島、琉球、台湾、朝鮮、南洋、満洲に、支配領域を拡大します。結果的には、北海道・琉球に関しては「同化」に成功したので、名目上は外地ではなくなります。それでも、それ以外の領域は外地であり続け、戦後体制では外国となりました。しかし、帝国の残滓《ざんし》は戦後体制にも及びます。植民地・本国間では人の移動が大きく、それゆえに植民地喪失後も、旧植民地出身者という、他の外国人とは異なる人々を多く抱え続けるのは当然です。帝国主義の帰結です。戦後体制の特徴は、そのようなかつて日本国籍のあった旧植民地出身者から日本国籍を剝奪して、「在日外国人」とした排除的な取扱いです。

④国民国家

領域国家は、国境と領域の画定によって、国土という領域支配を明確にします。その領域のなかに存在する人間が、支配される対象としての被治者ということになりそうです。では、国土に存在する被治者は全てが国民かというと、必ずしもそうはなっていません。つまり、ある領域内には、自国民と外国民が存在するのが普通です。領域支配を受ける被治者は、必ずしも国民とは限りません。むしろ、支配される被治者を属人的に画定するのではなく、支配される被治者を領域的に画定するからこそ、領域支配だといえます。

こうした取扱いは、近代絶対君主制のように、統治者と被治者とが一致していない非民主主体制であれば、全く不思議ではありません。要するに、自国民であろうと外国民であろうと、統治者にとって被治者は異質な他者に過ぎないからです。敢えて言えば、絶対君主にとっては、全員が外国民のようなものです。

すでに述べたように、非民主体制であっても、被治者に国民意識を持たせ、統治者への一体性を感じさせることは、支配に有用なことです。そこで、ある段階から、被治者を国民という集団に組織化・同一化することが始まります。しかし、国民は「想像の共同体」です。もともと、人間集団に明確な境界などないからです。そこで、様々な着眼点を使って国民の境界、いわば、「国民境」を作ろうとします。例えば、言語、宗教、文化、歴史、血統などです。民族とかエスニシティとかと呼ばれます。しかし、こうした着眼点による人間の国民境は、必ずしも地理的国境と一致しませんので、しばしば紛争を引き起こしてきました。

「想像の共同体」（ベネディクト・アンダーソン）としての国民意識ができるかどうかはともかく、領域国家は国籍という形で、外形的または行政実務的に、国民境を画定します。実務的には、内面の国民意識は分かりませんから、外形の国籍で国民を決定します。この国民を外形標準で定義する方法は、血統主義と属地主義があります。血統主義は親の国籍を引き継ぐという外形標準です。属地主義は出生した領域によって国籍を得るという外形標準です。いずれも、基本的には誕生の瞬間に、本人の意思とは無関係に、さらには、行政の認定とも無関係に、決定されるのがポイントです。本人の意思で自由に国籍変更することを、領域支配をする領域国家は認める気はないのです。領域国家の為政者は、国民を、自由な意思を持つ個人ではなく、領域国家の「付属物」のように思っているようです。

こうして、諸個人は「国家国民」となるのです。もちろん、論理的にも実際的にも二（多）重国籍も無国籍もあり得ます。ただ、多くの人の場合は、出生の時点を契機に、どこかの領域国家の国籍を強制されます。したがって、その後に国境を跨いでも、その移動先の領域国家の国籍を自動的には得られません。こうして領域国家は、基本的には外国民・無国民を国内に抱え込むことになります。

この状態は、統治者と被治者の同一性を前提とする民主体制にとっては、理屈に合わないことを引き起こしかねません。国民主権の原理ですと、統治者は国民であるのが当然のように思われます。しかし、被治者の一部は国民として統治者兼被治者になりますが、被治者の一部は外国民・無国民ですから、統治者にはならないのです。つまり、民主主義の原理と国民主権の原理は同じではありません。部分的には矛盾するのです。

民主主義の原理を貫徹するならば、被治者であるものは、自国民であろうと外国民・無国民であろうと、統治者にならなければおかしいのです。つまり、在住外国人等の参政権は当然ということになります。また、在住外国人等の参政権が、国民主権の原理と矛盾するというのならば、民主主義の実現のためには、全ての国境内の被治者を統治者である国民と位置づけるしかありません。国境内にいる人は全て国民であれば、国民主権によっても統治者と被治者の同一性は確保されます。

しかし、戦後日本では外国人参政権は認めていません。かといって、在住外国人に簡単に日本国籍取得を認めるかと言えば、それもほとんど認めません。無国籍者の戸籍取得も容易ではありません。ということで、統治者と被治者の同一性は、確保されていないのです。つまり、民主主義の原理という上位価値が、国民主権という下位価値によって、毀損されているのです（第1章4）。

⑤領域国家間の外交

実態として、外界には領域国家の支配が及ばないことも多いです。しかし、資本主義経済が発達すると、様々なヒト・モノ・カネが国境を越えて往来するようになります。近年のグローバル化で情報やサービスも移動するということですが、国境を越える往来はもっと昔からありました。「長い一六世紀」の大航海時代を経て、世界経済が成立したのです。また、地球は一つですから、環境上の影響は国境を越えて及ぶものです。地球温暖化とか公害汚染の拡散とかは、領域支配と無関係です。

領域国家の理屈から言えば、国民が一歩、国境を跨げば、全くの別世界で、その人の生殺与奪は、彼の地の領域支配のあり方次第です。後は、彼の国の配慮にお願いするしかありません。例えば、日本国発行の旅券《パスポート》には、日本国外務大臣名義で「日本国民たる本旅券の所持者を通路故障なく旅行させ、かつ、同人に必要な保護扶助を与えられるよう、関係の諸官に要請する」とあります。外国で領域支配の任務に当たっている行政職員に、日本国外務大臣が陳情しているのです。もっとも、一方的にお願いされたからと言って、彼の地の諸官が従う保証は全くありません。そこで、しばしば、旅券をもとに、彼の地の領域国家の出先機関である大使館などで、あらかじめ査証《ビザ》の発給が必要になります。もっとも、査証があるからといって、彼の地の領域支配を、自国の側で左右できるわけではありません。

国境を一歩でれば、彼の地の領域支配に服します。とはいえ、どのような領域支配がされるのか不明であれば、国境を越えた往来は危なくてできないでしょう。そのため、領域支配をする領域国家同士で条約を結び、お互いの領域支配のあり方を合意してきました。こうして、様々な条約が締結され、領域支配間の調整が図られてきたのです。

領域国家としては、領域支配の及ばない外国に対しても影響力を行使し、少しでも有利な状況を作ろうとします。しかし、これは、相手方の領域国家にとっても同じことです。自国は他国に外圧を掛け、他国は自国に外圧を掛けるのです。外交とは、こうした外圧の掛け合いであり、外圧の払い除け合いなのです。

⑥外交官

外交を担う行政職員が外交官です。もちろん、領域国家の最高指導層は政治家ですから、首脳外交など、政治家も外交を行います。首相などの執政指導部にとって、外交こそ最も重要な任務の一つです。しかし、外交も他の内政と同じく、行政職員による業務に支えられています。

外交儀礼や慣習や社交、国際法の知識、相手国に関する言語・文化・習慣・歴史の習熟、宿泊・会食・会議などの準備（いわゆるロジ）さらには人脈など、それなりの素養と訓練と時間が必要です。その意味で、外交官は行政職員のなかでも特殊な職種でありました。

例えば、戦前日本では、外交官と行政官は別の文官高等試験（外交科と行政科）でしたし、戦後においても、いわゆるキャリア官僚（第3章2）を採用する国家公務員上級（I種）試験と外交官領事官試験（外務公務員I種試験）は別でした。また、いわゆるノンキャリア外交官は、今日でも、外務省専門職員試験として、一般のノンキャリアとは別の採用試験です。

また、島国日本において外交に親しむには、子供の頃からの海外経験が望ましいです。そうした経験は、多くの日本人にはあり得なかったことです。その意味では、親が外交官であると、当然ながら子供は海外経験がありますから、代々外交官という「家業」になり得ます。例えば、一九九六年の在ペルー日本大使公邸占拠事件のときの青木盛久大使は、父親も外交官でしたし、曾祖父は明治時代の外務大臣である青木周蔵です。また、日米戦争開戦時の東条内閣の外務大臣で戦後にはA級戦犯となった東郷茂徳は、自身は立身出世による職業外交官でしたが、女婿・東郷文彦（外務事務次官・駐米大使）は沖縄返還交渉に当たり（第3章4）、孫の東郷和彦氏（外務省欧亜局長・駐蘭大使）も外交官となりました。その意味では、外交官とは、近代官僚制のなかでは、世襲制・貴族制的な色彩を、相対的に強く帯びていたと言えるでしょう。

もっとも、近年のように人的・物的にも経済的にも文化的にも情報的にも、国際交流が盛んになると、外交官の子供でなくても、民間でも海外経験を持つようになります。子供の頃に異国経験のある帰国子女でなくても、充分に外国経験を積むこともできます。さらに、国のほとんどの政策分野でも国際交渉は不可避になっていますから、外交官のみが特別な存在ではなくなってきました。こうして、二〇〇〇年を最後に、外務公務員I種試験は廃止され、キャリア外交官も他省と同じ国家公務員I種（総合職）試験から採用されるようになりました。

⑦国際行政

領域国家間の条約などの合意に基づいて、国際機関を設置できます。条約や国際機関によって、領域を超えて同一の支配が行われると、国際行政が成立します。しかし、領域国家の同意がなければ国政行政は成立しませんから、領域支配が侵されるわけではありません。

世界には、様々な国際機関が存在します。万国郵便連合（UPU）、国際電気通信連合（ITU）、国際海事機関（IMO）、国際労働機関（ILO）、世界気象機関（WMO）、世界保健機関（WHO）、国際通貨基金（IMF）、国連教育科学文化機関（UNESCO）、国連児童基金（UNICEF）、国連難民高等弁務官事務所（UNHCR）、国際原子力機関（IAEA）、世界銀行（WB）、世界貿易機関（WTO）など、枚挙にいとまがありません。また、その総本山とも言うべきものが国際連合（UN）です。

こうした国際機関は、その性質上、世界の人々から民主主義的に選出された公選職政治家を持つのではなく、条約締結国などの国家間の国際政治によって、方針が決められます。しばしば、そうした国際政治の帰結として事務総長・局長が決められますが、事務総長・局長は日本語のニュアンスを超えて、実態上は政治家といってよいでしょう。国際機関に置かれる事務局は、ある程度の近代官僚制とは言えるので、行政職員を抱えています。とはいえ、領域国家を前提にした仕組ですから、国際機関が国家領域内で直接的に行政を行うことは稀です。国際行政は、基本的には、領域国家による行政を通じて、間接的に行われます。

実際には、領域国家にとっては、国際機関からの介入は大きな外圧です。もちろん、領域国家に国際機関は強制できませんから、不満があれば条約を締結・批准しなければよいのですし、条約や国際機関から脱退することもできます。しかし、国際関係も色々な貸し借りと利害関係の多角的ネットワークですから、ある内容が納得できないからと言って抵抗することは、なかなか容易ではありません。外国による国境と国家承認に支えられている領域支配は、外国と完全に縁を切るわけにはいかないのです。縁を切ることは、当該国家の存立を危機に陥れかねません。例えば、リットン調査団（一九三二年）の報告に不服な大日本帝国は、国際連盟から脱退しましたが（一九三三年）、その帰結は敗戦と占領でした。

ということで、国際機関からの介入を自国に望ましいようにすべく、外交努力をするしかないのです。そうすれば、自国の領域支配にマイナスにはなりません。さらにいえば、外交が功を奏し、国際機関の方針を自国に有利なものとすれば、国際機関を通じて間接的に、外国に対する支配を及ぼすこともできるのです。国際行政は、ある意味で、地球全体や人類全体のための地球的公益を目指すものかもしれませんが、同時に、領域国家のそれぞれに都合のよい支配を巡る駆け引きの場でもあるのです。

4 米国と行政

①サンフランシスコ講和条約体制

戦後日本にとって最大の「外国」は米国（アメリカ合衆国）です。なぜならば、アジア・太平洋戦争での敗北の結果、日本はポツダム宣言を受諾し、無条件降伏をしたからです。戦争の相手方は「連合国（United Nations＝「国際連合」と同じ英語表記です）」ですが、日本を占領したのは米国単独でした。つまり、一九四五年から日本は、米国の単独占領統治下に置かれたのです。

サンフランシスコ講和条約によって、一九五二年四月二八日に、日本は「独立・主権を回復した」という「回復の物語」はあります。もっとも、一九五二年以降も奄美・小笠原・沖縄などの占領が継続したのですから、単純に「主権回復」と言うことはできません。むしろ、沖縄などの占領継続が決定されたという意味で、「屈辱の日」という理解もあります。また、米国などの連合国の意図によって、内地・本土と沖縄などの間で地理的境界を画定しうることを示した先例である、という意味でも、象徴的なインパクトは持つでしょう。つまり、連合国にとっては、日本の「固有の領土」などはないのです。連合国がポツダム宣言を受けて四島の外延と境界を一方的に決めるのが、戦後日本の支配領域の画定なのです。

仮に本土・内地に限定したとしても、サンフランシスコ講和条約体制の理解は、なかなか厄介なものです。そもそも、無条件降伏して米国に「占領されている日本（Occupied Japan）」に、米国を含む連合国と条約を主権国家として交渉・締結することが、法的にも、実質的な政治的権力関係においても、できたとは思えません。主権、施政権・外交権のない被占領日本に、条約を結ぶ権限・権力など、実際には存在しなかったのです。ポツダム宣言を受諾して降伏した以上は、独立・対等な領域主権国家として、講和条約を結ぶ外交権などは残っていなかったはずです。もちろん、主権などがなくても、日本側の被治者および被治者の代表である為政者が、民衆の利益のために最大限の努力をすることは、可能かつ望ましいことです。

②ポツダム宣言受諾

一九四五年七月二六日に、米国・英国・中華民国の三国首脳名で、日本に対する降伏を勧告する宣言が発表されました。これがポツダム宣言（Potsdam Declaration）です。

ポツダム宣言は、もちろん、原文は英語ですが、日本にとって重要なのは、日本政府としてどのように理解（翻訳）したかです。日本語訳（抄）は以下の通りです（中華民国のことを「支」と呼称しています。傍線部は筆者、旧字体は改めています）。

千九百四十五年七月二十六日

米、英、支三国宣言（抄）

（千九百四十五年七月二十六日「ポツダム」ニ於テ）

一〜三、（省略）

四、無分別ナル打算ニ依リ日本帝国ヲ滅亡ノ淵ニ陥レタル我儘ナル軍国主義的助言者ニ依リ日本国カ引続キ統御セラルヘキカ又ハ理性ノ経路ヲ日本国カ履ムヘキカヲ日本国カ決意スヘキ時期ハ到来セリ

五、吾等ノ条件ハ左ノ如シ

吾等ハ右条件ヨリ離脱スルコトナカルヘシ右ニ代ル条件存在セス吾等ハ遅延ヲ認ムルヲ得ス

六、吾等ハ無責任ナル軍国主義カ世界ヨリ駆逐セラルルニ至ル迄ハ平和、安全及正義ノ新秩序カ生シ得サルコトヲ主張スルモノナルヲ以テ日本国国民ヲ欺瞞シ之ヲシテ世界征服ノ挙ニ出ツルノ過誤ヲ犯サシメタル者ノ権力及勢力ハ永久ニ除去セラレサルヘカラス

七、右ノ如キ新秩序カ建設セラレ且日本国ノ戦争遂行能力カ破砕セラレタルコトノ確証アルニ至ルマテハ連合国ノ指定スヘキ日本国領域内ノ諸地点ハ吾等ノ茲ニ指示スル基本的目的ノ達成ヲ確保スルタメ占領セラルヘシ

八、「カイロ」宣言ノ条項ハ履行セラルヘク又日本国ノ主権ハ本州、北海道、九州及四国並ニ吾等ノ決定スル諸小島ニ局限セラルヘシ

九、日本国軍隊ハ完全ニ武装ヲ解除セラレタル後各自ノ家庭ニ復帰シ平和的且生産的ノ生活ヲ営ムノ機会ヲ得シメラルヘシ

十、吾等ハ日本人ヲ民族トシテ奴隷化セントシ又ハ国民トシテ滅亡セシメントスルノ意図ヲ有スルモノニ非サルモ吾等ノ俘虜ヲ虐待セル者ヲ含ム一切ノ戦争犯罪人ニ対シテハ厳重ナル処罰加ヘラルヘシ日本国政府ハ日本国国民ノ間ニ於ケル民主主義的傾向ノ復活強化ニ対スル一切ノ障礙ヲ除去スヘシ言論、宗教及思想ノ自由並ニ基本的人権ノ尊重ハ確立セラルヘシ

十一、日本国ハ其ノ経済ヲ支持シ且公正ナル実物賠償ノ取立ヲ可能ナラシムルカ如キ産業ヲ

維持スルコトヲ許サルヘシ但シ日本国ヲシテ戦争ノ為再軍備ヲ為スコトヲ得シムルカ如キ産業ハ此ノ限ニ在ラス右目的ノ為原料ノ入手（其ノ支配トハ之ヲ区別ス）ヲ許可サルヘシ日本国ハ将来世界貿易関係ヘノ参加ヲ許サルヘシ

十二、前記諸目的カ達成セラレ且日本国国民ノ自由ニ表明セル意思ニ従ヒ平和的傾向ヲ有シ且責任アル政府カ樹立セラルルニ於テハ連合国ノ占領軍ハ直ニ日本国ヨリ撤収セラルヘシ

十三、吾等ハ日本国政府カ直ニ全日本国軍隊ノ無条件降伏ヲ宣言シ且右行動ニ於ケル同政府ノ誠意ニ付適当且充分ナル保障ヲ提供センコトヲ同政府ニ対シ要求ス右以外ノ日本国ノ選択ハ迅速且完全ナル壊滅アルノミトス

第六項以下で色々な条件が付いていますが、基本的には日本側が一方的に遵守すべき条件で、しかも、当時の日本側為政者（「我儘ナル軍国主義的助言者」）にとっては呑めるものでないですから、「無条件降伏」と考えられています。第五項で言うように、米英華の三国が示した条件以外の条件交渉に応じない、ということですから、通常の交渉における条件ではありません。むしろ、最後通牒といった方がよいでしょう。また、第一三項から、無条件降伏は帝国陸海軍だけであって、日本国政府は無条件ではないという、強弁もあり得ます。そうはいっても、第七項で占領されるのですから、日本は「俎《まないた》の上の鯉」でしかありません。

帝国日本の為政者たちは、「ポツダム宣言では国体の護持が確約されているのか」を巡って、意思決定ができませんでした。その過程で「黙殺」と、日本政府は表明してしまいます。その結果、八月六日に広島に、八月九日に長崎に原爆が落とされました。また、八月八日にソ連が参戦する隙を与えてしまいました。結局、最終的には、八月一〇日未明の御前会議で、「国体護持」を条件に、ポツダム宣言の受諾を決定します。

もちろん、ポツダム宣言に国体護持の条件はありませんから、第五項によって相手にされない離脱条件です。そもそも、国体という用語は意味不明ですので、「天皇ノ国家統治ノ大権」ということです。第八項で「日本国ノ主権」が明記されていますので、国体が領域主権国家を指すならば、国体護持という条件は、含まれていると言えるでしょう。敗戦・占領されても、連合国に併合されたり、連合国の植民地・保護国とはならず、占領中も国家主権は継続される、というようにも読めます。しかし、国体が天皇の統治権総攬を意味するのであれば、第一〇項や第一二項で否定されています。国体が、天皇・皇室制度の存続という意味であれば、ポツダム宣言には触れられていないということでしょう。

こうして、一九四五年八月一五日に「終戦の詔書」を公表し、この日が日本国内的には「終戦の日」となっています。正確には、「敗戦の日」「降伏の日」でしょう。世界的には、ミズーリ号上で「降伏文書」に署名した九月二日が、戦争終結の日とされています。この「降伏文

書」でも、

……「ポツダム」宣言ノ条項ヲ誠実ニ履行スルコト並ニ右宣言ヲ実施スル為連合国最高司令官又ハ其ノ他特定ノ連合国代表者ガ要求スルコトアルヘキ一切ノ命令ヲ発シ且斯ル一切ノ措置ヲ執ルコトヲ天皇、日本国政府及其ノ後継者ノ為ニ約ス……天皇及日本国政府ノ国家統治ノ権限ハ本降伏条項ヲ実施スル為適当ト認ムル措置ヲ執ル連合国最高司令官ノ制限ノ下ニ置カルルモノトス……

とされています(傍線部、筆者)。ポツダム宣言を誠実に履行すること、ポツダム宣言の実施のためには連合国は一切の措置が執れること、天皇・日本国政府の統治権限はポツダム宣言を実施する連合国最高司令官の支配のもとに置かれること、などが明記されました。主権が最高権力・権威を意味するのであれば、主権は連合国最高司令官にあるということです。天皇主権から連合国最高司令官主権(「マッカーサー主権」)になったということです。当時にはそのような言葉はありませんでしたが、敢えて比喩的に言うならば、日本にあったのはせいぜい「潜在主権」とでも呼べましょう。最上位にはポツダム宣言があり、その実施のために連合国最高司令官が統治権(=主権)を総攬し、その支配下に日本国政府の統治権限が置かれたのです。

ポツダム宣言は、戦前体制の統治者にとっては、あり得ない内容でした。第一に、「国家における主権」としての天皇主権を否定して、民主主義を採用したことです。旧体制の統治者にとってあり得ないことが起きた以上、一種の「暴力革命」だということになります。このような見方を、ポツダム宣言受諾の時期を採って、「八月革命」と呼ぶことがあります。

第二に、「国家の主権」が消滅したことです。上記のように、名目的な潜在主権は残るにせよ、実質的には連合国の占領下に置かれ、一切の統治権限を連合国最高司令官が持つのです。しかも、米国単独占領ですから、実質には米国の一軍人が「在日主権」を持つということです。「本国」である米国から、「植民地」または「自治領土」に派遣された、一種の「総督」です。これは領域主権国家としてもあり得ないことです。

国家の主権が消滅してしまえば、革命さえあり得ません。この見方に立てば、「八月革命」という微温的な見方は、自己欺瞞です。敢えて分かりやすく、近代日本の「日韓併合」とか「琉球処分」という用語を借用すれば、「米日併合」とか「日本処分」と呼ぶことができるでしょう。「台湾総督府」「朝鮮総督府」の用語を借用すれば、GHQ（連合国軍最高司令官総司令部）は「日本総督府」です。あるいは、大日本帝国にとっての「清国」「満洲国政府」「溥儀《ふぎ》皇帝」に当たるのが、米国にとっての「大日本帝国」「日本国政府」「裕仁天皇」でしょう。戦後体制は「満洲国」のようなものですから、「満洲帰り」の岸信介などにとって、活躍の場所になったのは自然です。

③国政自治権拡充運動

サンフランシスコ講和「条約」の交渉において、支配された「被占領地（植民地・自治領土）」日本側「自治」政府にできたことは、「本国」＝米国側の了解の範囲内で、独立または高度な自治を獲得することです。実際、植民地が独立をすることや、先住民族が高度な自治を獲得することは、植民地や先住民族がかつて主権国家・領域国家でなかったとしても、できます。しかし、それは主権国家同士の条約ではありません。例えば、北米植民地が英本国から一七七六年に独立宣言をしたように、勝手に宣言することが考えられます。その後、独立戦争に勝利し、アメリカは英国と一七八三年にパリ条約を結びます。独立宣言によってアメリカが独立国家になったから、米英間で講和条約が結べたのです。アメリカの独立獲得は、条約によるものではありません。

戦後日本の場合、対米戦争で敗北して、すでに陸上占領されている状態ですから、状況は悪いと言えます。アメリカのように独立宣言をしてから、独立戦争をするという戦術は、現実的ではあり得ません。仮に、民族独立回復のための武力抵抗運動でもしたならば、進駐軍＝在日米国占領軍に、直ちに武力鎮圧されたでしょう。日本側の為政者にできた「国政自治権拡充運動」は、あくまで非暴力主義でなければなりません。

日本側の非暴力運動の結果、「本国」米国が、「自治領土」日本に、高度の自治を認めることを、一方的に自己宣言すればよいのです。日米間の「条約」の形態をとる必要はありませんし、「条約」の外観をとったからと言って、日本と連合国という国家間条約ではないのです。敢えて言えば、サンフランシスコ講和条約とは、批准・承認したアメリカなど連合国間だけの条約なのです。「自治領土」日本には関係ありません。

具体的には、まず、ポツダム宣言自体が、戦争による領土拡大と植民地獲得を否定していましたから、日本はアメリカに併合されることも植民地とされることもない、という建前条件があったはずです。それゆえに、主権国家としての日本の独立を、アメリカを含む連合国の間では、自ら認めないわけにはいかないのです。しかし、現実の統治権限を総攬している米国の了解する枠内での「独立」です。「本国」米国に対しては、「自治領土」日本でしかありません。米国に対して、日本が「主権」国家として振る舞うことは、体裁だけのことに過ぎません。しかし、米国以外の諸国に対しては、日本は主権国家として独立することも可能になります。日本とは、米国にとっては（「潜在主権」しかない）「自治領土」ですが、アメリカを含む諸外国にとっては独立国家・主権国家です。それがアメリカ＝米国の対日処理方針なのです。日本の対外主権は、二面相的な存在なのです。それは、合州国が戦後日本に対して、通常の外国としてのアメリカと、「本国」としての米国と、二つの顔を持っているからです。

建前は独立回復であっても、実質は占領地（「植民地」・「自治領土」）ですから、自治権回復をどの程度まで認めるかは、統治者である「本国」米国の判断次第です。日本側は米国の理解と安心を得るために尽力しました。そこで、第一に、日本側は民主主義の原理を採用するほか、戦後改革を全面的に行います。また、武装は解除し、軍国主義者を駆逐し、再軍備を可能とする経済を否定して、平和・民生経済に転換しました。これらのこと自体は、ポツダム宣言にも書かれています。

また、第二に、米ソ冷戦のなかで「本国」が喜ぶように、共産主義革命を否定します。この点は、戦前戦中戦後日本の為政者は根っからの反共主義者ですから、特に抵抗感はなかったでしょう。日本国憲法でも、財産権保障は盛り込まれていますから、資本主義経済を採用することは当然です。このように、アメリカおよび米国との価値観共有を訴えます。ただし、この点はポツダム宣言には記載されていません。

第三に、二度と米国に逆らって戦争をすることのないようにと、戦争放棄と平和主義を採用します。米国が「押し付け」た日本国憲法に書いてあるので、大変に好都合でした。「本国」が作ったもので、「本国」に対抗するという弱者の知恵です。占領軍である米国が、「総督」である主権者・マッカーサーを通じて、日本側に作らせた日本国憲法に採用されていますから、米国は否定できません。日本国憲法の対米交渉上の強みは、米国が押し付けたことそれ自体にあります。「押し付け憲法」でなければ、対米交渉には意味がありません。「自主制定憲法」では、日本人＝「自治領土」人の意向表明に過ぎないので、対米交渉で日本側の利益を主張することには、役に立たないのです。

第四に、現実政治としては、戦後日本が「本国」米国に逆らわなければよいのですから、一切の実力整備が否定されるわけではなく、米国の「助言と承認」のもと、「再軍備」を行います。米国に逆らわない「米軍予備隊」（正式名称は「警察予備隊」、のちに「保安隊」から「自衛隊」。第4章1）ならば、「本国」としても大歓迎です。もちろん、「自治領土」民のなかには、米国の戦争に、自衛隊＝「米軍予備隊」が巻き込まれるのを避けたい人も多かったでしょう。これが専守防衛論（「巻き込まれ」論）です。

④日米安全保障条約体制

敗戦国日本は、米国に占領されましたが、高度の国政自治を認められることになりました。領域支配とは国境の内界の統治ですから、一応の領域「主権」国家といえるかもしれません。また、米国以外の諸外国に対しても、独立の領域国家として国際社会に復帰しました。これはアメリカとの国家間外交関係においても、基本的には該当します。とはいえ、ギリギリのところでは、米国は占領国・戦勝国、あるいは、「自治領土」に対する「本国」として、日本の国境線の内界においても、領域支配を貫徹します。これが日米安全保障条約体制なのです。

「本国」にとって、日本支配の最大かつ究極の価値は、「自治領土」日本内に軍事基地を置き、自由に使用することです。日本における基地使用の自由が認められるのであれば、戦後日本の「独立回復」＝高度な国政自治権を認めることも可能なわけです。こうして、サンフランシスコ講和条約と同時に、日米安全保障条約が締結されました。

一九五一年締結の旧・日米安全保障条約とは、「自治領土」日本が「本国」米国に対して基地提供の義務を負うという、外観的には国家間「条約」です。もちろん、占領下で国家間条約交渉などできるわけはありません。大局的かつ本質的に見れば、日米「条約」の外観をとった、米国による「押し付け条約」です。日本側が受諾しなければ、講和「条約」も締結できないだけですから、日本側は受諾するしかありません。そして、より具体的な支配条件を定めた詳細ルールが、日米行政協定です。これも、政府間「協定」の外観をとってはいるものの、本質的に見れば「押し付け協定」です。国が自治体との「合意」「協定」と称して、実質的には国の意向を押し付けるのと、同じようなものです。

日米安保条約を、敢えて外観通りに条約と呼ぶのであれば、典型的な不平等条約でしょう。明治政府にとっては、列強に強要された、治外法権を認め、関税自主権のない、不平等条約の改正が重要なテーマでした。同様に、もし戦後日本が主権国家であるならば、不平等条約の改正は日本政府のテーマになるはずだったのでしょう。しかし、「自治領土」政府にとっては、不平等条約の改正はテーマにはなりません。なぜなら、「自治領土」だからです。

一九六〇年の安全保障条約改定（いわゆる新・日米安全保障条約）は、不平等条約改正の試みだったでしょうか。「基地提供と防衛の取引」というように、日本が基地提供の義務を負う代わりに、米国が日本防衛の義務を負うという、双務的「条約」の外観をとることには成功しました。しかし、「自治領土」日本が基地提供の義務を負い、「本国」米国が常時駐兵と基地自由使用の権利を得るのですから、米国の日本占領以来の価値を損なうものでは全くありません。そして、米国が日本を防衛することを実力によって保証する仕組はありません。むしろ、一九六〇年安保改定とは、米国の日本占領の意義を、日本側が追認するものです。

詳細条件を定めた日米行政協定は日米地位協定に変わりました。しかし、米国の基地自由使用を定める日米地位「協定」は、基本的には不平等のままでした。こうして、「本国」は「自治領土」日本国内の米軍基地に関して、高度の領域支配を維持することに成功しているのです。「本国」の領域支配は、三次元空間にも及び、横田基地をはじめとして、多くの空域は「本国」の領域支配のもとにあります。

さらに言えば、「本国」の軍人・軍属の活動に関しては、「本国」の支配が基地外に拡張します。例えば、米兵が日本国内で殺人・強姦などを犯しても、米国の許しがなければ、日本は刑事司法権限を持たないのです。領域支配を超えて、属人的な治外法権が設定されているのです。また、米軍機が日本国内に墜落または「不時着」しても、米軍が現場を封鎖して、現場の領域支配を貫徹するので、本国の許しがなければ日本側は現場検証も救助もできません。

こうして、在日米軍とは、日本の領域支配の及ばない、最大の「外国」となりました。最強の「在日特権」でしょう。しかし、米国は通常の意味での外国ではありません。むしろ、「本国」という意味での「外国」です。戦後日本では「一国二制度」が適用されていると言えましょう。例えば、二〇一七年一一月にトランプ米国大統領が訪日しました。しかし、外国からの玄関口である、東京国際空港または新東京国際空港に、トランプ大統領は降り立つのではありません。そうではなく、「自治領土」に置かれた「本国」の出先機関である横田基地に着陸します。米国内での移動に過ぎません。横田基地という「本国」から陸路で、「自治領土」日本の帝国ホテルや霞ヶ関カンツリー倶楽部(ゴルフ場)などに行きました。

⑤戦後日米関係の重さ

戦後日本の国政にとっては、米国に対して、国政自治権の回復を求めるか、求めるとすればどの程度か、大きな焦点となります。戦後日本にとっての最大の「外国」は、「本国」米国です。その意味で、戦後日本「外交」は、まずもって対米「外交」です。しかし、それは主権国家間の「外交」というよりは、国と自治体との間の協議、あるいは、宗主国・本国と自治領土・植民地との間の協議のようなものかもしれません。

一国内において、国に対して自治体が自治権拡充に向けて協議するように、米国ワシントン政府に対して日本政府は協議をします。日本国は「自治領土」です。つまり、戦後体制においては、国も都道府県も市区町村も、全て「自治体」なのです。自治体が国との対等・協力関係を目指すように、日本政府は米国政府との対等・協力関係を目指しているのです。しかし、その実現は容易ではありません。

その典型が、基地返還と日米地位協定改定です。普通に考えれば、「自治領土」日本にとっては、極めて重要な課題でしょう。しかし、それは、かたくなに「本国」米国が拒否するところです。例えば、枢要な基地返還は基本的には認めません。嘉手納基地や横田基地・横須賀基地が返還される見込みは、ほぼゼロです。また、基地返還を認めたとしても、普天間基地が典型ですが、代替基地の新増設を要求されます。したがって、そのような高い壁を予測する「自治領土」日本の「賢明」な為政者は、対米協議には及び腰になるのです。あるいは、交渉をすること自体を、時間と労力の無駄だと考えます。むしろ、「本国」の為政者の意向に添う方が、個人的にも組織的にも、得策だと考えるかもしれません。「植民地」の為政者というのは、「本国」に対しては無力の被治者です。
「本国」にとって、「自治領土」日本の存在価値は、まずは、前線基地の自由使用です。中曽根首相が唱えた、いわゆる「不沈空母」論です。中国流にいえば「第一列島線」ともなりましょう。そのうえで、ソ連（現ロシア）・中国・北朝鮮に対抗する「同盟国」となることです。反共・資本主義陣営の「藩屏《はんぺい》」というわけです。また、こうした「藩屏」の防衛力を、自前で支える経済力も期待されます。併せて、「自治領土」民が資本主義陣営に留まるだけの、経済回復は望ましいことです。

さらに言えば、「植民地」経営に成功して「自治領土」が経済的に繁栄すれば、「本国」として様々な収益を図ることもできます。例えば、在日米軍駐留経費を日本側が負担する「思いやり予算」などが典型です。他にも、米国経済に役に立つように、色々な商品——原子炉・核燃料、航空機、武器など——を売ることもできます。

逆に言えば、「自治領土」が「本国」経済に悪影響を与えるようになれば、直ちに攻撃します。一九八〇年代に猖獗《しょうけつ》を極めた「ジャパン・バッシング」です。いわゆる貿易摩擦は、それ以前から、繊維、鉄鋼、自動車など、様々なものについて発生し、その都度、米国から強力に対策を求められます。日米構造協議で市場開放を求められ、プラザ合意で人為的円高政策を飲まされます。日本側には、印紙法・タウンゼント諸法・茶法にボストン茶会事件を起こした、北米植民地人民のような意志も能力もありません。結果的に、一九九〇年代以降は、「自治領土」日本経済は沈滞したため、「本国」からの経済収奪は弱まります。

代わって登場したのが、日米安保の再定義と新ガイドラインです。簡単に言えば、「植民地」日本の防衛力（世界的な意味で言えば軍事力）を「本国」の「傭兵」として、利用することです。「本国」の軍令のもとで、「自治領土」の自衛隊（＝「米軍予備隊」）を作戦運用することです。そこで、米国との集団的自衛権の行使を可能にする必要がありました。二〇一五年の「平和安全法制」は、「本国」による「自治領土」からの動員を強化します。

⑥「自治領土」為政者のタイプ

このような「本国」対して、「自治領土」または「植民地」の為政者は、どのように行動してきたでしょうか。この為政者は、「本国」に対しては被治者であり、「植民地」の一般民衆に対しては為政者という、中間為政者です。まず言えることは、露骨に「本国」の支配に抵抗しようとする為政者は、為政者であり続けることはできません。こうした「反米主義者」は、「本国」から排除されてしまいます。そこで、あり得る為政者は、以下のような五つのタイプの理念型を取り得ます。これは、政治家と行政職員と共通です。

第一は、「本国」の支配を受容しながらも、できるだけ「自治領土」のために、「本国」の無理難題に抵抗するとともに、「本国」に「自治領土」の要求を飲ませようと、「外交」交渉するものです。「半米主義者」と言えましょう。主観的には、このような政治家・行政職員が多いと思います。もっとも、可能かどうかは別問題です。正面から抵抗するのは無謀ですから、多かれ少なかれ、面従腹背の形態になります。

第二は、上述のように、「植民地」の為政者にありがちですが、「本国」の統治者に寄り添った方が、個人的にも組織的にも、得策だと考えます。ある意味で「伴米主義者」と言えましょう。被治者民衆の利益はおかまいなしです。主観的には半米主義者が、実態は伴米主義者ということもあります。

第三は、「植民地」エリートにありがちですが、「本国」留学などを経て、「本国」の思考に同調・同化してしまいます。そこでは、「自治領土」の利益を実現するという発想は存在しません。「本国」の学術研究・文化・思想・経済などのソフト・パワーに、継続的に敗北し続けているわけです。いわば「汎米主義者」または「範米主義者」でしょう。もっとも、このときには「本国」と異なる意思が存在しませんから、支配を受けているとか、収奪をされているとかの認識も存在しません。被治者に対してもソフト・パワーが行き渡れば、被治者も「本国」に同化していけます。ある意味で、「愚者の楽園」(若泉敬)と呼べるでしょう。

第四は、額面通りに日本は主権国家であると位置づけて、米国と対等・協力関係を築き、日本の主体的な選択によって、米国と同盟関係にある、という建前を内面化するものです。「絆米主義者」とでも呼べましょう。現実の「本国」「植民地」という権力関係を隠蔽し、あたかも、価値観を共有する仲間だという発想です。支配されている民衆被治者の不利益は「知らんふり《シランフーナー》」されます。実際、アメリカにとって、イギリス系白人支配国であるイギリス・カナダ・オーストラリア・ニュージーランドなどは、こうした意味での真の同盟国でしょう。しかし、NATOなどの西ヨーロッパ諸国でさえ、真の同盟国であるかは疑問です。NATOで駐留するアメリカ軍の地位は、必ずしもイギリス系諸国と同じではないからです。ましてや、戦争で打倒した日本や、米国が朝鮮戦争で守り抜いた韓国が、米国の真の同盟国になれるかは不明です。

第五は、「本国」の意向に積極的に応答するふりをして、虎視眈々と「植民地」が自立する日を夢見て、実力を蓄えようというものです。ある意味で謀叛を狙う面従腹背であり、「叛米主義者」です。第三世界の反共的な独裁者にも多かったタイプです。米国は当初は東西冷戦のもとで反共（近年では、「文明の衝突」のもとで反イスラム）という目的のために独裁者を支援します。独裁者は当初は米国と協力しますが、そのうち、自らの独裁権力を高めて、米国に刃向かいます。当然、超大国・米国から攻撃されて、大概は自滅していきます。イラクのサダム・フセインなどが典型です。

戦後日本の場合には、「本国」に弾圧されないように、叛米にならないよう慎重に進めてきました。しかし、「再軍備」＝「自主防衛」の流れの一つは、このような面従腹背だったかもしれません。また、米国が「平和のための原子力」政策を進めることに応答して、原子力発電を積極的に導入します。しかし、それは、原爆の原料であるプルトニウムをため込むという、「潜在的核武装能力」を虎視眈々と蓄積するためかもしれません。実際、自衛のための核兵器は合憲であるというのが、岸信介首相の国会答弁（一九五七年五月）です。また、米国の世界的安全保障に協力する外観で、自衛隊を「本国」に「傭兵」として提供するかもしれません。しかし、それは来たるべき「叛米独立」の日までの仮の姿で、「第二（日）本帝国」の海外派兵・駐留の橋頭堡《きょうとうほ》かもしれません。それゆえに「本国」は、この叛米の危険性を常に警戒しています。そのために、「瓶の蓋」または監視役として、在日米軍が常時駐留しています。あるいは、そもそも、自衛隊（＝「米軍予備隊」）の作戦指揮権を在日米軍が持つことで、（米国による）文民統制を敷くわけです（第4章1）。

第3章 身内と行政

1　組織と行政

①行政組織の基本単位――省庁組織

為政者の中核的存在が行政組織です。民主体制のもとでは、被治者の代表である公選職政治家の一定部分が、行政府の指導層である執政を占め、行政職員は執政の指揮監督の下に置かれます。理屈上は、執政は選挙の結果などによっては交代があり得るのですから、一時的な占有者であることが予定されています。むしろ、恒久的な為政者は、行政職員から構成されている行政組織といえます。行政組織の上層部に就任する政治家は、行政組織から見れば一時的な「お客様」です。「おもてなし」の対象ではあっても、おもてなしを主催する側の「主人」ではありません。行政組織の「主人」は、行政職員の集団なのです。

国の行政組織は、戦後体制では「中央省庁」と呼ばれてきました。戦後の国家行政組織法第三条によれば、行政機関とは「府・省・庁・委員会」とされ、庁・委員会は府・省の「外局」として位置づけられました。ということは、基本的な単位は、府・省のはずでした。ところが、戦後長らく「中央府省」と呼ばれることはなく、中央省庁として呼ばれてきました。これは、総理府が実態としては行政組織の基本単位ではなく、省と庁が基本単位だったからです。

省が基本単位になるのは、国務大臣である公選職政治家が各省大臣として、省のトップとなるからです。省の「主人」は行政職員なのですが、「お客様」である政治家の大臣がいないと、独立した基本単位と見なされないのは、ある意味で不思議な現象です。しかし、民主主義の原理から見れば、むしろ、健全であるといえましょう。国務大臣＝各省大臣がいなければ、各省は行政権を握る内閣から蚊帳の外に置かれてしまいます。閣議に橋頭堡を持つためには、行政組織は「お客様」である国務大臣を必要としているのです。つまり、行政組織の基本単位の指標《メルクマール》は、国務大臣を持っているかどうかなのです。

かつては、庁のなかには国務大臣を長官（トップ）とするものと、そうでないものがありました。前者は大臣庁と呼ばれました。後者は非大臣庁で、長官は大臣ではない行政職員が就きます。非大臣庁といえるでしょう。例えば、二〇一七年前半の森友学園問題（国有地廉価払下げ事件）で有名になった財務省理財局長・佐川宣寿氏は、二〇一七年七月の定期人事異動で国税庁長官に就任しました。国税庁は非大臣庁です。大臣庁は行政組織の基本単位ですが、非大臣庁は、行政組織の基本単位ではなく、基本単位である省の実質的な下位部局として扱われます。国税庁は、財務省（二〇〇一年以前は大蔵省）の実質的下位部局です。

②二〇〇一年省庁再編

一九六〇年から二〇〇一年まで省という行政組織は安定していました。行政組織は、「主人」である行政職員の本拠地ですから、省の安定は行政職員としては非常に重要なことです。具体的には、法務省、大蔵省、外務省、文部省、農林省（農林水産省）、厚生省、労働省、通商産業省、運輸省、郵政省、建設省、自治省の一二省体制です。戦後直後には、内務省解体、建設院や法務府の設置廃止など、省という行政組織も不安定で、様々な組織新設・廃止などを繰り返しましたが、一九六〇年の自治省設置によって、安定するようになります。

他方、大臣庁は、一九六〇年以降も組織変動を続けます。省庁という基本単位を増やす場合には、大臣庁の新設によって行われました。大臣庁は、総理府に置かれました。大臣を長とする省の外局に、大臣庁が置かれるのは、国務大臣間に上下関係ができるようでおかしいわけです。この点、総理府の長は首相（内閣総理大臣）ですから、首相の下に国務大臣がいても、感覚的にはほどおかしくありません。また、調整機能を首相のもとで発揮できるように総理府に置いたともいえます。この時期に存在した大臣庁は、経済企画庁、防衛庁、科学技術庁、北海道開発庁、国土庁、沖縄開発庁、環境庁、総務庁（一九八四年までは行政管理庁）です。

警察庁は、長官は行政職員ですから、正確に言うと大臣庁ではありません。しかし、警察庁は国家公安委員会（総理府の外局、首相の所轄の下）の管理の下の「特別の機関」で、国家公安委員長が国務大臣です。国家公安委員会は大臣委員会です。警察庁の上位には大臣がいたので、実質的には大臣庁の仲間に入れてよいでしょう。こうして、一二省と九実質的大臣庁とを併せて、一府二一省庁体制となっていました。もっとも、総理府は実質的な組織単位ではないので、二一省庁です。金融危機対応を受けて、「財政金融分離」を謳った一九九八年の「大蔵省解体」がなされたため、金融再生委員会（大臣は国務大臣）・金融庁（長官は行政職員）という実質大臣庁が加わり、二〇世紀末には二三省庁体制でした。

二〇〇一年から省庁再編が行われます。省組織が大幅に変わるのは一九六〇年以来のことです。総理府の代わりに内閣府が置かれました。そして、総務省、法務省、外務省、財務省、文部科学省、厚生労働省、農林水産省、経済産業省、国土交通省、環境省の一〇省です。二二省庁が一〇省になったので、「省庁半減」と呼ばれることもあります。もっとも、大臣庁は基本単位なので、「省庁半減」とはサバ読みをし過ぎかもしれません。国家公安委員会・警察庁、防衛庁（内閣府の外局）が置かれましたし、金融庁（内閣府の外局）にも金融担当大臣（内閣特命担当大臣）があったので、実質三大臣庁と看做して一三省庁体制と呼ぶこともできましょう（二〇〇九年設置の消費者庁にも内閣府特命担当大臣が置かれますので、これも大臣庁と看做すことはできます）。つまり、省庁間・省間で合併がされ、大臣庁が大幅に縮減したのです。なお、その後、二〇〇七年に防衛庁は防衛省となりましたので一一省です。二〇一二年には、東日本大震災を受けて、国務大臣を長とする復興庁ができました。しかし、長官は置かれません。内閣府設置法八条でも「大臣委員会等」と表記され、大臣庁の用語は消えています。また、金融庁も消費者庁も長官は国務大臣ではありません。この意味では、大臣庁は消滅したともいえます。

大臣庁が大幅に縮減されたことを受け、二〇〇一年省庁再編直後には、「府省」という呼び方が使われることも増えました。もともと、旧国家行政組織法の位置づけでも、府省が行政機関としての第一次的単位であったので、いわば本則に戻る形で、府省と呼ばれたのかもしれません。また、省庁再編に併せて、内閣府は内閣府設置法に基づくようになり、省以下を規定する新国家行政組織法と切り離されました。その意味で、府省と呼ぶようになったのかもしれません。とはいえ、大臣がいることが基本単位の指標であることには変化がありません。内閣府には、実質的な大臣庁の部分と、そうではない基本単位とは言い難い部分と、混在しているともいえます。

③省庁内部組織

省庁組織のトップは政治家である国務大臣（各省大臣・大臣庁長官）です。そして、戦後の長きにわたり、その国務大臣の下にあるのが、政治家である政務次官一～二名と、キャリア官僚が就く事務次官でした。巨大な省庁組織を率いる執政政治家は数名しかいませんでした。これでは、政治家が「お客様」扱いされるのは当然です。

そこで、政治主導を強化するという名目で、省庁を率いる政治家チームを増強すべく、大臣の他に、副大臣・大臣政務官という制度に変更されました「政務三役」と呼ばれることもあります。これは、一九九九年の国会審議活性化法により、国会における政府委員制度及び政務次官が廃止されたこととセットです。要するに、国会答弁を各省庁官僚が政府委員として行うのではなく、執政政治家が行うという政治主導を目指す改革です。国会での質疑を政治家同士で行うというものです。そのためには、省庁組織内での執政を強化するわけです。もっとも、この点は微妙です。というのは、省庁組織を率いる政治家チームがもし本当に強力になれば、各省庁内での政治主導は強化されますが、かえって、各省庁共同体（第3章3）が首相や他省庁・政権全体に対抗する力も強まり得るからです。

省庁組織のなかは、局・官房、部、課、室、係という部署に分かれることが普通です。省庁の行政職員・官僚のトップが事務次官ですが、局に局長、官房に官房長、課に課長などが置かれます。外局である非大臣庁長官は、事務次官より下で、局長・官房長よりは上というような、位置づけです。また、相場的には省－局より段違い平行棒的な若干下に、非大臣庁－部が配置されています。局のなかに部が置かれることもあります。なお、かつての大臣庁には部ではなく局が置かれました（今も金融庁・警察庁は局制ですが、復興庁は統括官制、消費者庁は課制です）。ともあれ、局または部のもとに課が置かれ、仕事を進める基本的な単位となります。また、出先機関も、段違い平行棒的に、若干下に位置づけられます。例えば、本省課長は出先機関の部長に近い位置といわれたりします。

このように明確な組織部署だけではなく、「○○官」がたくさん存在します。局部課係はライン組織といい、「○○官」はスタッフ組織といわれたりします。ともあれ「○○官」は、分掌職《ぶんしょうしょく》ともいわれ、特定の所掌事務を複数の官で分担掌理する職とされます。外部からは大変に分かりにくいのです。例えば、「財務官」のように「省名官」は次官級とされます。しかし、「政策統括官」「国際統括官」という局長級のポストもあります。通常、局長級と課長級の中間に「審議官」が置かれます。また、「主計官」「管理官」「参事官」のように課長級ポストもあります。さらに、企画官、調整官など、課長級より下に置かれる官もあります。これらの「○○官」のもとに、実質的な部下となるライン的な組織が存在することもありますし、本当にただの一人スタッフ的な存在のこともあります。また、「官」という名称ではありませんが、「課長補佐」は課長級と係長級の間の分掌職といえます【図8】。

省庁組織は、課のような組織部署の単位で仕事をします。個々人に仕事は配分されますが、その分担の変更は容易ですし、政策的な案件になればなるほど、課内での集団的決定がなされます。このように、個人の職務単位ではなく、局部課係のような職場・所属単位で仕事を進める仕方を、「大部屋主義」といいます。物理的にも同じフロアの同じ大部屋のなかに、一つま

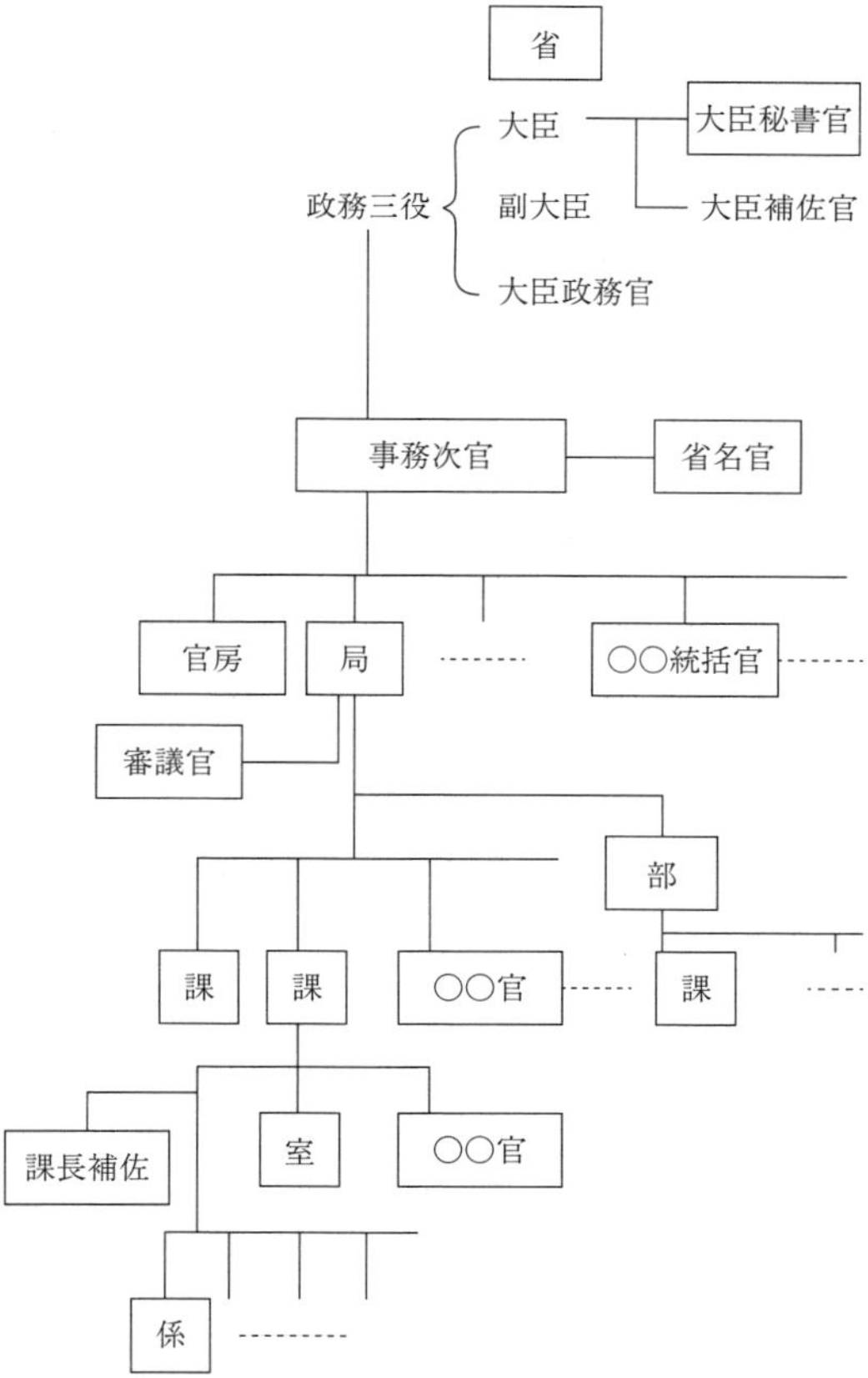

図8　省庁の内部組織構造

たは複数の課が配置されます。仕事が個人の職務単位の場合には、個室または二から三人の小部屋に配置することも可能ですが、日本の場合にはそうしません。日本では、個室が与えられるのは、事務次官・局長のような上層幹部だけです。そこで、大部分の行政職員は、キャリア官僚も含めて、大部屋の課に所属して、上司・同僚・部下と共同で仕事をしています。官僚にとっては、ある時期においてはまずは、局課係が居場所であり、それは最も近い身内です。

しかし、官僚は範囲において広狭はありますが、局課係という大部屋を変えることがあります。これを、人事異動といいます。完全な水平の配置転換のこともありますが、時間に応じて、やや上位への昇進を含むこともありますので、やや斜め上への異動となります。ということで、官僚が所属する身内の範囲は、こうした異動があり得る組織で形成されます。一般に、事務系キャリア官僚は省庁単位で幅広く、また、出先機関や外部団体も含めた日本全国（ときに海外も含む）の範囲で広く、異動します。ノンキャリアの異動は同一局内・同一管区内などに限定されることがあります。この意味で、官僚によって身内集団の範囲には差異があります。事務系キャリア官僚に焦点を当てれば、省庁組織が身内集団の範囲となります。内閣官房・在外公館や他省庁・自治体・外郭団体に異動になることはあり得ますが、あくまで出身省庁が身内集団の本拠地になるのです。「本籍」とも比喩されます。

④分担管理の原則——内閣の第一の原則

　省庁が行政組織の基本単位となると、日本国政府はバラバラということになります。実際、「省庁縦割」「省庁セクショナリズム」とか「省あって国なし」「省益優先」などと批判されることもあります。しかし、省庁のトップは政治家である国務大臣であり、国務大臣は内閣のメンバーです。内閣の首班（また首長）は内閣総理大臣（首相）です。つまり、理屈上は、各省庁は国務大臣の合議体である内閣と連結しているわけです。そして、その内閣を束ねているのが首相ですから、政府がバラバラになるということはあり得ないはずです【図9】。

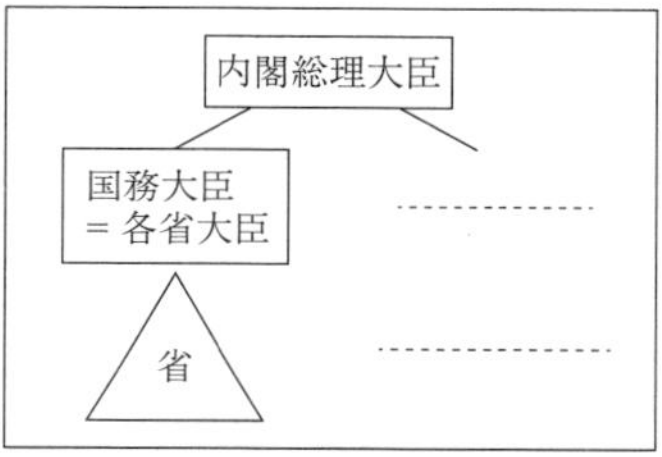

図9　首相・各省大臣・省の階統制

　つまり、首相の部下が国務大臣であり、大臣の下に省庁組織があるのですから、富士山のようなピラミッド状の階統制を形成しているように見えます。しかし、ことはなぜか単純ではないのです。それが、分担管理の原則、あるいは、所轄の原則です。

　分担管理の原則とは、各省大臣が所轄する行政各部に関して、最高の意思決定の責任者だということです。省庁が行政組織の基本単位だということは、まさにこのことです。つまり、行政組織は大臣をトップとする、階統制組織だということです。この場合、首相は大臣の上司ではありませんから、いわば、八ヶ岳のように、トップの大臣の数だけ省組織という階統制があるということになります。まさに、省庁縦割になるのは必然と言えます。しかも、その政治家大臣が単なる「お客様」だとすると、実質的には、「空位」である大臣を絶縁体として、各省庁官僚集団が自律的に行動できるようになるわけです【図10】。

ちなみに、自治体では、こうした分担管理の原則は採られていません。政治家である首長(知事・市区町村長＝執行機関)のもとに、部や局などという行政組織がピラミッド型に置かれています。その意味では、分担管理の原則は、行政組織の必然の論理ではありません。

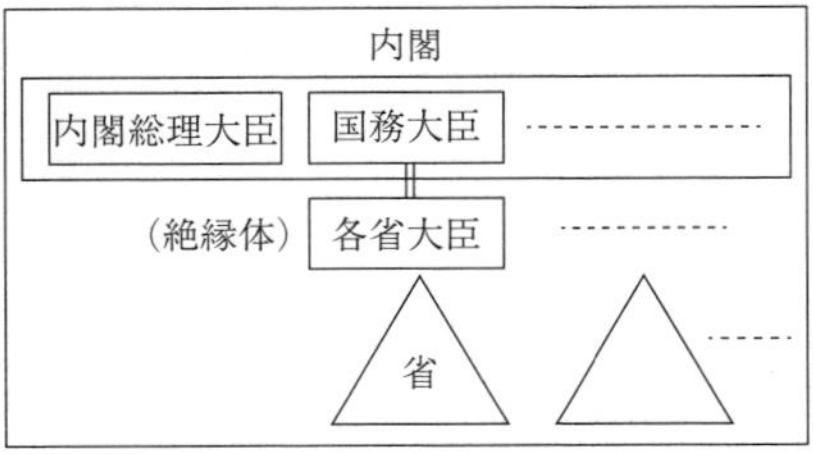

図10　分担管理の原則

このため、自治体の首長は独任制執政首長とも言われます。

国の内閣が分担管理の原則を採用しているのは、国の行政の仕事があまりにも膨大なので、一人で全部を決定しきれないからだと、理屈をつけることもできます。しかし、アメリカ大統領制のように、国レベルでも独任制執政首長とすることは、不可能ではありません。むしろ、日本の場合には、戦前以来の内閣制度の残像といえましょう。

戦前体制は天皇主権ですから、天皇が統治権を総攬し、行政組織のトップにいるです。いわば、天皇を頂点とするピラミッド型が基本です。とすると、各省大臣は、それぞれバラバラに天皇の部下として、天皇を補佐すればよいのです。これを「国務大臣単独輔弼《ほひつ》制」といいます【図11】。したがって、戦前体制のもとでは、内閣総理大臣（首相）の役割は、位置づけが難しいものです。各省大臣より上位者に首相があれば、いわば天皇の存在が不要になり、首相が天皇の地位を簒奪してしまう「幕府的存在」となりかねないからです。

現実には、天皇は親政をするわけではないので、実質的なトップは不在です。そうなると、「割拠制」となってしまいます。それゆえに、天皇や君主の統治業務を代行する宰相が、親政しない君主制には必要なのかもしれません。ドイツ第二帝政の鉄血宰相・ビスマルクなどは、その典型でしょう【図12】。しかし、明治政府初期には、西南雄藩の維新の元勲は多数いたので、誰か一人が強力な宰相となることは忌避されました。また、天皇に代わる首相がいれば、衆議院多数派の政党が首相を奪取してしまえば、天皇主権の明治憲法のもとでも、実質的に政党内閣制・議院内閣制が実現してしまいます。ということで、天皇は君臨すれども統治せず、かといって、首相が強力な宰相として統治も

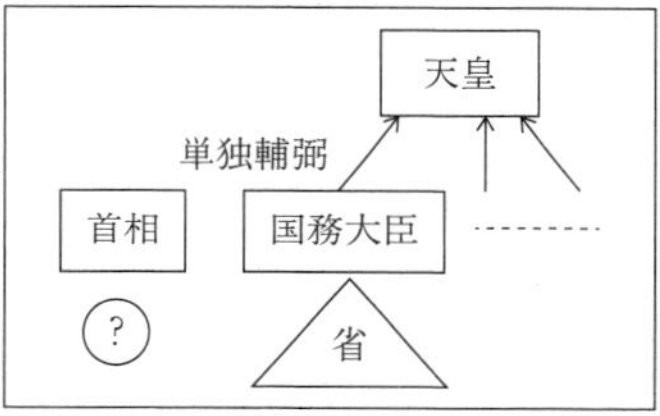

図11　国務大臣単独輔弼制

しない、藩閥が集団で統治する、という分担管理の原則が前面に出てきたのです。そのような歴史的蓄積のなかで、藩閥から徐々に引き継ぐ為政者集団として官僚集団が育成されてきたのです。

もっとも、こうした分担管理の原則による、省庁縦割や官庁セクショナリズムが、一概に問題かというと、そうとも言えません。国の行政は巨大な統治権力を持ちますから、一枚岩化して暴走をすると、人々の自由を侵害したときなど、かえって弊害も大きいものです。省庁による分担管理も一種の権力分立なのです。あるいは、一元的な行政は、特定の利益の観点のみに視野狭窄となり、社会に多様に存在する民衆や団体の、多元的な利益を調整することは難しくなります。省庁が分立し、それぞれの利益を代弁して議論を戦わせることは、国の政策決定の質を高める側面もあります。また、省庁が、それぞれに効果的な政策立案を競争することは、社会のニーズへの応答性を高める側面もあります。

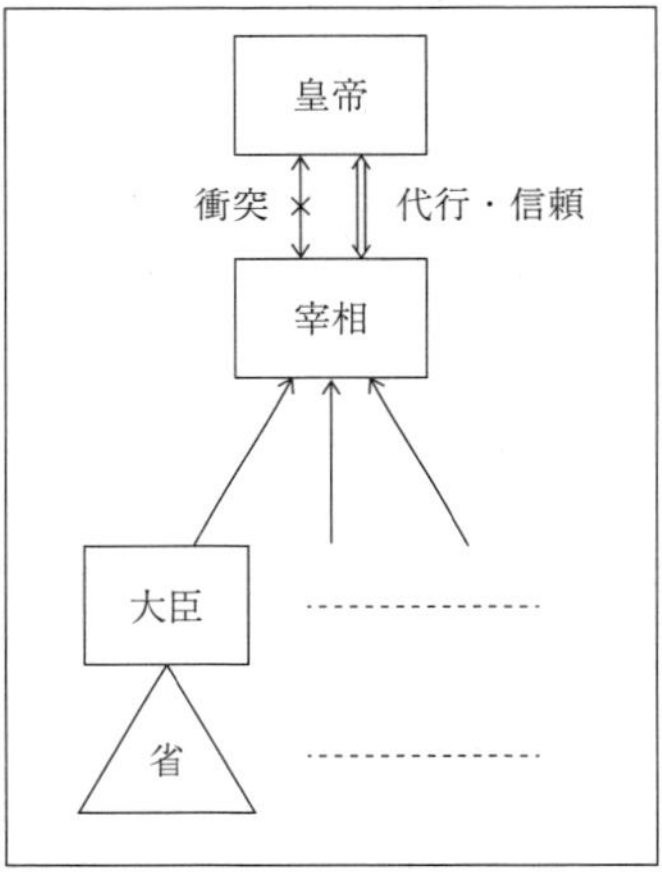

図12　ドイツ第二帝政の体制

⑤合議制の原則——内閣の第二の原則

分担管理の原則だけでは、本当に内閣は空中分解してしまいます。それを統合するのは、合議制の原則です。内閣は首相と多数の国務大臣からなる合議体です。内閣は閣議で意思決定をするので、首相が各大臣に上司として命令・決裁するわけではありません。しかし、同輩である多数の大臣の全員合意で内閣が決定するのですから、バラバラになるどころか、むしろ一体性が確保されると言えるでしょう。常に合議体としての連帯責任を負うからです。

しかし、合議制の原則とは、省庁の代弁者である大臣間の合意ですから、ある大臣が頑強に抵抗すれば、内閣は一体にはなり得ません。そうなると、連帯責任が負えないので、閣内不一致で内閣は崩壊します。いわば、それぞれの大臣には拒否権があります。内閣に関する合議制の原則は、全会一致制と理解されているからです。

これは不思議なことです。合議体は通常は多数決で意思決定します。ですから、内閣も多数決で意思決定すれば、ある省庁担当大臣の抵抗があっても、全体として排除することができます。にもかかわらず、こうした多数決制は採用されていません。その理由は、多数決で首相の意向が通らないで、首相の意に反することが内閣の決定になっては、首相が困るだろうから、とされています。確かに各大臣がまとまって、首相に反旗を翻したら、首相の立場はないでしょう。だから閣議は多数決制ではないというのです。もっとも、ある一人の大臣が抵抗して、首相の意向が通じない全会一致制でも、首相の面目は潰れますから、同じではないかという気もします。

ともあれ、現実には全会一致制です。全会一致下で、内閣を存続させるには、お互いに合意ができる範囲で、各省庁はそれぞれ行政各部を運営するという自制を働かせるしかありません。いわば、お互いに過剰な干渉をしない、干渉する場合には合意を図るしかない、ということです。ですから、政策内容を徹底的に議論して内身を詰めた、内閣としての真の一体性にはなりません。相互に納得できないと突っ張ると内閣全体が崩壊するので、ある程度のところで、お互いに口を差し挟まないということにするしかありません。このためには、各省庁の「なわばり」を棲み分けるのが一番いいのです。省庁間の協議の結果の合意で重要なのは、所管領域というなわばりの画定なのです。国の行政としての政策の中身を統合することではありません。合議制の原則は、実質的には、分担管理の原則を支えるもので、それを超えるものではないのです。また、二〇〇一年以降は、無任所大臣を置くことも増えました。府省単独で行える政策が減っているからです。しかし、府省間を裁定するわけではありません。

各省大臣同士が対立することもありますが、通常は、「主人」である各省官僚集団の意向を受けて、大臣が「対立」の演技をするわけです。そもそも、政治家にとっては、各省の行政分野は、族議員（特定の政策領域に深く関わる議員、建設族、商工族、防衛族、農水族、文教族など）として関心のある領域であることもありますが、特定の政策分野だけに特化しているわけではありません。たまたま、人事の巡り合わせで、どこかの省庁のトップになっているだけなのです。実質的には、官僚集団間や、その背後にいる業界団体・利益集団間の利害対立を受けているだけです（第3章3）。そして、内閣レベルで合議制の原則があるがゆえに、各省庁官僚間での協議と合意という「霞ヶ関ルール」が機能するのです。そのような各省庁間合議を担保してきたのが、閣議であり、事務次官等会議です。事務次官等会議は、閣議を形骸化させる官僚主導の象徴として二〇〇九年に廃止されましたが、それは本質的な問題ではありません。内閣における合議制の原則自体が、省庁官僚集団間の協議と合議を支えているのです。実際、東日本大震災を契機に、東日本大震災各府省連絡会議ができ、その後、各府省連絡会議となりました。そして、二〇一二年一二月の第二次安倍政権によって、次官連絡会議として復活を果たしました。

⑥首相指導の原則——内閣の第三の原則

分担管理の原則と合議制の原則だけでは、行政組織の統合は困難です。そこで存在しているのが、首相指導の原則です。首相は各大臣の上司ではありませんが、国務大臣の任免権を持っています。つまり、首相は、信頼できる人物を国務大臣に任命すれば、各大臣を通じて、首相は省庁組織を間接的に指揮監督できます。また、仮に大臣が首相の意向に従わないのであれば、首相は大臣を罷免《ひめん》すればよいのです。国会が首班指名するのは、首相だけです。首相が組閣として、各国務大臣を任命し、併せて、担当省庁を割り当てるのです。

そのような制度的な担保だけではなく、首相が政治家として大物であれば、必然的に各大臣は言うことを聴きます。逆に言えば、一対一になったときに、各大臣が言うことを聴かないような小物の政治家は、そもそも首相になるべきではないでしょう。

もっとも、現実的に首相が指導力を発揮できるかどうかは、多様な要因によって左右されます。例えば、かつての自民党政権は、派閥の連合体であったので、大臣ポストは派閥均衡で配分されていました。すると、首相としては、信頼できる政治家を国務大臣に任命できるとは限らず、むしろ、各派閥順送りの政治家を飲まざるを得ない面もありました。この点は、連立政権でも同じことです。他党の政治家を、首相が勝手に一本釣りすることは、トラブルを生みやすいものです。

与党党首の力によって選挙で勝利すれば、与党党首＝首相のお陰で議席を得た与党議員は、基本的には党首に忠誠を誓います。こうなれば、派閥の力は弱まり、首相の力は強まります。解散・総選挙の度に、首相の権力は強化されるといいます。逆に、選挙もないのに内閣改造を行うと、首相の力は弱まります。また、内閣支持率が高ければ、首相の力は増すでしょう。

また、小選挙区制では、党首や政党の看板で選挙戦の帰趨が左右されやすいので、党首の看板が選挙で有利であるならば、与党党首＝首相の権力は強まります。中選挙区制の場合では、党首や政党の看板でなくても、政治家の個人の尽力や派閥の支援で立候補・当選できますが、小選挙区制ではそれは困難なのです。一九九〇年代の政治改革で日本では、政党本位の選挙と称して、小選挙区比例代表制並立制が導入され、中選挙区制が廃止されました。これは、党首を中心とした政党執行部の立場を、各与党議員や派閥に対して強めるはずのものでした。間接的に首相指導の原則を強化します。このような選挙制度にもかかわらず、与党議員が首相＝党首の足を引っ張れば、与党は次期選挙であっという間に敗北します。二〇一二年一二月に民主党が大敗したのは、ある意味で当然です。

逆に、その後の第二次安倍政権で、「安倍一強」という首相指導が実現したのは、自民党議員が選挙で勝利して議席を守る点で合利的だからです。もっとも、与党内での議員の役割はどんどん小さくなるので、悩ましい側面もあります。結局、与党議員の自己利益に従うと、当選後も、党首＝首相に忠誠を誓い、党首＝首相やその側近たちに評価してもらうことが、合利的となります。こうして、党内での党首の権力は高まり、首相指導の原則が生きてきます。与党内には異論や闊達な議論はなくなり、各省官僚も大臣や与党政治家をかついで政策論争をすることが難しくなります。省庁縦割の弊害も減りますが、議論も異論もない首相暴走の弊害の可能性は増えます。もっとも、党首の看板が選挙戦で不利と考えられれば、与党内で「首相おろし」が始まるかもしれません。しかし、「一強」のもとでは対抗馬となる次期党首候補は現党首に服従するしかないので、難しいかもしれません。

⑦内閣制度の類型

二〇〇一年の中央省庁等改革は、省庁再編だけではなく、内閣機能の強化を大きな目的としていました。これは、⑥でふれた一九九〇年代の政治改革（選挙制度改革）と軌を一にする流れです。すなわち、選挙制度改革によって、政党における党首や党執行部の党内権力を強めることは、間接的には首相指導を強化します。これを内閣機能強化によって、首相が各省大臣・行政各部・省庁組織に、実質的な指揮監督を発揮できるように支えるわけです。

一九九〇年代からしばしば言われるようになった「政治主導」の「政治」とは、与党幹部・派閥領袖とか族議員の意味ではありません。執政であり、内閣であり、首相官邸であり、首相のことです。政治主導とは、内閣主導であり、官邸主導であり、首相主導です。こうした政治主導のイメージを、ウェストミンスター（イギリス）型議院内閣制とも言います。これに対して、これまでの戦後日本型議院内閣制では、首相官邸を中心とする政権と、与党幹部とが、二つの権力核として対抗してきました。政府対与党という綱引きがあり、「政高党低」と「党高政低」とが、政治の気象配置として、観測されてきたわけです。

ヨーロッパ大陸型議院内閣制では、立法府と行政府の権力分立制が作用しますので、与党を含めた議会と政権・内閣が対抗することも、しばしば見られるものです。これに対して、ウェストミンスター型議院内閣制では、立法府と行政府は一体化します。三権分立制は機能しません。むしろ、政府＝与党対野党こそが、真の権力分立制となります。つまり、野党が、憲法体制レベルで必要な権力分立制の必須要素となります。内閣に入らない議会与党陣笠議員は、どうでもよい存在であり、「女王陛下の反対党（Queen's Opposition）」こそが大事なのです。逆に言えば、ウェストミンスター型議院内閣制では、与党議員のできるだけ多くを内閣に処遇をしなくてはなりません。

戦後日本型議院内閣制は、ウェストミンスター型と大陸型の折衷です。国会ではウェストミンスター型のように、政府与党一体として振る舞います。与党の国会質疑などは、時間の無駄です。国会では、各省官僚集団も政府与党と一体的に、野党との「内戦」を戦います。ただし、完全に一体ともいえず、内閣・各省官僚から国会運営がやや自律することで、与党国会対策族議員への依存が増し、官僚集団は与党に忠誠を誓わなくてはならない、という一体性です。そして、国会外＝政府与党内では、大陸型のように政権と与党とが綱引きをしています。そして、各省庁官僚は、しばしば与党の族議員や大臣と連合を組んで、政権・首相官邸や他省庁の政官連合軍と対抗をしています（第3章3）。

これまでの戦後日本型議院内閣制では、与党自民党の長期政権は安定していたのですが、特定の首相名という固有名詞を冠した特定の政権・内閣が、強力で安定していたわけではありません。本来、首相指導を受けるべき各省庁担当の大臣は、省庁官僚組織や与党内族議員側に取り込まれてしまうことがあります。大臣としては、各省庁組織を敵に回したら、官僚という部下の補佐が得られなくなるので、仕事にならないからです。こうなると、首相・政権・官邸から見て、省庁担当の大臣は当てになりません。

⑧内閣の補佐組織

戦後一貫して、首相など内閣を補佐する組織体制の強化が求められてきました。しかし、首相を支えるべき総理府は、中身のない組織なので、役に立ちませんでした。総理府に大臣庁を置くと、それ自体が独自の基本単位になってしまいます。総理府は、これといった明確な所管事務を持たないので、総理府に本拠を置くキャリア官僚集団が成長しませんでした。そのため、内閣官房の強化が一貫して求められてきたのです。

内閣官房の幹部は、内閣官房長官と内閣官房副長官です。官房長官は、以前は国務大臣ではありませんでしたが、首相の腹心かつ有能な政治家が、国務大臣として就任するようになりました。副長官は政務と事務がいます。政務副長官は、国務大臣ではありませんが、将来を期待される首相に近い政治家が就きます。事務副長官は、いわば「キャリア官僚のなかの官僚」で、旧内務省系の旧自治省・旧厚生省・警察庁などの事務次官（警察庁の場合には警察庁長官）経験者から就任することが多いものです。これは、これまで実質的には「大蔵省支配」が強かったため（第4章3）、霞ヶ関内で大蔵対内務の権力バランスを取る知恵でもありました。

戦後日本の内閣官房を実質的に支える行政組織は、内閣参事官室（首席内閣参事官）と内閣審議室と内閣調査室でした。その後、内閣広報室が加わりました。内閣審議室は、一九八六年の中曽根政権における内閣機能強化によって、内閣内政審議室と内閣外政審議室に分化します。実は、内政審議室は大蔵官僚が、外政審議室は外務官僚が、出向してきます。つまり、官房事務副長官と併せて、大蔵・外務・内務のバランスだということです。この他、内閣安全保障室、内閣広報官室、内閣情報調査室となりました。

二〇〇一年の内閣機能強化によって、三名の官房副長官補として、柔軟に組織を拡充できるようになります。官房副長官補は、内政担当、外政担当、事態対処・危機管理担当となっています。内政・外政・危機管理という意味では、以前の内政審議室と外政審議室と安全保障・危機管理室を引き継いでいると言えますが、内閣官房副長官補の下には、膨大な数の「室」や「チーム」が置かれています。また、内閣広報室、内閣情報調査室、国家安全保障局（二〇一四年設置）、内閣サイバーセキュリティセンターが置かれています。諜報とインテリジェンスに関わる組織が多いのです（第4章4）。

この他に、内閣官房には、かつての内閣参事官室を引き継いだ内閣総務官室と二〇一四年に新設された内閣人事局があります（第1章1・第3章4）。内閣総務官室は、国会対応、宮中との連絡調整、認証官人事などを掌《つかさど》り、総務官（局長級）は旧内務省系官僚が就きます。なお、内閣法制局も内閣の補佐組織です（第4章2）。

⑨独立組織

一般にイメージされる行政組織は、内閣と国務大臣のもとにある省庁です。内閣は政府与党が組織しますから、政治的・党派的には中立ではありません。しかし、行政の業務のなかには、こうした内閣・政府与党から自律し、一定程度の独立性を担保し、特に強く中立・公正性を確保しようというものがあります。こうした行政組織を独立組織と総称できます。

しばしば、こうした独立組織は、中立・公正性を担保する意味から、合議制の委員会の場合が多いものです。その意味で、広い意味で行政委員会と呼ばれることがあります。もっとも、理屈上は、合議制であっても政治的・党派的であることは可能ですし、独任制であっても、中立・公正性を確保することはできます。例えば、すでに述べたように、内閣は合議制ですが、もちろん、政治・党派性そのものの組織です。逆に、日本にはありませんが、スウェーデンなどに置かれているオンブズマンは、単数形から明らかなように独任制の組織ですが、中立・公正性が期待されています。

憲法上の独立組織は、言うまでもなく裁判所ですが、もちろん、行政組織ではありません（第4章2）。同じく憲法上の独立組織なのは、会計検査院です（憲法第九〇条、第4章3）。三権分立制からすると、会計検査院は三権のどこに属しているのかは不明ですが、控除説からすると、立法・司法以外ですから行政のはずです。しかし、内閣に属してはいません。次に、憲法では直接に規定されていませんが、国家公務員法に基づき、公務員制度の中立・公正性を確保するために、会計検査院を模して、人事院が置かれています（第3章2）。ただ、控除説からすると、人事院は内閣のもとにないと、憲法違反といわれかねません。そこで、「内閣の所轄の下」という表現で、憲法上の行政権（憲法第六五条）に属しつつ、実質的には内閣から独立していることを意味しています。

また、狭い意味の行政委員会は、各府省の外局に置かれる合議制組織です。かつては、総理府に置かれたものを含めて、国家行政組織法第三条に規定されていたので、「三条委員会」とされていました。なお、「委員会」という名称であっても、三条委員会でないものは、独立性に乏しいとされています。中央省庁等改革以降、内閣府に置かれる委員会は、国家行政組織法ではなく、内閣府設置法第四九条に基づくものなので、厳密には「三条委員会」ではないのですが、実質的には同じことです。行政委員会には、内閣府に置かれる公正取引委員会、個人情報保護委員会や、各省に置かれる公害等調整委員会（総務省）、公安審査委員会（法務省）、中央労働委員会（厚生労働省）、運輸安全委員会（国土交通省）、原子力規制委員会（環境省）などがあります。

それから、実質的に独立組織という意味では、日本銀行も含まれるでしょう（第4章3）。また、国家公安委員会のように、政治家である国務大臣を委員長に据える大臣委員会は、必ずしも政治的に中立・公正性が担保されるとは言い切れません。かといって、各省大臣のように、警察の個別業務を、直接に内閣＝政府与党の政治的・党派的な指揮監督の下に置いているのではなく、「政警分離」ではあります（第4章1）。しかし、警察庁は、通常の省庁組織と考えるのが普通です。

政治家をトップに抱えない独立組織は、職業的行政職員で構成されます。原則的には国家公務員試験によって採用されるので、霞ヶ関の一員です（第3章2）。官庁訪問でも各省庁と並んで、会計検査院・人事院・公正取引委員会などは、プロパー職員の採用を行ないます。この観点から見れば、実質的に省庁と並ぶ官僚集団の本籍の組織になります。

しかし、独立組織は、仮にプロパー官僚集団を抱えるとしても、議院内閣制のもとでは、大変に難しいものがあります。この点、各省庁官僚集団から見れば「お客様」である大臣は、個人としては無力のことはありますが、政治家をトップにかつぐことで、省庁官僚集団は内閣・与党の政治への橋頭堡を持ち、政権幹部や与党族議員にも働きかけが効くのです。他方、政治家大臣を抱えない独立組織は、そのような調整活動・政界工作のしようがないのです。そうなれば、結局、政治家との接触が可能な省庁組織に依存するか、独立して中立・公正ではあるが、孤立して無縁な存在になるか、悩ましいのです。例えば、政治家大臣を抱えない公正取引委員会や人事院は、仕事に関係の深い法律である独占禁止法や国家公務員法・給与法を改正しようと思っても、他省庁のようには、一筋縄では行かないのです（ただし、公正取引委員会には担当大臣が存在しています）。

2 職員と行政

①近代的な身分制？

戦前の日本官僚制は、天皇主権の原理に基づく支配の体系なので、天皇からの近接性によって身分制が導入されていました。身分制といっても、江戸体制のような武士・百姓・町人という身分制ではありません。版籍奉還と四民平等のもとに、人々は、「天皇の赤子《せきし》」として、一旦は天皇の前には均質化されています。「一君万民」体制とも言います。その上で、再度、天皇からの距離に即して、序列が決まったのです。

もちろん、天皇自身が、絶対君主として、天皇親政の行動をとるわけではありません。初期の明治政府の実体は藩閥勢力であり、自らの指揮監督と教育訓練のもと、次世代の為政者として文武官僚を養成しました（第1章1）。つまり、象徴的には天皇との、実体的には、「維新の元勲」との距離によって、支配の秩序が構成されたのです。為政者集団は、天皇から見れば「臣」です。四民は「臣」と「民」の身分制に整序されます。人々は併せて「臣民」と呼ばれますが、その中身は「官尊民卑」の身分制です。

なお、「民」の間も、天皇からの距離によって、身分制が導入されます。外征によって支配下に組み込んだ「民」を序列化していきます（第2章3）。端的に言えば、アイヌ（＝日本政府は戦後体制になっても「旧土人」と蔑称していました）、琉球人、台湾人、朝鮮人です。植民地化しますと、日本の領域支配に入りますので、そこの「民」も日本国籍になりました。しかし、日本人＝内地人＝本土人の戸籍と、台湾籍・朝鮮籍を区別し、「民」の間にも身分制を導入しました。これは血統に基づく差別ですから、前近代的身分制といえます。国民国家として国民を均質化したのではなく、国民のなかを序列化したのです。そもそも、国籍を血統主義によって規定する近現代日本は、「生まれながら」にして国民という身分を設定しているので、その限りでは前近代的な支配様式を継続しています。

さて、為政者集団である「臣」身分のなかに、さらに上下関係の身分制が導入されました。近代官僚制はピラミッド型組織ですから、職制上の上下階層の秩序を内包しているのは自然です。そして、仕事ぶりや能力で上位層へ昇進するとすれば、身分制ではありません。しかし、職制上は同等の職員であっても、上位層への昇進機会が開かれている人とそうでない人が峻別されているときには、官僚制内に実質的な身分制が存在することになります。

このように、近代官僚制を身分制的に運用したのが、戦前の日本官僚制です。それは、武士・百姓・町人のような「生まれながら」の身分制に基づいてはいません。戦前体制では、身分制は存在しない建前です。正確に言えば、皇族・華族という身分制は存在しましたので、この話はややこしいですが、皇族・華族身分制をもとに、日本官僚制の主要な構成員を任用することはなかったということです。むしろ、日本官僚制のなかでの功績の結果として、華族（新華族・勲功華族）になるように運用されました。華族身分制の基盤の上に日本官僚制ができたのではなく、日本官僚制によって華族身分制も支えられたのです。「生まれながら」の身分に基づかないで、身分制を構築する必要がありました。それが文官試験制度を中心とする任官方式なのです。朝鮮・台湾出身でも高文官僚になることは不可能ではありませんでした。

②戦前の官吏制度

明治政府は、封建身分制を前提に、家産官僚制を構成したのではありません。封建身分制を打破した上で、近代官僚制によって、試験による「生まれ変わり」を通じて新たな身分制を作ったのです。これが「官尊民卑」現象でした。官僚という身分集団に入ることを「任官」と言います。その身分集団は、実際にどのような役職・官職に就くかという「補職」とは、直接は関係ありません。仕事（官職）があるから官僚として任官されるのではなく、任官された官僚集団のなかで、「補職」として仕事を割り当てるだけです。無役でもよいのです。そして、官僚の給料も「俸給」と呼ばれ、職務・仕事に対する対価ではなく、官僚身分の体面を維持するためのものでした。当然に、相当の金額でなければなりません。

戦前の日本官僚制は、官吏制度と呼ばれていました。官吏は、武官と文官に分かれます。軍事占領政権かつ外征を継続する植民地帝国という戦前体制の体質から、武官が大きな存在であったことは、戦後の日本官僚制との大きな違いです（第1章1）。ただし、官僚制（bureaucracy）とは語源から言っても、「文書机（bureau）による支配（cracy）」ですから、文官が中心存在となります。そこで、以下の話は文官に限定します。

文官は、上層の高等官と、中下層の判任官に分かれます。高等官は、さらに上位から、親任官、勅任官、奏任官に分かれます。任官における天皇との距離を微妙に表現していまして、「親」（自ら直接に本当に行動する）、「勅」（自ら命じる）、「奏」（部下の上申に基づいて了解を出す）という感じです。大臣などは親任官、次官・局長などは勅任官、課長以下が奏任官です。判任官は高等官よりも下位ですから、天皇の委任を受けた各省大臣・地方長官などが任用します。天皇との距離が高等官より遠いという位置づけにします。

また、府県などの地方団体では、地方官という官吏のもとで仕事をする者を公吏としました。天皇に近いのが「官」であり、やや遠いのが「公」ですので、「官」の方が「公」より上です。したがって、官吏より公吏が下位に位置づけられます。あわせて、官公吏と呼ぶこともあります。また、官公吏の他に仕事に従事する者には、雇員《こいん》・傭人《ようにん》・嘱託などがいました。これらは官公吏ではないので、官公吏より下位の位置づけです。

簡単に言って、勅任官→親任官→奏任官（以上あわせて、高等官）→判任官（以上あわせて、官吏）→公吏・吏員（以上あわせて、官公吏）→雇員・傭人・嘱託、という身分序列です。近代官僚制では、次官・局長・課長・理事官・書記官などのような職制上の階層が存在しますから、これだけでは、必ずしも身分制とはいえません。また、こうした職層と官の階級が対応していたとしても、必ずしも身分制とは言えません。職層の上昇と官の階級の上昇が連動して起きていればいいだけなのです。つまり、課長から局長になる前後に、奏任官から勅任官になれば、単なる昇進と見ることができましょう。能力や仕事ぶり、あるいは、上司の引きなど、様々な理由で昇進することができるのであれば、ある時点での職層上の上下関係だけです。

しかし、身分制と受け止められてきたのは、高等官に昇進する官僚集団とそうでない官吏集団とが、明瞭に区分されていたことです。高文組は「文官高等試験」という名称から想像がつくように、判任官としての「見習い」を終えれば、最初から高等官に任官することが予定されていた者です。しかし、「文官普通試験」から任官すると、高等官でない判任官止まりです。そして、判任官から高等官に昇進することが原則として予定されていないとすると、両者が任官の入口で峻別されます。また、雇員・傭人・嘱託が、日々の仕事を通じて官吏に任官することも、想定されていません。このように、官吏制度内外には、昇任に関しては高い壁があったのです。こうした特性が身分制とされてきました。

そうなると、高文官僚とそれ以外の官吏集団とは、全く別の人間集団として理解されていきます。高文官僚には一体性が成立してきます。任官直後の若手大卒官僚は、まずは判任官であり階層は必ずしも高くはありません。しかし、高等官「見習い」であるという意味で、新規採用・若手であっても、将来的には親任官・勅任官に出世する可能性が開かれた幹部候補生です。高文官僚集団は、言わば「統治者のなかの統治者」として、自他ともに認める特権身分集団だったのです。例えば、食堂も便所も、高等官用とそれ以外用とに分かれていたといいます。そして、官吏集団は「天皇の官吏」＝「臣」として、統治者集団の一員でありますから、被治者である「民」より身分的に上位に立つ集団になるのです。統治者集団のなかの最高位が「大臣」です。

③戦後公務員制度改革――身分制の打破

天皇主権の原理に基づく非民主体制では、統治者と被治者の同一性は必要ではありません。しかし、戦後日本は民主主義の原理を採用したので、身分制的側面の打破が官吏制度改革の目的となりました。身分制的な官吏制度から、民主的で能率的な公務員制度への改革です。

通常、民主的とは、公選職政治家による行政職員の指揮監督の強化として、理解されるでしょう（第1章1）。また、そのような見解は、当時にもありました。しかし、戦後改革では「民主的」とは、戦前日本の特権官僚による身分制を打破することを意味していました。「民主主義」が、実質的には「平等主義」として受け取られたともいえましょう。戦後日本の公務員制度改革とは、身分制のない為政者集団を生み出すプロジェクトだったのです。

その現れの一つは給与面です。米国占領当局は、職階制という、職務に応じた給与にすることで、身分制的な給与格差を排除しようとしました。しかし、職階制は実施されませんでした。代わって実現したものが給与法＝人事院勧告体制です。第一に、公務員給与の全体水準は、民間賃金の平均に合わせる、いわゆる官民均衡です。第二に、公務部門の内部では、上下階層の職員個人間の給与格差が相対的に小さい、いわゆる部内均衡＝上薄下厚（給与改定では下層に厚く配慮する）です。戦後直後からしばらくは、上層も中下層も相対的に給与は大差なく、年功賃金体系ということです。こうして、戦後の公務員集団は、待遇面での特権身分性を剝奪されます。この感覚は、戦後一貫して残るものです。「平等主義」が「民主的」だったのです（第1章3）。

もう一つは任用面です。任用面で、身分制を打破するには、能力実証にもとづく成績主義（メリット・システム）を貫徹するというのが、米国占領当局の考え方でした。前近代の家産官僚制は、貴族・武士などの生まれながらの身分集団から、官僚を登用しますから、能力のない貴族・武士の子供も官僚になれますし、能力のある平民・百姓・町人の子供は官僚になれません。これを、公務員試験のように成績だけを問うかたちにすれば、前近代的な身分制は打破できます。しかし、このような近代的官僚制は、すでに戦前体制の官吏制度では実現されていました。そこで、文官高等試験合格組のみが特権的集団になることを阻止することが、日本的な近代身分制の打破ということになります。つまり、採用段階というよりは、昇進段階での試験制度の導入が鍵でした。

このために試行的に導入されたのが、一九五〇年のＳ１試験です（国家公務員法附則第九条試験、

「管理者（supervisor）」に対する第一回目の試験という趣旨で「S1」と呼ばれたようです）。簡単に言えば、戦前の官吏制度のもとで、官僚身分を得ていた課長以上の管理職などの現職官僚に、試験を行って、現職に留まりうるかを試験するものです。この結果は、極めて不評でした。もちろん、現職の人に「首切り試験」を課すのは、不満が生じるのは当然です。それだけではなく、高文官僚は、筆記試験の能力で特権身分を獲得したのですから、当然、全体としてはS1試験でもよい成績になります。筆記試験は得意ではなくても、地道に真面目に実務をこなしてきた、ベテランの有能な非特権官吏が、筆記試験で苦しむことになります。むしろ、逆効果だったのです。結局、この一回で終わってしまい、「S2」は行われませんでした。

④戦後改革の挫折

試験エリートである現職特権官僚を、筆記試験のS1試験でパージすることはできませんでした。むしろ、戦前以来の高文官僚の在職を、S1試験によって正当化してしまいました。その後に、せめて、昇進試験を導入することで、採用試験区分・官民出身にかかわらずに、広く昇進門戸を拡大することができれば、近代的身分制は戦後改革によって、多少は変化したかもしれません。

しかし、戦後の公務員制度改革を経ても、高文官僚集団の任用上の有利性は、維持されました。戦後においては、文官高等試験は廃止されましたが、公務員採用試験制度自体が廃止されたわけではありません。そこで、採用試験の入口区分によって身分集団を形成する、明治以来の近代的身分制を維持することは可能でした。

試験区分の名称は、色々の変遷があります。当初は、上級職・中級職・初級職試験でした。その後、I種・II種・III種となり、現在では、総合職・一般職となっています（これとはやや並びが別に、国税専門官や労働基準監督官などの専門職試験があります）。世間的・政治的・マスコミ的には、あるいは、公務員試験予備校的・就職活動的には、上級甲種・I種・総合職試験採用組が、戦前の高文官僚集団に相当すると看做《みな》されています。もちろん高文試験はないのですから、一般には「キャリア官僚」組と呼ばれています。そして、そうでない集団が「ノンキャリア」組と一括されます。「ノンキャリア」は、上位幹部職に昇進しないので「官僚」のようなイメージがないため、「官僚」を付けないで呼ぶことも多いようです。また、ノンキャリアのなかにも、多段階の身分差があります。また、法務省のように、キャリア官僚は検察官採用組であって、I種・総合職採用組はノンキャリア扱いされるところもあります。

もちろん、採用試験に区分があっても、昇進が採用区分と無関係であれば、近代的身分制を維持できません。入口での試験区分は、昇進試験では無関係だからです。しかし、国レベルでは、昇進試験は採用されませんでしたので、採用したのちは、省庁の人事を司る幹部（大臣官房秘書課・人事課など）が、誰をどのように昇進させるかは裁量を持ちます。すると、戦前以来の高文官僚が戦後当初の省庁官房の幹部ですから、自分たちに似た後輩を昇進させます。

それは、身分集団の維持・再生産という、団体利益によるものとは言えません。人事を握る省庁幹部は、自分たちの尺度で、若手の部下たちの「能力」を判断するでしょう。とするならば、自ずと、自分たちと似た後輩・部下の「能力」を高く評価することになります。したがって、特権官僚集団という団体利益の自己保身と持続のために、能力主義を歪めて、情実的に昇進を決定したとは限りません。むしろ、「能力」主義に立てば、昇進を司る幹部の「お眼鏡」に適うのは、幹部たちと同じような身内集団の若者・後輩になるわけです。

昇進試験が導入できなかったのは、日本の省庁組織は、大部屋主義の集団主義で仕事をしていることとも関係しています（第3章1）。したがって、仕事ができるかどうかという「能力」実証は、現職の上司・同僚の相場感覚に適うかどうかにあります。職場と無関係な筆記試験で、「能力」を実証できません。要するに、試験成績はいいが、使えない奴はいる、という感覚です。ですから、昇進試験を導入することは、「能力」実証の点からも、できませんでした。

もっとも、昇進試験が導入されたとしても、近代的身分制を維持することは不可能ではありません。理屈上は、昇進試験が導入されれば、どの入口試験区分でも等しく昇進機会は開かれます。しかし、実際には、試験が得意だからこそ、採用時に上級甲種・I種・総合職試験に合格するのですから、普通に考えれば、昇進試験が導入されても有利でしょう。あるいは、上級甲種・Ⅰ種・総合職で採用された職員を、昇進試験に有利な職に配属することもできます。試験勉強の時間の取りやすい職場や、日常業務が試験内容と関連している部署などです。また、昇進試験に面接や勤務振りなどの平常点を加味すれば、匙加減をすることも、不可能ではないでしょう。

⑤キャリア・ノンキャリア制

ともあれ、近代日本官僚制のなかの身分制は、いわゆるキャリア官僚とノンキャリアという形で、戦後においても継続したのです。そうはいっても、戦後七〇年も経てば、高文官僚など全て引退しているはずです。にもかかわらず、戦前の仕組が継続しているのは不思議な気がします。しかし、人事は日常的に徐々に進行するものです。つまり、生身の人間は、職歴は長くて三〇～四〇年ですから、長い目で見れば総入替えです。ところが、行政職員集団全体のなかで、ある一年で入れ替わる人数は僅かです。したがって、毎年の人事は、これまでの職員の大多数が踏襲してきたパターンに則ることになります。徐々に生身の人間が総入替えしても、身分制というパターンは漸変《インクリメンタル》的に維持されるのです。官僚制は、有機体のように、動的平衡にあるのです。

キャリア・ノンキャリアの区分は身分制ですから、しばしば批判に晒されてきました。採用時の試験区分が違うだけで、その後の昇進の可能性に差が出るのは、確かにおかしいでしょう。能力の高い職員は、ノンキャリアであっても昇進すべきですし、能力が低くてもキャリアだからというだけで、一定職層（だいたいは課長級）までの昇進が約束されているのはおかしいということです。また、ノンキャリアは、キャリアと潜在能力が同じであっても、配属される仕事によって能力が伸びないのであれば、ノンキャリアにも能力が伸びるような部署に配属するように、育成人事の観点からは、公平に処遇すべきだとなるでしょう。

しかし、すでに見たように、人事異動を司るのは、既存のキャリアからなる幹部層ですから、キャリアが考えるところの「能力」によって、昇進をさせます。キャリアが高く「評価」するのは、大概はキャリアなのです。もちろん、キャリアに高く評価されるノンキャリアも当然、存在します。その場合には、「能力」に従って抜擢することもあるでしょう。とはいえ、全体としての身分制のなかの、少数の例外でしかないのです。もっといえば、人事を掌る幹部キャリアが把握して、実際に人事を行うのはキャリア組に対してだけです。ノンキャリア組に対しては、ノンキャリアが人事を行っています。つまり、キャリアの人事担当者は、ノンキャリアの「能力」を実証する機会は乏しいのです。「能力」が判らなければ、登用もできません。

こうしたキャリア官僚を中心とする「能力」主義は、被治者・民衆一般や政治家・経済人などから見て、真の能力主義には見えない可能性はあります。なぜならば、キャリアは身内の論理に従って、「能力」を評価しているからです。では、外部の目によって、真の能力主義的な昇進を実現して、身分制を打破できるかと言えば、これは容易ではありません。

政治家や経済人が考える〈能力〉に基づいて、人事をしたとしましょう。大抵の場合には、大多数の既存の「能力」主義によって昇進した幹部のなかに、〈能力〉を持った、僅かな職員が注入されます。内部で官僚が考える「能力」と外部者が考える〈能力〉が激突します。激突しないならば、〈能力〉に独自性はなく、結局、キャリアが再生産してきた、「能力」と同じだということです。二つの能力が激突する場合には大部屋主義では仕事になりませんから、〈能力〉の観点からはおかしなことでも、「能力」に妥協します。こうして、「能力」主義と身分制が継続されるのです。

つまり、現実には、現実に存在する官僚制以外の「能力」に、政治家や被治者は接する機会はありません。万が一に突然変異的に〈能力〉が出現したとしても、「能力」主義に基づいて、低い「評価」を受けるか、「大勢の能力」に妥協するかです。したがって、被治者は「能力」以外の選択肢を持ちません。もっと言えば、個々の官僚や政治家にとっても同様です。上司のお眼鏡に適う「能力」を磨くしかありません。こうして、「能力」主義に基づくキャリア・ノンキャリア制は、再生産されるのです。

⑥統合公務員制度と省庁官僚割拠制

戦後公務員制度改革では、内閣から独立した人事院を設置し、「中央人事行政機関」として人事行政を司らせました。その中核は、給与法＝人事院勧告による、全省庁で統一的な給与体系です。今ひとつは、公務員採用における統一試験です。キャリア・ノンキャリア制という上下身分を形成していますが、霞ヶ関では横には統一的です。府省庁官僚だけではなく、会計検査院・人事院・公正取引委員会などの独立組織の職員も、この統一試験を通過する必要があります。「霞ヶ関ムラ」の「ムラ人」は、共通の基盤を持ちます。その意味で、統合公務員制度（unified civil service）を実現しました。

もっとも、霞ヶ関ムラの省庁横断的なムラ人の共通性の確保は、実は、戦前の官吏制度にも備わっていたので、戦後改革の成果とは言えません。ただし、外務省キャリアは、戦後になっても長らく外交官試験という別立ての試験でした（第2章3）。また、法務省・検察庁キャリアは、国家公務員試験総合職合格者ではなく、司法試験合格者である検察官です。要するに、単に戦前以来の文官高等試験の行政科・外交科・司法科という三区分試験制度を継承しています。

むしろ重要なことは、中央人事機関がありながら、実際の任用は、任命権者として各省などでバラバラであったことです。公務員試験に合格しても、各任命権者から採用されないと、官

		人事院の採用試験による能力実証	
		あり＝公務員試験合格	なし＝公務員試験不合格
各省庁官僚集団の面接による「能力」実証	あり	①採用	②公務員試験不合格による不採用（いわゆる「二次落ち」）
	なし	③官庁訪問での不採用＝公務員試験合格	④不採用

表3　国家公務員採用における能力と「能力」

僚になれません。つまり、公務員試験合格は、採用・就職を意味しないのです。キャリア官僚の採用選別過程が、いわゆる「官庁訪問」です。各省庁は、試験合格者が志望すれば、あるいは、成績上位順に有無を言わずに、採用しなければならないわけではありません。フランスの行政大学院（ENA）合格者とは違うのです。ENA合格者は、成績順に入る省庁官僚団を自由に選択できます。しかし、日本では、公務員試験合格者のなかから、各省庁官僚集団の「お眼鏡」に適う「能力」がありそうな者のみを、各省庁は選別します【表3】。つまり、昇進だけではなく採用も、実は既存の各省庁官僚の幹部集団の「能力」主義に依存しているのです（①）。

確かに、人事院の実施する統一試験を突破できない人を、各省庁官僚が情実・縁故で採用することはできません。しかし、各省庁官僚集団は、自分たちが官庁訪問で「能力」を認めた若者が、人事院の実施する二次試験に不合格になることで採用できないことには、大きな不満がありました（②）。かつては、一次試験突破段階で官庁訪問をしていたからです。その意味で、人事院の統一試験の内容がおかしい（筆記試験では「能力」は見抜けない、など）、または、統一試験の合格者を採用予定数より相当に多くすべきだ、という声になりがちだったわけです。しかし、統一試験合格にもかかわらず、各省庁官僚の不透明な採用面接によって、不採用になることも多いのです（3）。ここに学閥とか情実の入り込む余地があります。2を減らそうと思えば思うほど、3が増えるのです。

このように、中央人事行政機関である人事院は、統一的な採用主体ではありません。いわゆる「一括採用」ではないのです。あくまで、採用するのは、各省大臣・庁長官などの任命権者です。対句的に言えば「各省採用」です。もちろん、これは法形式的な表現であって、実態は、各省大臣官房人事課・秘書課などの人事担当課のキャリア集団が中心となって、採否を決めるのです。そして、キャリア官僚集団は、そのような省庁組織単位で、分かれて任用されるわけです。それは、採用からから始まり、配置転換、昇進、出向、退職などの全任用過程に及びます（「各省採用・各省管理」）。

こうして、個々の官僚は、個々具体の職務・ポストに採用になるのではなく、ある官僚集団というメンバーになるのです。「任官」です。その官僚集団は、制度的な任命権者ごとに機械的に形成されるわけではありません。通常は、省庁という基礎単位が、一つの組織となります。民間企業での採用が、特定の仕事・職務ではなく、会社組織に属するという「就社」と言われたのと似ています。そこで、個々の官僚は、特定の省庁組織を、任用上の「本籍」として持ちます。仮に他省庁・自治体・外郭団体・在外公館などに出向・派遣して、出向先・派遣先が任用上の「現住所」だとしても、「転籍」ではないので「本籍」は変わりません。なお、まれに例外的に、「転籍」もあり得ます。

個々の官僚にとっては、出世・左遷などを差配する人事権が、一番の権力です。誰でも仕事ぶりや能力を認められたいものですし、冷遇やいじめはされたくありません。その人事権を持つのは、人事院ではなく、形式的には各省大臣などの任命権者です。そして、実質的には、各省庁組織であり、その人事当局を占める幹部職員です。個々の官僚は基本的には省庁組織に忠誠を誓うことになります。官僚が各省庁組織に忠誠を誓って、他省庁と争うがゆえに、割拠制や省庁セクショナリズムが発生するのです。統合公務員制度には、統一採用試験・統一給与という基盤もあります。霞ヶ関ムラには一定の共通ルールと共通文化があります。しかし、そのなかでは、省庁単位ごとの割拠制は強固に埋め込まれています。ムラのなかには、相互に対抗・競争するイエがたくさんあるのと、似ているかもしれません。なお、自治体の場合は、一つの首長という大きなイエしかありません。

⑦事務官・技官

官僚は、いわゆる文系の事務官と理系の技官に大別されます。この他に、教官とか研究官などもありますが、大きな集団として重要なのが事務官と技官の区別です。キャリア事務官とは、行政・法律・経済という試験区分で採用されてきた官僚なので、「行法経」と呼ばれることもあります。もっとも、中心となっているのは、法律と経済です。行政区分とは極めて曖昧です。試験科目としても政治学・社会学・国際関係論など雑多な文系科目の集積です。霞ヶ関ムラでは必ずしも重視されていません。総合職院卒者試験では行政区分は存在しますが、実態は法律または経済だけの受験を選択できます。また、総合職大卒程度試験では、行政区分は政治・国際区分と改称されました。その他に新たに教養区分も作られました。なお、ノンキャリアの一般職大卒程度では、法律・経済・政治を幅広く問う行政区分に一本化されています。

近代官僚制は合法的支配の純粋形態ですし、法律に基づく行政ですから、実際の仕事でも「法律の条文を見ると頭が痛くなる」ようでは困ります。もっと言えば、霞ヶ関官僚の仕事の大半は法令案の作成とその解釈・運用ですから、法律事務官が非常に重視されています。かつては「法科万能」といわれたように、事務官＝法律職というイメージもあったくらいです。東京大学出身のキャリア官僚が多いのですが、そのなかでも特に東大法学部出身が多いのは、法科万能の現れです。ただし、法律事務官といっても、司法試験合格の法曹とは異なります。もちろん、法律区分の場合には試験科目は似ていますから、国家公務員試験と司法試験のダブル合格という人もいます。法曹資格を持っていると、いつでも「辞表を叩きつけられる」という心の余裕を持てます。それゆえに、省内では法曹資格を持っていることをあまり広く知らせないようにもするかもしれません。なお、一般の法曹は民刑事法を使うことが多く、省庁の法律事務官は行政法を使うことが多いので、同じ法律でも違いがあります。

事務官のもう一つの集団は経済職です。経済学は、近年では理系と見紛うばかりの数式を必要としますが、一応、事務官です。霞ヶ関の仕事において、経済学の素養が必要かと言われれば、財政・経済官庁の場合には必須でしょう。また、社会基盤整備や社会保障のためには財政が不可欠ですから、公共事業・福祉官庁でも不可欠です。資本主義市場経済のもとでの行政は、経済は最大の制約ですから、経済が分からず行政が運営できるはずはありません(第2章2)。

もっとも、法律職であっても、省庁に入ってから、仕事のなかで経済の素養を身につければよいのです。また、逆に、経済職が、霞ヶ関に入っても、単なる経済分析スペシャリストのままでは、行政での仕事はできません。官庁経済アナリストは、経済の論理に強い行政官・事務官であって、経済研究官であってはいけないのです。実際の仕事や人事では、経済職と法律職は区別されないことが多いようです。

これに対して、技官は理系の試験区分ですが、理系の学問も細分化しています。試験区分は多数に分かれますし、時期によって括り方が違います。大まかに言えば、医系、薬系、土木系、建築系、電気・電子・情報系、機械系、原子力系、農学系、林学系、化学系、物理系、数理科学系などです。このなかで重要な集団になっているのが、医系と土木系です。医師資格を有する医系技官は、医学部教育・医師国家試験の合格は必要ですが、国家公務員試験はありません。いわば、医師国家試験が公務員試験の代わりに能力実証を行います。そして、医師資格を有する者から選考採用するわけです。

すでに触れたように、国家公務員試験合格＝官庁採用ではありません。国家公務員試験合格者から官庁訪問で採用内定をするのですから、採用過程の後半は実質的には「選考」採用です。したがって、医系技官が試験を回避して、入省するわけではありません。この点は、司法試験合格組から採用する検察官（法務省キャリア事務官）と似ています。医師と法曹という二大プロフェッション（専門職）に関しては、国家公務員試験は課されないわけで、ある意味で、この二つのプロフェッション集団には畏敬の念を持っているのかもしれません。

もっとも、ではなぜ法律区分の事務官に、別個の国家公務員試験を課するのかは、不思議といえば不思議です。司法試験合格の法曹資格者から、法律事務官を選考採用すればよいではないか、という考えもあるでしょう。しかし、現実には、司法試験合格者数は非常に少なく、法律事務官の採用数はそれよりはかなり多いので、別個の試験をしているのかもしれません。あるいは、戦前以来、文官高等試験は、司法科・行政科・外交科と分かれていたので、その慣行を引き継いでいるのかもしれません。

技官のなかの技官は、通常は土木系技官です。こちらは、国家公務員試験を通過する必要があります。土木工学（civil engineering）あるいは社会基盤工学は、純然たる民間営利事業としては市場経済では成り立ちにくく、公共事業などの行政を前提にした工学ですから、官僚制と相性のよい領域といえましょう。もちろん、土木業者という民間企業でも土木工学の素養は必要ですが、行政が公共事業を起こさない限り、民間企業の出番は乏しいのです。これは、民間市場での独自の需要のある、建築学の素養との違いです。行政を前提とする土木技官は、技官のなかでは極めて大きな存在です。また、戦後日本が「土建国家」として、河川・道路・港湾などの社会基盤整備を重視してきたこともあり、土木技官の存在は大きなものがあります。

事務官と技官の関係は、微妙なものがあります。端的に言って、大学での文系理系という違いくらいしかありませんので、本人の好き嫌い・得意不得意の違いであって、人材の潜在的能力に大きな差があるとは思えません。大学の数年の学問で、仕事何十年の違いが生まれるとも思えません。また、役所の仕事は、技官といえども、自分で最先端の技術開発をして政策化・事業化するのではありません。あくまで、行政の運営上に必要な専門知識のリテラシーを持つだけで充分です。技官だからといって、法律や予算は関係ないという言い訳は通じません。公共事業などは予算が不可欠ですし、法令の根拠も不可欠ですから、むしろ計画策定・予算要求・法案作成に長《た》ける必要があります。事務官だからといって、技術は分からないというのも許されません。実は事務官・技官で大きな差異が求められるわけではないのです。

しかし、人事任用の慣行では、キャリア事務官をキャリア技官の上位に位置づけることが多かったようです。いわば、技官を冷遇していたわけです。これは戦前以来の現象です。そもそも、戦前の文官高等試験に技術官試験はなかったので、高文官僚ではなかったのです。技術の専門家を必要に応じて、あるいは、大学とのネットワークにおいて、選考採用しただけなのです。もちろん、公務員試験がなくても、医系技官・検察官と同じになる可能性はあったかもしれませんが、土木プロフェッションにはそこまでの威力はありませんでした。むしろ、戦前からの技官の地位向上運動の結果として、文官＝事務官と同じように国家公務員試験の対象となったといえるでしょう。

		官の種類	
		事務官	技官
採用試験	キャリア	[1]	[2]
	ノンキャリア	[3]	[4]

表4　国家公務員の４類型

事務官のなかにキャリア・ノンキャリアの区分関係があり、技官のなかでも同様です。したがって、二つの軸が組み合わさって四類型となります【表4】。大まかにいって、[1]キャリア事務官＞（国交省キャリア土木系技官＞厚労省キャリア医系技官＞）[2]キャリア技官＞[3]ノンキャリア事務官＝[4]ノンキャリア技官、という序列になります。そして、この上下関係は、ジェネラリスト対スペシャリストという異動範囲の広狭とも連動します。つまり、上位集団は省庁全体の視野が必要ですが、下位集団は省庁内部の一部の視野で充分ということです。下位集団の官僚は、その範囲で異動し、その範囲で昇進します。当然、省庁全体の幹部には昇進しないので、下位ということなのです。上下＝広狭なのです。

3　団体と行政

①「官民一体」の「産官複合体」

資本主義市場経済と民主主義政治体制を前提とする行政は、経済利益を主張する団体と、政治利益を主張する団体からの外圧を受けます。しばしば、経済団体は、経済活動そのものによって圧力をかけるのは難しいので、必然的に政治的な方法によって働きかけることになります。経済団体は同時に政治団体となるわけです。圧力団体とか利益集団などと呼ばれます。その典型は、日本経済団体連合会（いわゆる経団連）のような財界であり、各種の業界団体です。しかし、個々の企業も、行政に働きかけをしますから、経済団体であるとともに、政治団体になるのです。

しかし、圧力団体や利益集団は、経済団体だけとは限りません。ただし、団体活動を維持するには資金が必要ですから、政治・行政に対して圧力活動をすることが、何らかの経済利益に跳ね返ってこないと、団体活動を継続することは難しいのです。寄付や会費だけに依存しているのでは、なかなか団体活動が続きにくいものです。経済団体でなくとも、何らかの事業活動をして、営利的ではないとしても、団体を維持することが必要です。そうなると、企業のような経済団体ではなくとも、実質的には経済利益に関わることが多いでしょう。

例えば、宗教団体などによっては、信者から資金・実働を集めることで、かなり持続的に活動を維持し、そのまま圧力団体として接続することも可能なこともあるでしょう。しかし、団体活動が大きくなっていくと、団体業務に携わって生活する人も増えますし、そもそも、宗教に御利益を期待することも多いので、多かれ少なかれ経済的利益に関わってくるものです。農業団体、医療団体、社会福祉団体、教育団体、専門職団体、協同組合など、どのような形態であれ、事業活動を継続して、持続可能な資金・人員を自ら生み出せるときに、実質的に有力な利益集団になるのです。あるいは、その団体の活動を生業にしている人が多い限り、圧力団体として持続可能です。会員の会費に依存する社会運動団体は長続きしないのです。

ともあれ、圧力団体の中心は経済団体です。圧力団体の本質は生業提供団体であり、いわば、供給者・生産者・職業者団体です。各種団体は行政から様々な規制・給付を受けます。ですから、各種団体は行政に様々な改善を図ってもらうように働きかけます。経済団体を規制する立場の規制官庁であっても、団体との密接なやりとりのなかで、規制される団体側に配慮するようになることもあります。これを「捕捉《キャプチャー》」と言います。この現象はアメリカでよく言われます。日本の行政指導も捕捉の一種でしょう。

さらに、日本では業界発展と経済成長を行政が促進するので、行政は経済団体を規制するというよりは、むしろ保護・育成します。そもそも、行政と経済団体は共通利益を持っているわけです。日本では、産官の共同利益の追求が産業政策であり、しばしば「官民一体」などと呼ばれてきました。官民一体の「民」とは、一般民衆や非営利団体のことではなく、民間企業のことです。アメリカでは、こうした産官の利益共同体は、特に行政の一種である軍と軍需産業の間で成立します。これは、「軍産複合体」（アイゼンハワー大統領）と呼ばれてきました。軍産複合体が成立すると勝手に自己利益を追求するので、一般民衆やそれを代表する公選職政治家の意向は通用しにくくなります。戦後日本では、軍産複合体というより、幅広く「官産複合体」でしょう。

②政官業の「鉄の三角形」

行政は規制・助成など様々な権力を持っていますから、官と業の二者関係だけでは、経済団体側は不利を否めません。したがって、行政を直接に捕捉することを目指すだけではなく、同時に、各種団体は公選職政治家に働きかけ、行政職員に折衝し、行政に影響を与えようとします。こうして、政治家＝政と、行政＝官と、各種団体＝業の間に、密接な関係ネットワークが形成されてきました。これが、政官業の「鉄の三角形」と呼ばれるものです。つまり、行政は各種団体から超然として存在しているのではなく、組織間のネットワークに位置づけられます。

政官業の鉄の三角形がどのように動くのかは、実際には多様です。政官業はネットワークですから、「網に絡め取られる側」になるのか「網を仕掛ける側」になるのかは、それぞれの当事者の日々の小競り合いの権力関係といってもよいでしょう。

政官業の大きい権力関係の構造は、「じゃんけん」関係と呼ばれてきました。「グー・チョキ・パー」の関係は、どれかが絶対的に強いというのではなく、あくまで相対的な関係です。つまり、政治家（＝より正確には執政・与党）は官僚に対して人事権を持ちますし、法案も予算案も最後は国会多数派を握る与党政治家の了解が不可欠ですから、政は官に勝ちます。官僚は法案を作成するほか行政の様々な許認可権限や補助金・租税特別措置や情報を握っていますので、業界・財界などの各種団体に強い立場にありますので、官は業に勝ちます。そして、各種団体は資金や集票での政治力を持っていますから、政治家は各種団体の意向を代弁せざるを得ませんので、業は政に勝ちます。つまり、政官業はじゃんけん関係なのです。その意味で、政官業の誰が強いのかと言えば、一概には言えないということになります。

この構造から言えば、政は官に対して勝つわけですから、官僚主導・官僚支配などはあり得ません。あるいは、政と官が折衝する個別の局面だけを切り取って見ると、政治家側が優位しているように見えるでしょう。自民党一党支配が爛熟を迎えた一九八〇年代には政党優位とか政高官低などと呼ばれましたが、ある意味で自明のことです。

もっとも、構造的に政が官に対して強いのかと言えば、そうとは言いにくいことが重要です。官僚は行政活動として各種団体に影響を及ぼしており、各種団体の事業活動の好不調は政治家への要求に跳ね返ってきます。政が官の眼前で豪腕を行使して政策をごり押ししたとしても、それが団体の生業活動に跳ね返って問題を引き起こすようになれば、結局、各種団体から政治家は圧力を受けることになるのです。無理矢理の政治主導は、失政となって、政の持続可能性をも阻害します。となると、政が官に指揮監督しうるのは、あくまで、行政の政策を通じて、団体の生業活動など世の中がうまく回転するという範囲内なのです。政が官に勝つのは、あくまで、政と官の間の一時局面であって、構造的にはそうとはいえません。

これは、官と業の間でも、業と政の間でも、同じです。眼前でごり押しをすれば、巡りめぐって不利益が我が身に降りかかってきます。この構造のなかでは、日々の小競り合いはできても、大きく蛮勇を振るうことは危険なのです。

逆に、個々の局面で官僚が政治家に対して、異論や拒否を貫いたり、政治家を説得したり、政治家にアイデアを注入して、政治家を番犬のように飼い慣らすように見える現象もあるでしょう。基本的には政が官に勝つのですから、このようなことを官が独力で行うことは無理があります。むしろ、悪しき、戦前以来の特権官僚・国士型官僚の残滓と思われるかもしれません。とはいえ、行政の作用が社会に及ぶのですから、それがどうなるかは各種団体の事業活動に死活的に重要なのです。とするならば、官の政に対する支配に見える現象も、各種団体が受容するものを想定して行わなければなりません。つまり、政∨官∨業∨政∨……の永遠の連鎖構造ですから、官∨政のように見える官僚主導・官僚支配は、実は、官（∨業）∨政の構造を切り取って記述しただけなのでしょう。

③省庁共同体の身内――政官業報学地の六角形

政官業の権力関係は、個々の局面では多様に現れますが、全体として循環連鎖する関係にあり、利益共同体の形をなすわけです。つまり、政官業の三者がそれぞれに構造の枠内で、利益共同体全体の利益を増進する好循環を生み出す限り、鉄の三角形は存続するのです。三者の共同利益が明確に相互了解されていれば、その結合関係は強固な団結となるでしょう。「鉄」と表現されるのは、利益共同体の強さをイメージしていたのです。

この鉄の三角形は、財界という経済全体から、より広い業界から、より狭い業界や、個別企業数社まで、様々なレベルがあり得ます。しかし、行政組織の基本単位である省庁が、こうした共同体の基本的な仕切となっています。より正確に言えば、省庁とは政治家である大臣をトップに頂く単位ですから、本当は政治家の分業の仕切です。国会の常任委員会も、自民党政務調査会部会も、基本的にはこの単位です。政と官が、中央省庁を単位として、関係業界と利益共同体を形成します。その意味で、「省庁共同体」と命名できるでしょう。

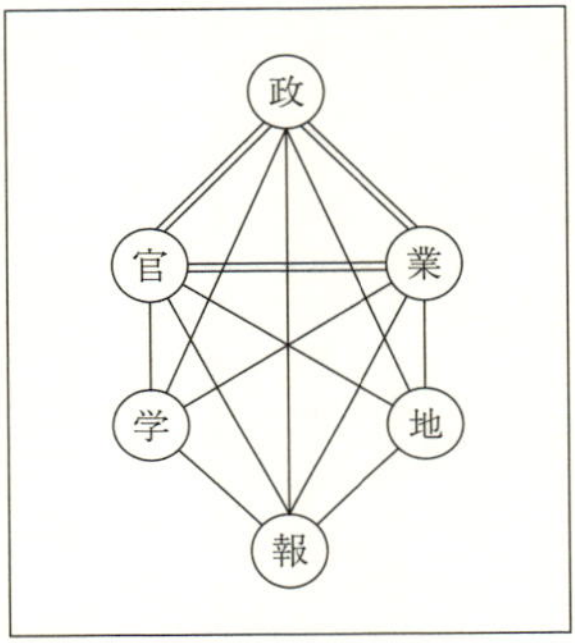

図13　省庁共同体

省庁共同体のメンバーは、実は政官業の三界だけに限られません。実際の政策過程では、マスコミ・報道関係者・評論家などの報道言論界、学者・研究者・専門家などの学界、自治体関係者など地方・地元界も関わることが多いものです。政官業に報学地の三界を加えると、政官業報学地の六角形が形成されます【図13】。

マスコミ・報道界は通常は幅広く薄く対象とするものですが、なかには、特定の政策領域・省庁または特定の政治家（「番記者」）に精通した人物が出てくることもあります。マスコミと省庁は、いわゆる記者クラブによって、日常的に密接な関係を構築します。もっとも、個々の記者や役人は人事異動があるので、同じ人物が長く密接である人脈（第3章4）になるとは限らないのですが、全体としては協調関係が構築されることがあります。新聞などの報道界は、政官業の権力複合体からの独立性・中立性が期待されるところですが（第4章4）、実際には身内の一員となって「官報複合体」と呼ばれることもあります。

学者・研究者・専門家は専門知識を有する人物です。専門家は独立性・中立性を期待されるところですが、省庁共同体の一員として省庁の代弁者となってしまうと「御用学者」と呼ばれることもあります。審議会委員の常連や「座長業」を生業のようにする学者もいます。学者に限らず、「学識経験者」などという表現があります。大学や研究機関にいる必要はなく、専門職（プロフェッション）であればいいともいえます。評論家・ジャーナリストも学識経験者に位置づけることもできます。また、元官僚が大学研究者になっていることもありますので、肩書きだけでは判然としないこともあります。学識経験者とは、経験を積んだ官僚ＯＢを「専門家」として処遇するという意味でもあります。

地元や地域の利益の代弁者である自治体は、政官業と多様な結びつきをします。一つには、自治体は中央省庁の策定した政策枠組のなかで、多くの政策実施を担います。そのときには、各省庁縦割の省庁共同体に分割されますので、自治体全体というよりは、自治体の別部局が縦割省庁共同体のメンバーとなります。二つには、業界利益に対抗する地方利益の代弁者として登場します。いわば、政官業の三角形の代わりに、政官地の三角形になることもあります。自治体それ自体が、地方・地元という地元業界・自治業界を形成して、農林水産省・国土交通省

（旧建設省系統）や総務省（旧自治省系統）の省庁共同体のメンバーになるのです。公立学校なども形式的には自治体のなかの部分組織ですが、実体的には一種の教育業界として、文部科学省（旧文部省系統）の省庁共同体のメンバーとなります。

省庁共同体の構成メンバーは六角形が基本ですが、さらに細かく見ることができます。例えば、「産官学言労金」などといわれることもあります。産は産業界ですので業と同じで、言は言論すなわち報です。金とは金融界ですが、他の企業・業界とは少し位置づけが異なる場合があります。金融界は、金融庁（旧大蔵省金融系統）の省庁共同体のメンバーということはできるのですが、他の省庁共同体の業界にとっても横断的に重要な位置を占めるからです。

また、労＝労働界がメンバーとして位置づけられることもあります。ヨーロッパ型のコーポラティズムでは「政労使」と呼ばれるように、経営側と労働側は重要なメンバーになります。政労使の三者が圧倒的な三角形となるのです。日本でも、旧労働省系統省庁共同体では、政労使または「公益・労働側・使用者側」の三者構成をとることがあります。しかし、全体としては、企業・生産者の経済利益は、経営側が業として代弁しています。労働界は省庁共同体では、完全な身内として遇されることは一般的ではありません。そのため、「労働なきコーポラティズム」と呼ばれることもあります。企業別組合であれば、結局、企業経営者が代弁するのが自然だからです。さらに、非正規労働者を中心に組織率も高くありませんので、労働界はむしろ

⑥で扱う排除される側に近いのです。

④外郭団体

省庁共同体は、政官業報学地などの団体間のネットワークです。こうした団体間関係を仲介する団体がさらに構成されます。省庁の外周部に設置されるので、一般的に「外郭団体」と呼ばれます。外郭団体は、特殊法人や認可法人という形態のことが普通でした。

特殊法人は、特別の法律で設立する団体なので、実質的には行政の別働隊です。また、近年にできてきた独立行政法人は、実質的には特殊法人と大差はありません。認可法人とは、民間からの発意によって設立されるのですが、省庁の認可がないと成立しないので、実質的には官業などとの連携が不可欠なのです。特に、「一に限って」認可を認める場合には、実質的には特殊法人と同じです。特殊法人・認可法人ではなく、社団法人・財団法人やＮＰＯ法人であろうと、形態よりも実態が大事なのです。

こうした多様な外郭団体は、省庁共同体の身内の各団体を繋ぐ団体です。天下り・出向・派遣という人間、補助・融資・委託などの資金、任命・許可・承認などの権限などを媒体として、具体的には結合するのです。外郭団体は、より省庁本体（官）に近い団体もあれば、より業界団体に近い団体もあります。業界団体が社団法人等の法人格を取得して、指定法人等の仕組を通じて、行政機能の一部を代行または代替することもあります。省内の内部規則のはずの通達も業界団体に対して発出され、あるいは業界団体が自主基準を作り、ルールへの遵守が求められたりします。それゆえ、団体の秩序や要求が省庁に波及します。

省庁の組織または機能の一部が切り分けられ、特殊法人や独立行政法人になったりします。さらには、外郭団体が民営化されることもあります。外郭団体自体も自らの生業を支えるわけですから、それ自体で各種団体としての自己保存・成長願望を持ったりします。外郭団体が民営化されれば、なおさらです。いずれにせよ省庁共同体のネットワークのなかにあるので、民営化などの組織形態の変化は、外部からは意味がないものにも見えます。しかし、すでに述べたように、ネットワーク内では、各団体者はそれぞれの利益拡大を巡って、日常的に鍔競り合いをしているので、こうした「改革」は、ネットワーク内の利益配分に、何らかの影響を与えるでしょう。例えば、日本道路公団の民営化は、国交省系統の省庁共同体のなかの変化にすぎませんが、国交省・与党道路族議員と民営道路会社との関係に変化をもたらし得ます。

⑤省庁共同体の特徴

省庁共同体は、中核的には政官業などの共通利益の増進を図る存在です。内部で小競り合いはありますが、全体としては省庁共同体の共通利益のために行動します。省庁共同体の特徴はいくつかあります。

第一に、省庁共同体は、いわば身内の共通利益を図る存在ですから、省庁共同体同士はライバル関係になります。そのため、省庁共同体同士の対立競合が起きやすいものです。それは、基本的には省庁官僚間のセクショナリズムとして表出します。霞ヶ関官僚の間では、「法令協議」などで、鎬を削ることは日常茶飯事です。ただし、それは、各省庁の官僚の個人的利益や、あるいは官僚集団としての省益・局益の追求だけではなく、むしろ、背後にいる政治家と業界の利益を背負って、省庁間で紛争するのです。もちろん、省庁共同体ですから、身内の業界と政治家の利益は、省庁官僚集団の利益でもあります。ともあれ、社会の様々な利益が多元的に政策過程に反映するという効果もあります（第3章1）。

第二に、省庁共同体は、経済団体が政官に食い込んだ利益共同体ですから、ときには既得権益集団あるいは利権集団となります。省庁共同体の利益という意味での「省益」は、必ずしも社会全体の公益や、日本国民にとっての国民益、あるいは、最高為政者の主観的な利益である国益とは、一致しないことがあります。特に経済成長が終焉してくると、省庁共同体は行政運営にとっての内的桎梏になる場合があります。こうして、省庁共同体の解体が図られることもあります。二〇〇一年の中央省庁再編などは、固定化した省庁共同体に揺らぎをもたらす狙いがあったのです。

もっとも、単純に省庁共同体＝既得権益集団＝抵抗勢力と捉えることには、疑問があります。省庁共同体の既得権益の解体を、省庁共同体の外部の一般国民の支持を背景に、アウトサイダーの政治家が、ヒーローのように進めるという素人芝居は実現しません。実際には、ある省庁共同体の官僚が、一部の政と業と協力しつつ、他の省庁共同体のなわばりを奪おうという、弱肉強食の争いが起きているというだけなのです。

第三に、省庁共同体で自律的に持続可能なのは、実は業だけです。政も官も資本主義市場経済からの上納で生きているので、基本は企業・業界の事業活動に依存しているのです。省庁共同体のなかの業界が発展すれば政官にとっても利得になります。業界保護のために規制が必要であれば、その規制は政官にとってもメリットになります。しかし、衰退業界はいかに規制を続けても、ジリ貧になることはあります。このとき、省庁共同体の政官は、衰退産業への忠誠を誓うとは限りません。見切りを付けずにいると、衰退する業と一緒に沈没してしまうからです。そこで、政官は、将来伸びそうな新たな業界を常に物色しているのです。

将来性のある企業・業界に、支援・保護規制が必要ならばそれを主張し、あるいは、既存の支援・規制が阻害要因になっている場合にはその撤廃を主張します。それが新規政策というものなのです。新規政策とは、省庁共同体のなかで、新たな業界を開拓することです。その省庁共同体の組み替えのなかで、これまで排除されてきた企業・団体が省庁共同体に迎えられ、これまでの省庁共同体の業を独占していた企業・団体が隅に追いやられ、ときに放逐されます。省庁共同体は、企業・業界が円滑な業績を上げている限りにおいて共通利益が存在しますが、そうでない場合には、冷徹な組み替えが模索されます。

業の新陳代謝ができなければ、省庁自体が衰退し、利に聡い与党政治家は逃げていきます。省庁官僚のなかには、特定の企業・業界の保護を重視する者もいるでしょう。しかし、そのような官僚は省庁官僚集団のなかの主流から外され、関連する局課は、業界・企業の衰退と並行して、再編・縮小されていきます。こうして、省庁組織・官僚集団と与党政治家と関連業界からなる省庁共同体は、絶えず成長を探し続ける動的平衡によって生き残っていくのです。

第四に、省庁共同体の対立競合を調停するメカニズムが必要です。その基盤が、キャリア官僚集団の同一性です。デフォルメして言えば、「東京大学法学部出身の国家I種（総合職）法律職採用の各省庁に散らばった法律事務官」というムラ人が、霞ヶ関で繰り広げるムラの生活です。その意味で、統合公務員制は実現したのです。対立・競合する省庁共同体の官の世界には、全体を貫通する共通文化が存在しています（第3章2）。

また、対立競合する官と官の対立を調停してきた官が、古典的な「大蔵官僚支配」「大蔵省統制」のイメージです。「われら富士山」と自称した大蔵官僚（現財務官僚）は、他省庁官僚と異なり一段上にあると、自他ともに認めていたのです。霞ヶ関ムラの身分は共通でも、試験制度で作られる近代的身分ですから、採用段階での序列があるのです。官庁訪問での大蔵省の人気と試験点数が高い限りにおいて、大蔵省優位の文化が他の官僚にも共有され、それが官僚志願者にも共有される限りにおいて、財務省（旧大蔵省）の人気が高いのです（第4章3）。

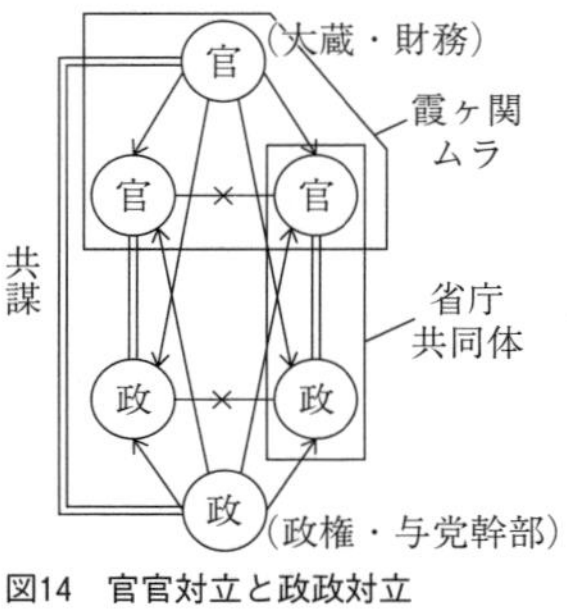

図14　官官対立と政政対立

もっとも、官官対立を官が調停するのは簡単ではありませんから、政権（首相官邸）や有力与党政治家が介入する余地が生じます。もっとも、省庁共同体の官官対立には、応援団の政治家がついていますから、下手に官官対立の調停に乗り出すと、政治家同士の対立を惹起しかねません。その政政対立の調停をあたかも官に委ねることで、政権や有力与党政治家はやけどを避けます。官官対立は政が調停し、政政対立を官が調停するという意味で、調停役の政官、すなわち、政権・官邸・与党幹部と財務省（旧大蔵省）の共謀《コンプリシテ》が成立していたのです【図14】。また、官官対立を調停する政には、やはり官の支援が必要なのです。

⑥省庁共同体からの排除の論理

鉄の三角形・省庁共同体といっても、全ての政官業または学報地が身内メンバーに入っていることは限りません。身内に入れないのは、他人です。民主主義とは、統治者と被治者の同一性が基本です。本来は全ての団体・個人が為政者の身内でなければなりません。しかし、現実には、身内と他人が区別されます。身内のなかでは統治者と被治者の同一性は確保されているかもしれません。しかし、他人にとっては、統治者と被治者の同一性は確保されていないわけです。他人にとっては、政官業の「三界に家なし」です。

政治家のなかにも他人はいます。すでに述べたとおり、官に勝つ政とは、与党政治家です。野党政治家は、執政を選出できませんから、官僚に対する人事権に影響を持ち得ません。同様に、議会多数派ではありませんから、法律や予算の議決に野党政治家の了解は不要です。つまり、在野の他人である野党政治家は、省庁共同体・鉄の三角形の身内に入ることは難しいといえましょう。

恒久政府である行政職員も他人になっていることもあります。官と言っても、政治家や団体にとって魅力のない行政では、鉄の三角形は形成されません。そのような冷や飯の領域の行政は、政官業の身内から外されてしまいます。また、公正・中立性を確保する観点から、業務遂行に一定の独立性が保障されている行政分野もあります。広い意味での行政委員会は、身内からはやや外れるとは言えましょう。もっとも、独立組織ではあっても、法律や予算は必要ですから、政との協力関係は必要でしょう。また、「捕捉《キャプチャー》」として触れたように、独立規制委員会と団体の共生関係が成立することはあります。

業についても、業界のなかで一定の地位を築いていて、鉄の三角形に加わっている団体から、新興団体やアウトサイダーとして、必ずしも身内には入れられていない団体もあるでしょう。報道人、学者、地元自治体は、むしろ排除されている人数の方が多いかもしれません。省庁共同体・鉄の三角形は、身内のネットワークですから、逆に言えば、他人として排除される存在を生み出すのです。

省庁共同体が、民衆をどの程度に幅広くカバーしているのかは、一義的ではありません。統治者と被治者の同一性という民主主義の観点からは、政官という統治者と業という被治者が共通利益を持つことは、悪いことではありません。したがって、一般民衆が全て業界に組み込まれていれば、それなりに「民主的」と呼ぶことができます。いわば、職能・業界を通じた代表というコーポラティズムです。政治家は業界・職能代表となります。例えば、仕事を通じて省庁共同体に繋がる「職分国家」、会社を通じて省庁共同体に繋がる「会社国家」です。戦後日本では、「父親稼得モデル」によって民衆は一家の稼ぎ手＝父親を媒介に、自営業・個人事業主または会社などの勤め先、さらには業界、そして省庁共同体に包摂されるイメージがありました。

もっとも、こうした会社国家の最盛期でも、必ずしも個々人の利益が幅広く省庁共同体を通じて、統治者との一体性を持っていたわけではありません。そもそも、男性稼ぎ手を媒介に身内に繋がる主婦や子供は、外縁部の存在でしかありません。男性稼ぎ手の労働者もまた、会社のなかでは周辺的存在でしかないのです。さらに、各種団体のなかには省庁共同体のメンバーになっていないものもあります。また、民衆の多様な利益のなかには、必ずしも圧力団体として組織化できないものもあります。したがって、省庁共同体からは排除されて、一方的な支配を受ける個々人の利益も多いのです。その意味では、統治者と被治者の同一性は必ずしも実現はしていなかったのです。

すでに述べたように、圧力団体を持続するには事業活動による経済基盤があることが望ましいのです。しかし、消費者保護、環境保護、社会保障給付の受給者（例えば、障碍者、患者、要介護者、貧困層など）などは、自らの圧力団体を組織化して、それを維持することは非常に難しいのです。つまり、圧力団体は、生産者側・供給者側・事業者側では組織しやすいのですが、消費者側・需要者側・受給者側では、なかなか組織化できないのです。仮に団体化しても、経済団体よりははるかに弱体なのです。

社会保障で言えば、供給者側である医師・歯科医師・看護師団体や薬剤師団体・製薬会社・介護事業者団体または社会事業・福祉団体などは、それなりに組織化できます。しかし、患者・障碍者やその家族、被介護者や家族介護者、さらには、支援者団体などは、団体として組織されても弱体です。少なくとも省庁共同体のメンバーにはなかなか入れてもらえません。それゆえに、過激な反対・抗議活動のような、運動スタイルにならざるを得ません。社会運動としては当然といえば当然なのですが、一時的に、省庁共同体側に要求を認めさせることができても、長続きさせるのは難しいものです。供給者側団体のように、事業活動による経済基盤を持っていないからです。

⑦省庁共同体の縮小再編と内閣という「中原」

身分保障がされている為政者である官に対して、被治者である民衆は、省庁共同体の身内たる業の一員に連なることで、統治者と被治者の同一性を確保することができます。しかし、⑥で触れたように、高度成長期においてさえも、大多数の民衆が業の一員として身内の立場を得たわけではありません。日雇い労働者や母子家庭の困窮、障碍者の社会的な隔離など、排除の問題は常にありました。それでも、右肩上がりの「日本的経営」の時代には、倒産や解雇も多くはなく、大企業・中小企業・自営業・公共部門を問わず、中年男性は生産者となり、さらには、男性稼得者モデルの標準世帯の身内である妻子・老親が、省庁共同体の身内に連なることも多かったのです。より正確に言えば、そのように省庁共同体に入れるかもしれないという「想像の共同体」があったのです。

しかし、このような右肩上がりモデルは、一九九〇年代に限界を迎えました。企業の倒産や解雇が増え、派遣労働者などの非正規雇用がどんどん増えていきました。当初は財政出動によって省庁共同体を維持しようとしましたが、赤字財政が著しくなってしまったので、それは難しくなりました。省庁共同体は、常に新しい業界を物色しているのですが、全体のパイの拡大が見込めなくなると、弱肉強食の「改革」を始めるしかありません。

第一は、省庁共同体から人々を排除することによって、そこからの収益を回収する作戦が考えられます。リストラと採用抑制により、非正規の不安定・低所得の貧困層を排除します。残った正規職員をブラックにこき使います。そして、自分たちはコーポレート・ガバナンス改革によって、役員報酬・株主配当を引き上げて富裕層となります。格差拡大によって省庁共同体の中枢のメンバーは生き残りを目指します。その画期が、一九九九年の労働者派遣法の改正です。すでに述べた点ですが、戦後日本の省庁共同体は労働側が弱いのが特徴だったので、このような現象になったのです。こうした省庁共同体は、同心円の形は変わらないのですが、半径が小さく、密度は濃くなっていきます。そのなかで、人材派遣業界が拡大していきました。

第二は、他の省庁共同体の解体です。既存の省庁体制では省庁共同体は壁で守られていますので、簡単には食い物にすることはできません、そこで、「大括り」の府省にして、これまでの省庁共同体の器に揺らぎをもたらします。これが、二〇〇一年の中央省庁再編です。大括りの新府省の内部で弱肉強食の組み替えが行われます。弱小の省庁共同体は吸収合併されます。例えば、労働省が厚生省に吸収合併されました。逆に、大して仕事もない通産省は、経済企画庁を解体して内閣府に押し込むとともに、「経済」の看板を奪取して経済産業省となりました。

また、省庁再編は「縦割りの打破」を目的にし、内閣機能や総合調整の強化を謳います。これによってある省庁共同体は、内閣府や内閣官房を拠点として、他の省庁共同体の権益、つまり、有望な業界を奪うことができます。強力な省庁共同体は、有能な官僚を首相官邸や内閣官房などの臨時的組織に出向させ、政権・官邸の有力政治家や有力財界人と連繫し、権益拡張を図るのです。内閣機能が強化され、官邸主導になればなるほど、こうした弱肉強食の成果が期待できます。内閣とは、周辺に根拠地を持つ省庁共同体が争う「中原《ちゅうげん》」(権益闘争の競技場)なのです。例えば、経済産業省は、首相官邸や内閣官房に人材を派遣する、いわば「霞ヶ関版人材派遣」会社となりました。非正規・低処遇の派遣社員よりは、口八丁手八丁で利益を得ようとしていますから、「霞ヶ関版コンサルタント会社・広告代理店」というべきでしょうか。

4　人脈と行政

①団体と人脈

政官業学報地などの省庁共同体は、基本的には団体と団体の関係のネットワークです。もちろん、実際に存在するのは個人ですから、団体と団体の関係といっても、現実に団体を背負って他の団体と関係を取り結ぶのは、個人です。しかし、そこでは個人固有の人間関係によって、団体と団体の利益共同体ができるわけではありません。いわば、団体のなかのリエゾン（仲介・架橋）の役職や役割によって、団体間のネットワークを取り結ぶだけです。したがって、利益共同体における官僚は、あくまで役職や役割をこなす「役」人であって、組織の歯車に過ぎません。ある局長、ある課長、ある課長補佐になれば、個人としては誰であっても、省庁共同体の構成員になります。

しかし、官僚・役人といえども、個々人としての資質と能力と性格を持ちます。役職で団体間ネットワークの結節点に就任したとしても、その個人がどのような働きをするかによって、団体間関係が円滑に進む場合もあれば、ギクシャクする場合もありますし、ある方向で省庁共同体が進むこともありますし、方向転換をすることもあります。つまり、個々人は、取り替えの効く単なる組織の歯車ではないのです。これは、政治家であれ、官僚であれ、業界・企業の担当者であれ、専門家・研究者であれ、記者・ジャーナリスト・報道人であれ、自治体の関係者であれ、全てに共通することです。

個々人は、自らそれぞれに他の個々人と関係性を構築します。こうした関係性を、「人脈」とか「閥」とか「縁」とかと呼びます。個々人は、団体間ネットワークのなかで、特定の役職・役割をこなすことをきっかけに、人脈を構成することがあります。ある官僚は、ある課に異動になったから、ある業界・企業やある政治家と関係を構築する機会が得られます。

その先は、相互に人脈として将来への資源になるかどうかは、それぞれの思惑と才覚と行動次第かもしれません。一緒に仕事をしたことが、役職や仕事を離れても、つながりを維持することになり得ます。その関係が、将来の仕事に再結成されて使われることもあるのです。逆に、苦い経験やしこりによって、負の関係性になることもあるでしょう。マイナスの人脈です。また、一時の行き擦りの関係でしかないかもしれません。ともあれ、将来にも仕事を続けようと思えば、そして、省庁共同体の団体間関係で身内の論理が作用する日本行政においては、仕事で機会を与えられた人脈を保持しておくことに、基本的には損はありません。

人脈は、仕事を通じてのみ機会が与えられるのではありません。むしろ、仕事以外にも様々な機会があり得ます。異業種交流会とかパーティ・飲み会などは、仕事を離れた人間関係構築の機会づくりでしょう。仮に職場であっても、直接の仕事ではなく、職場が取り持つ機会も色々あります。例えば、酒席・懇親会、喫煙室・給湯室、麻雀・ゴルフ・テニス・囲碁将棋などの趣味・スポーツ、同期入省・入庁など、様々な人間関係の機会は存在します。そして、その人間関係が、仕事での関係を構築することもあります。人間関係によって関係する役職に人間が集められ、団体間の関係が構築されることもあります。団体での仕事が人脈を作るだけではなく、人脈が団体間の関係性を作ることもあるのです。

②政権と人脈

国にせよ、自治体にせよ、政権とは執政のトップですから、選挙や政争の結果として奪取するものです。頂点を奪取した政治家は、自らの人脈によって政権を構築していく必要があります。

首相や首長という役職には、補佐・補助組織が存在します。首相の補佐機構というのは、内閣官房とか内閣府（旧総理府）とか、内閣法制局です（第3章1）。本当は、首相は、内閣の首班にして、全ての行政権を担っているわけですから、全ての省庁組織が首相の補佐組織であるはずです。しかし、実態においては、省庁共同体は身内の論理で動くので、必ずしも政権を補佐するとは限りません。さらにいえば、内閣官房や内閣府ですら、首相を自動的に支えるとは限りません。もちろん、役人は役職と役割ですから、基本的には政権を支えるように仕事をしますが、その力の入れ方は変わるでしょうし、ときには、面従腹背も可能です。誰が首相でも同じように仕事をするという、ロボットや組織の歯車ではないのです。

こうして考えると、政権政治家は自らの人脈で、信頼できる個人を配置して、府省庁という行政組織を手足のように動かしたくなるでしょう。まず、首相には信頼できる政治家の仲間がいなければ、政権を構築できません。「側近」とか「腹心」とかいう人物です。閣僚は、当選期数や派閥均衡などで、人脈とは無関係に選定しなくてはならないかもしれませんが、それでも何人かの重要閣僚とは強固な人間関係があった方がよいでしょう。さらに、官房長官は首相と一心同体ですから、特に重要です。とはいえ、人間関係が良好な「お友達」という情実関係だけでは仕事になりません。信頼できて仕事ができる人との人脈が大事なのです。

③政権の取り巻き

政権を構成する政治家は、政治家同士だけではなく、官界、業界、経済界、学界、報道界・言論界などの個人との人脈を培って、広い意味での政権を取り巻く個人的ネットワークを構築し、さらには、政官業などの団体間ネットワークを動かしていこうとします。官界に関しては④で述べるとして、他のメンバーに関しても人脈があった方がいいのです。

政治家は、しばしば、「囲む会」などという形で、味方となる有力な財界人のグループを形成します。財界人は、審議会のメンバーとして、大変に便利です。また、外郭団体などのトップ人事を任せるには、組織経営の手腕・経験からいっても、近しい財界人が役立ちます。財界人としても、有力と思われる政治家に投資して人脈を築くことは、社業にも経済界全体にとっても、メリットが期待できます。また、そのようなケチな話ではなく、有力政治家を育てること自体が、資本主義市場経済の下では財界の責務として重要だと考えられています。

親しい専門家・研究者は「ブレーン」と呼ばれます。組織としての省庁・業界などの意向を代弁するのが、狭い意味での御用学者です。これに対して、個人としての政治家の意向を代弁し、政治家にアイデアを注入し、政治家のアイデアを精錬するのが、ブレーンです。単に政権政治家の考えを代弁するだけでは、あまり役に立ちません。むしろ、知恵を絞る脳みそなのです。もちろん、各省庁の「隠れ蓑」になっている審議会のメンバーに、政権政治家の代弁者として、「暴れウマ」が送り込まれることもあります。

ジャーナリストも、政治家の懐に深く飛び込む人がいます。有力政治家は、こうした記者たちを、食客のように抱えるものです。ジャーナリストはアイデアを持ち、演説原稿などの筆を執り、報道界の人脈を通じて世論を誘導し、他の政治家や官僚・財界人等との伝令役になり、ルポルタージュや伝記・評伝(「正史」)と称して歴史を記録または偽史を捏造します(第2章1)。もちろん、ジャーナリスト自身は「虎穴に入らずんば虎児を得ず」と、政治家との距離を保ちながら、政治家からナマの情報を入手すると嘯くでしょう。しかし、政治家がそうしたジャーナリストが近くに来ることを許すのは、そうした言論人を活用することが政治的に役立つと考えているからです。「ミイラ取りがミイラになる」こともあります。

④官僚の政治任用

政権政治家が、資格任用された官僚を個人的人脈によって登用するのも、広い意味での政治任用です。内閣人事局の設置と「幹部人事の一元管理」によって、政権が幹部層官僚の人事権を握ったとしても、いかなる官僚が官界にいるのか個人レベルで知らなければ、政治任用しようがありません。官僚個人を知らなければ、各省庁が用意した候補者をそのまま鵜呑みにするしかありません。政治任用は、政権幹部・政府首脳に昇り詰めるまでに、それなりの人脈を構築してこないと、なかなか難しいのです。

万年与党議員の場合、若い頃から修行を積むなかで、仕事のなかで官僚との知遇を得て、人脈を構築していけます。自民党政務調査会部会で与党審査をしていくなかで、官僚の説明を受ける機会ができます。さらに、大臣政務官・副大臣・大臣などになれば、大臣秘書官などが個人的に付きますし、官僚からのレクチャーを受ける機会も増えます。出会いの最初では、役職に伴ってあてがわれた官僚との間柄であっても、個人的関係が構築されれば人脈となります。そして、将来に政権幹部となった暁には、こうした仕事関係を契機に作られた人脈が、政権づくりに活用されることになるでしょう。また、省庁の人事当局も、族議員をはじめとする与党議員の言動から、そうした「外部評価」をも総合判断して人事配置を決めるので、政界と人脈のある官僚はしかるべく活用されていきます。

逆に、野党議員の場合には、人脈構築をする機会は限られます。そもそも、野党とは選挙で弱いということですので、連続当選できるとは限りませんから、キャリアの継続は容易ではありません。さらに、野党議員に対し各府省庁の官僚が説明をしないわけではないですが、与党に比べると圧倒的に手薄です。しかも野党議員と各省官僚は国会審議では、基本的に攻防関係に立つわけですから、与党議員のように人脈構築をする気には、なかなか感情的にはならないでしょう。その意味では、政権を窺う政治家に、官僚との人脈構築を求める日本の行政の仕組は、ある意味で、与野党間の政権交代を予定していないシステムなのです。

政権政治家が、培ってきた官僚との個人的人脈を利用して、政治任用をするとしても、万能ではありません。ある官僚個人を人脈によって登用することは、別の官僚個人の任用を否定することですから、波紋は小さくありません。政治任用は、点としてのある官僚個人の人事だけではなく、連鎖する何十もの役職と官僚個人に関わる介入です。したがって、政治任用によって特定官僚の活用が進んだとしても、何十もの官僚個人群、すなわち、組織・団体としての省庁の活用を阻害することもあり得るからです。

政治任用は、省庁組織の人事異動の自律的な論理と矛盾しないような、繊細な介入でなくてはなりません。つまり、政治任用には、繊細な省庁内人事のハレーションに関する情報と、じっくり、官庁内の人事異動の時期を待ちながら徐々に行うという余裕とが、必要になってきます。この点でも、日本の政治任用は、長期万年与党に有利なシステムです。政権交代によって、短期間に省庁組織を掌握しようとして政治任用を焦って行おうとすると、かえって、組織としての官僚集団を敵に回してしまい、政権運営が空回りしてしまうのです。逆に、徐々に浸透させることで、官僚制を私党化していくこともできます。

新たな官僚の政治任用は難しいとしても、現職官僚を左遷させるという政治任用は、省内人脈がなくても可能かもしれません。政治家に官界人脈がなければ、左遷させた官僚の後任は、省庁の用意する候補者をそのまま呑むしかないでしょう。政治家の意向に従わないと左遷させられるかもしれないという脅しによって、官僚の忖度と服従を期待するわけです。しかし、左遷した官僚との人脈は、マイナスの資産と遺恨にしかなりません。さらに、その官僚には特有の人脈もあるでしょうから、マイナスの人脈は広がります。しかも、こうした恐怖政治は官僚たちの積極的な活動を萎縮させるかもしれません。

とはいえ、この恐怖政治を行う政権政治家が長く居座るのであれば、官僚たちのサボタージュには限界があります。一年程度で交代する内閣や伴食《ばんしょく》大臣ならば、政治介入を受けるとしても、嵐が過ぎ去るのを待つことができます。しかし、自治体首長が典型ですが、何年も政権が持続するとき、また、続くと見込まれるとき、こうした恐怖政治は官界の常態となります。幹部公務員の一元管理と内閣人事局は、長期政権が続けば、首相や官房長官が政治任用をできる制度基盤を作りました。なかには、こうした恐怖政治を行う政治家を忖度し、阿諛追従し、馳せ参じ、取り入って、人脈を作ろうと抜け駆けする官僚個人も出てきます。省庁などの組織としても、政治家が長期在職する限り、このような関係の構築は不可欠なのです。

⑤官僚の政界・官界人脈づくり

政権による政治任用を考えれば、各省庁という組織の側にも、各省庁官僚という個人の側にも、政治家との人脈づくりを、将来への投資またはリスクヘッジと考える動機があります。ある政治家が政権に就いたときに、その政治家と人脈のある官僚を抱えていることは、組織としては重要です。有力そうな色々な政治家に、それぞれ官僚を配置しておいて、人脈を維持しておくことは、組織の仕事を助けます。組織としては、全ての人脈が活かされなくても、どれかが生きてくればよいのです。

また、個々の官僚にとっても、誰か有力政治家と人脈を持てば、その政治家が出世したときには、自分にとってもプラスになります。もちろん、官僚個人としては、自分の付いた政治家が出世しないときには、その人脈は使えないので、官僚個人の出世にとっては、残念な結果になることはあるでしょう。その意味では、官僚の出世は偶発的なものに過ぎません。しかし、政治家の誰とも人脈がなければ、政治任用のもとでは、官僚としては出世がしにくいかもしれないもないので、誰かに賭けるのはやむを得ないのです。もっとも、政治家との仕事上の関係は、あくまで組織が割り付けるものなので、官僚個人が自ら選択して賭けたものではないかもしれません。しかし、仕事で知り合った政治家のなかで、人脈を作るに値する政治家を選択するのは、官僚個人の賭けの才覚です。

政権政治家による個人的な政治任用が強化されれば、官僚制の政治化は強まります。もともと、戦後日本の官僚制は、組織全体として、万年与党への党派的傾向は進んでいましたので（第1章1）、政治化自体は新しくはありません。しかし、個人レベルの人脈が強化されると、官僚個人で出世のリスクを負うようになり、省庁組織への忠誠は弱まるかもしれません。また、省庁としても組織として政権を支えるインセンティヴは弱くなるかもしれません。しかし、省庁は政権幹部との人脈は必要なので、官僚個人に手分けをさせてリスクヘッジをするとともに、組織全体としての党派的傾向性も維持するように努めるでしょう。

こうして、各省庁官僚は、様々な「ご説明」の際に、政治家と関係を構築していきます。地縁や学閥などの特定の人脈を背景に、敢えてご説明の役回りを割り当てられることもあるでしょうが、通常は、最初は仕事上のつきあいでしかないかもしれません。政治家との人脈づくりの典型は、大臣秘書官です。各省キャリア官僚のなかでの有望株を、大臣秘書官として与党政治家である大臣に貼り付けます。大臣には、順送り人事の中堅伴食大臣もいますが、将来性のある政治家が将来への階段を昇り始めるときもあります。キャリア官僚としては、伴食大臣よりは、将来を嘱望される若手大臣の秘書官となる方がよいでしょう。そして、その政治家が将来に様々な仕事をするたびに、かつての大臣秘書官の経歴が生きてきます。

また、各省キャリア官僚は、政権とのつながりという意味では、内閣官房への出向経験も、人脈づくりには役立ちます。内閣官房には、政権関係者との人脈によって派遣が決まるというよりは、各省庁の組織の都合として送り出されます。内閣官房は政権を直接に支援する組織ですから、出向する官僚個人としては、仕事を通じて、政権の有力政治家との関係づくりの好機になります。首相は再登板することは滅多にありませんから、首相との人間関係づくりに励んでも、直接には将来には役立たないかもしれません。しかし、政権幹部には、首相の人脈に連なる政治家・官僚集団がいるのですから、首相の裏書きは重要です。

さらに、内閣官房には、将来を嘱望される中堅若手の政治家も配置されますし、各省庁から同世代の有力官僚が出向してきます。内閣官房に行くことは、個別の省庁共同体の発想を超えて、政府全体の視野を得る機会になるだけではありません。内閣官房での仕事の機会を通じて、将来を嘱望される中堅若手の与党有力政治家や、有力な他省庁の中堅官僚との知遇を得ることもできます。もちろん、出向官僚は出身省庁のスパイとして振る舞う面もあるのですが、それだけでは、官僚個人の将来に向けた人脈づくりにはなりません。むしろ、官僚個人は、各省という狭い視点ではなく、「大きな器」を持っているところを競うこともあるのです。

⑥「学校」という人脈

人脈は団体における仕事を通じて作ることが多いものです。公的な仕事の機会と経験が、個人間の私的な人間関係に転化していきます。そして、私的な人間関係という身内の論理が、行政を取り巻く団体間のネットワークの形成と作動に影響を及ぼしていきます。こうして、個人レベルの身内の論理と、団体レベルの身内の論理とが、相互循環的に作用していきます。しかし、人脈は仕事とは別個の機縁で形成されることもあります。この種の人脈も、仕事上の人間関係や団体関係に作用していきます。こうした機縁には、色々なものがあります。

第一は、学閥です。同窓や同期などの学校を通じる人脈です。いわゆる事務系（行法経）キャリア官僚は東京大学が、特に、東京大学法学部が多い、というのが学閥の典型例といわれます。ゼミ・サークル・授業など、大学の学生時代から知遇があるということは、仕事で連絡するような何かのときに役に立つかもしれません。全ての東大出身の官僚が同じように縁を持つわけでもありません。大学時代の人脈は、ツテを探すときに色々なきっかけがあるということです。

また、思考パターンや性格（の歪み）や出身階層が似ていることは、一種の文化資本（ブルデュー）として有利に作用するかもしれません。既存の官僚集団の多数派の「東大法学部出身」という文化を体得している者は、それと気付かない有利さをもってコミュニケーションが可能であるかもしれません。多数派である東大法学部出身の官僚自身には体感できないので、学閥は存在していないように見えますが、それは文化的多数派の傲慢と無恥・無知ということもあり得ます。それ以外の学校・学部出身者にとって、それは学閥のように出現するわけです。とはいえ、多数派のなかでは、個々の官僚の出世や人脈づくりの優位性には、役立ちません。ほとんどの官僚が共有しているからです。そうなると、高校閥が浮上してきます。

とはいえ、文化的少数派が不利とは限りません。官僚個人は「能力」主義であり、人脈づくりにおいては、仕事として使えるか否かが重要だからです。むしろ、少数派であるからこそ、それぞれの少数派の学校出身者ということは、かえって強い学閥として機能するかもしれません。要するに、多数派なら多数派なりに、少数派なら少数派なりに、機縁として使えるのです。もっとも、全くの孤立ですと、機縁にはなりません。

第二は、職場という「学校」に起因する準学閥です。いわゆるＯＪＴ（on-the-job-training：仕事上訓練）による技能形成を行っている行政では、日常の仕事自体が「学校」であり、上司・先輩が「教師」「助教」役となるわけです。様々な業務を指導教育するなかで、擬似的な「師弟」関係が形成されて「○○学校」という人脈を形成します。職場での上下関係が、非公式な職員・職場集団となるわけです。

また、採用直後は一種の「学業」の延長です。その意味で、採用から数年間は「学閥」的な人脈を構成する機会になります。いわゆる同期採用の人脈です。防衛大学校・防衛医科大学校・気象大学校のように、社会的には大学と同じような進学先に位置づけられている機関もあります。また、警察（大）学校・税務大学校などのように、採用後の研修・教養が「学校」形態となることもあります。また、人事院や職員研修所などによる職場外研修の機会も、人脈形成の機縁になります。特に、自治体職員が、全国の他の自治体と人脈を形成するには、国への出向とともに、自治大学校・市町村アカデミーなどの研修機関への派遣研修の機会も貴重なものです。

国内外の大学院派遣も人脈づくりに役立ちます。例えば、東大出身の官僚は、人脈づくりという観点からは、東大の大学院に行くメリットはあまりありません。しかし、海外の有力大学院に「留学」（派遣研修）に行くことは、純粋に研究をし、世界的な視点を得ることだけではなく、当該大学院に、または、当地の社会に、全世界および日本から集まる人たちとの人脈づくりの機縁にもなります。海外で日本人と知遇を得ても仕方がないかもしれませんが、日本人という少数派としての海外で得た知遇は、かえって大きな人脈になることもあります。

第三は、職場における「勉強会」という準学閥です。行政職員は、職務の担当を離れて、自主的な勉強会または研究会などを開催することがあります。前述の研修でも、政策研究グループを形成することもあります。しかし、ここで特に重視するのは、非公式の勉強会・自主研究グループです。勉強会への参画の声掛けはしばしば一本釣りですから、それに先立つ弱い人脈が必要です。しかし、弱い人脈で参画した勉強会で、強い人脈に成長させていくことが重要です。また、勉強会に自発的に参加する場合には、それが人脈形成に繋がることもあります。勉強会・研究会は、勉強・研究のための場というよりも、実質的には飲み会を通じた人脈づくりが大事であることもあります。

⑦閨閥・血縁

近代官僚制は世襲身分制をもとにしていませんから、官僚の子供が官僚になるという二世官僚は制度的には自明ではありません。政治家も選挙制をもとにしているので、二世政治家は自明ではありません。その割には、世襲政治家が多いようです。選挙とは、有権者に個人名を自書してもらうのが基本ですが、先代の名字を活用できるのは、大きな知名度になるでしょう。

また、先代の後援会や財力を「相続」できれば、選挙では有利です。いわゆる「地盤・看板・鞄」が世襲政治家に有利に作用しそうです。また、子供のころから政治活動を間近で見ることができるのは、門前の小僧としての政治家インターンシップを何十年もしていることです。その意味で、制度的には身分制・世襲制ではないはずの選挙制において、二世・三世政治家が乱立しています。

行政職員・官僚にも二世・三世はいます。外交官には特に珍しくありませんが（第2章3）、それ以外の官僚にも少なくはありません。確かに、公務員採用試験は、二世であるという理由で、有利に作用することはありません。しかし、その後の官庁訪問などの採用は、省庁の人事担当職員の採用判断ですから、「〇〇先輩の子ども」というのは大きな要因となるでしょう。逆に言えば、「二世は採らない」という選別をすることも可能です。

また、子供の頃から官舎で過ごせば、他の行政職員の家族を身近で見ることになります。そうでなくとも、親である官僚の仕事を間近で見て育つのは、生まれながらの一種の省庁インターンシップです。もっとも、激務の霞ヶ関官僚の場合には、ほとんど家にいないので、「母子家庭」状態のこともありますから、「見て育つ」ことはできないともいえます。さらに、親である官僚は、子供を官僚にさせるよりは、企業・マスコミなどに就職させる方を考えるかもしれません。しかし、親の意向で子供が職業選択をするとは限りません。子供から見て親の職業が誇りを持てるくらい魅力的なものであれば、「親の仕事を継ぐ」気も湧くでしょう。しかし、待遇が悪く、家庭が不和で、何にも親らしいことはしてくれず、親として失格で、世間でもバッシングされていれば、気が殺がれるでしょう。

生まれながらには官界の身内ではない若者もいます。このときに重要なのが、閨閥《けいばつ》です。古典的には、野心ある有能な若手男性官僚は、有力な政治家・官僚・財界人などの娘と結婚することで、閨閥を獲得するのです。いわゆる女婿です。政治家・官僚たちは、実の息子が有能であるという保証はありません。むしろ、「お家」の繁栄のためには、有能な若手を婿に迎えるのが合利的です。こうして、老練世代と野心世代のウィン・ウィン関係として、「華麗なる一族」が形成されていきます。日本官僚制は入口試験によって身分制を作りますが、さらに、婚姻によっての閨閥という身分制を作ることができます。

こういう閨閥は、古典的に言えば、政略結婚ともいえるでしょう。お互いに欲得づくの結婚であり、冷めた夫婦関係かもしれません。もっとも大恋愛で結婚したとしても、不和になることはあるので、政略結婚が一概に不和となるわけでもないでしょう。さらに、閨閥づくりが政略だけとは限りません。いわゆる有力層の出会いの機会は同類に限られるのであれば、表見上の「自由恋愛」が構造的に閨閥構築を意味するのです。また、『源氏物語』の時代と違って一夫一婦制ですから、ある閨閥を構築することは、別の閨閥を諦めるということでもあります。

閨閥が官僚の仕事に役立つかどうかは、不明なのです。

以上の話は、官僚が男性であることを前提としていた話です。しかし、近年では女性官僚も増えています。となると、官僚同士での結婚も多くあります。実際、職場結婚は出会いの場としては自然ですし、同類婚としても起きやすいものでしょう。国家公務員研修所での初任行政研修（総合職対象、五週間）は、省庁を異にする官僚同士の出会いの場でもあるそうです。官僚が夫婦であるという私的関係は、公的な仕事には関係ないと考えられています。しかし、省庁間協議や共同プロジェクト、配置転換・引越や昇進のバランスなど、ややこしい問題が起き得ます。また、官僚と民間企業人・大学研究者などが結婚していることもあるでしょう。これも理屈上は関係ないはずです。とはいえ、監督官庁と被規制企業・団体と、発注官庁と受注企業と、官庁と報道機関と、の間で閨閥が横断しているのは困ったことでしょう。官僚と政治家が夫婦であっても、面倒です。

⑧その他の縁

以上のような閥・縁の他にも、様々な機縁が存在します。

第一は、地縁です。もともと、藩閥が重要であった日本官僚制ですが、全国から人材を集めるようになっても、出身地という地縁は折に触れて顕在化するものです。これは官僚個人の生育歴とアイデンティティに関わるからです。かつてのイメージは、地方圏の秀才が青雲の志を持って上京し、官僚として栄達を遂げるという立身出世物語です。重要なことは、国政の政策形成においても、地方圏への紐帯《ちゅうたい》感覚が潜在していたことです。しかし、高度成長の人口移動以降、大都市圏で生まれ育つ人間が多くなると、地方圏を背景とする地縁は弱まっていきます。

また、官僚になってからの広域人事異動によって、赴任先で地縁を蓄積できます。地縁とは、出生や生育で固定される面はありますが、職歴を通じて増やせます。赴任先でそれぞれ、地元の人々と良好な関係を築くことは、その後に役に立つわけです。さらに言えば、地縁は国内だけではなく外国にも広がります。帰国子女という生育歴だけではなく、留学や仕事での海外赴任も、海外に人脈を拡大する大きな機会です。

第二は、女性同士の縁です。行政職員の世界は女性が少数派ですから、逆に女性官僚・職員同士では密接な紐帯が形成されることがあります。女性職員が女性職員とだけの人脈では充分ではないのですが、しかし、女性職員同士でのつながりを活かすことは、大きな武器となります。さらに、官界を越えて政界・財界・学界などにもネットワークは及びます。このようなつながりのなかで、男女平等にコミットする女性官僚であるフェモクラットも登場してきます。

第三は、職員労働組合でのつながり（労働運動の古い用語では「同志」）です。これは身分制的に幹部層になることが想定されるキャリア官僚では、存在しないと考えていいでしょう。しかし、自治体や国の出先機関の行政職員には、職員労働組合での「団結と連帯」が、重要な人脈の機縁となることがあります。職員労働組合は、上下関係の指導教育の機会でもあり、政策研究・提言をする舞台にもなります。自治体の場合、若い頃に組合活動家・役員だったものが、昇進して幹部層になることもあります。組合で多くの人をまとめる組織管理の技能を形成できるだけでなく、職場を超えた幅広い人脈を持てるからです。

⑨人脈の弱さの弊害

この他に様々な属性が人脈の機縁として考えられます。人脈は行政を円滑化させる紐帯としても機能しますし、個々の行政職員の出世や業務遂行に役立ちます。しかし、同時に、こうした閥や縁とは、特定の紐帯を優先させることですから、行政運営の公平性・中立性を阻害しうる面もあるでしょう。その観点からは、人脈は少ない方がよいかもしれません。しかし、逆に、人脈が明示的に形成されないがゆえに、行政運営が歪むことはあります。人脈が複雑に存在すれば、行政運営への歪みへの警戒と相互牽制が働きうるのです。

比較的に特定宗教の影響が弱く、雑多な宗教を混在させる、世俗的な日本ではありますが、宗教・宗派も人脈構築に作用しうるものです。しかし、業務遂行において、政教分離によって宗教的中立性は求められるので、特定宗教・宗派の人脈を打ち出すことも容易ではありません。それゆえに、第一に、事実上の宗教的紐帯が隠然として作用することは可能です。顕在化しないがゆえに、宗派がかえって秘密結社的に機能し得るのです。また、第二に、世俗化という神話によって、隠然とした、宗教と意識すらされない習俗・伝統行事の形態をとった、宗教的な行政運営への警戒感が弱くなりがちになります。戦前は国家神道を採っていましたが、戦後は政教分離が原則です。しかし、統治者・被治者も含め、多くの人々は、広い意味での神社的なる行事・習俗を、宗教として意識しないものです。それゆえに意識されない偏りを生むのです。神棚くらい、参拝くらい、玉串料・地鎮祭くらい、祭礼くらい、葬式・墓地くらい、目くじらを立てなくても、というわけです。

同様に、「単一民族神話」が強い上に、「当然の法理」によって官僚は日本国籍に限る場合には、エスニシティ・人種などが紐帯《ちゆうたい》として表面化することは容易ではありません。例えば、中国系とか朝鮮・韓国系であっても日本国官僚である以上、日本国籍保有者であることが強制されるからです。それゆえに、日本人優先と意識されもしない隠然とした自民族優先的な行政運営への警戒感が、弱くなりがちになります。

また、行政の「中立性の神話」が強い日本では、官僚は党派によって人脈を形成することは明示化されていません。ドイツのように政党制が強い国では、官僚は党派性を明示した政治的官僚です。つまり、官僚も党派の色分けがされています。戦前日本の場合も、政党内閣期には、政友会系・民政党系という人脈が、高文官僚にとって重要な意味を持った時代がありました。しかし、その後の戦時体制になって、高文官僚の党派性は放逐されていき、戦後体制に引き継がれます。

もっとも、戦後直後には政党制が不確実でしたから、キャリア官僚には、保守系にシンパを抱く者と、革新系に親近する者との双方がありました。前者の代表が大蔵官僚の池田勇人であり、後者の代表が農林官僚の和田博雄です。しかし、自民党一党支配が確立すると、キャリア官僚は与党の意向を忖度せざるを得なくなります。こうして、日本官僚制自体は、万年政権党に与する党派性を全体として帯びます（第1章1）。自民党系以外の人脈は存在しませんから、党派的に偏向しているという事実すら意識され得ません。強度に一党派化したがゆえに、自民優先的な行政運営であっても、「中立性の神話」が維持されるのです。

第4章

権力と行政

1　実力と行政

①人力と実力

民衆を支配するときには、実力が必要な場合があります。法律による義務づけや、財政資金による取引や誘導によって、被治者が為政者の意向に従わない場合には、物理的強制力で民衆を従わせます。支配のための補助組織である行政は、実力を行使することが必要になります。行政（Verwaltung）は暴力（Gewalt）と切っても切り離せません。

もっとも、行政職員の多くは、実力行使をすることはありません。行政職員は、筆記試験によるという採用方式からも、見た目からいっても明らかですが、体育会系のマッチョのことは少ないのです。また、体を動かすことは多いですが、力を振るうのではなく、文書や会話で仕事をしています。だから、行政対象暴力のように、暴力による圧力に弱いのです。行政は、多くの職員の実働を必要としているので、人力（man power）を使います。日本の場合、特に、人力は自治体や出先機関、さらには、外郭団体に多く配置されます。しかし、人力を要するということは、実力を行使するということと同じではありません。

あえて言えば、持続する有効な支配とは、実力を行使しないでも、概ね被治者の服従を達成することといえます。全ての民衆の全ての行動について、為政者が実力行使を必要とするならば、支配の費用が高すぎて成立しないのは、明らかでしょう。したがって、多くの場合には、民衆は行政の働きかけに正統性を感じ、実力行使を受ける前に従うのです。そして、ごく一部の不服従者・違反者に対してのみ、実力を行使すればよいのです。

とはいえ、実力の必要性がなくなるわけではありません。もっとも代表的な実力が、軍隊です。戦後日本の場合には、戦争放棄・戦力不保持という憲法原則から、自衛のための自衛隊となっていますが、映画『シン・ゴジラ』でも登場するように、実力行使ができる最大の組織です。次が、警察でしょう。むしろ、民衆の日常生活にとって、警察の方が重要です。交通取締や犯罪捜査、雑踏警備など、最も目にする機会が多いでしょう。このほか、消防組織や海上保安庁などもあります。消防組織の実力部隊は、原則として市町村レベルにあります（東京区部のみ東京消防庁、都内のほとんどの市町村は東京消防庁に委託する委託消防です）。国の総務省消防庁は実力部隊を直接に指揮できません。海上保安庁は、一九四八年に米国の沿岸警備隊をモデルに、海上の安全と治安の維持のために創設されましたので、水上警察といえますが、国の直轄組織です。

中心的な実力組織は警察と軍隊です。国内の民衆に対する実力行使の観点からは、警察のあり方が最も重要です。また、自衛隊を民衆に向けて実力行使をさせないことも、重要な課題です。戦前の日本陸軍は、五・一五事件や二・二六事件など暗殺・テロ・クーデタなどで、国内の民衆に向けても実力を行使してしまいました。戦後日本でも、理屈上は自衛隊の治安出動は可能ですし、岸信介内閣で検討されたこともありますが、結果的に歴代の政権は、それを回避してきました。自衛隊が実力を行使するのは、事実上は災害対策のみに限られていました。また、対外的にも専守防衛と集団的自衛権の否定によって、対外派兵を回避してきました。その後、国連平和維持活動への参加や、集団的自衛権の限定容認など、対外的な実力行使の道を開きつつあります。

なお、実力とは、単に人力の集積ではありません。むしろ、人力の何倍もの実力を行使する装備（武器）があります。人力がゼロになった機械化／無人軍隊であっても実力装置には変わりありません。その意味では、ブルドーザーやパワーショベルのような土木作業用の重機、水や土の力、物理的な建造物なども、為政者がその動きを支配している限りは、実力装置です。通常、民衆が行政の意向に従わないからといって、重機で住宅を壊すことはありませんが、行政代執行や強制収用など、ときにはこうした実力を機械で行使することもあります。また、ダムに村を沈めるのは水の力ですし、綺麗な海岸・里海を消し、岩礁破砕するのは、土木工事の実力です。「銃剣とブルドーザー」といわれるように、重機は、防衛・警察に優るとも劣らない、暴力性を秘めています。土建行政は実力に支えられています。

医療・看護・介護なども実力行使を伴います。また、指導という人力に依るべき教育でも、「行き過ぎた指導」と称して体罰（「教鞭」）が執られがちでした。

②国家警察から「自治体警察」へ

為政者は、支配体制の確立と為政者自身の保護のために、警察の整備を進めます。一八七一年に東京府に邏卒《らそつ》を配備したことが、近代警察の始まりといわれます。薩摩士族出身の川路利良がフランス警察をモデルに警察制度を設計して、一八七四年には東京警視庁が設置されました。警視庁のトップが警視総監です。このため、川路「大警視」と、警察の創設者として位置づけられ、また、警視庁警察官には鹿児島（薩摩）出身が多いという都市伝説が生まれました。

警察は内務省のもとに置かれ、国家直属の首都警察としての警視庁と、各府県知事・北海道庁長官のもとの警察部から構成されました。戦前の府県知事・北海道長官は官選でしたから、国直属ではなくとも、全て国家警察だったといえます。内務省では、内務次官・警保局長・警視総監が「内務三役」と呼ばれたように、警察の比重はとても大きかったのです。内務省には、神社、地方、衛生、土木、社会などの各局がありましたが、その中心は警察を所管する警保局でした。

警察は、民衆の生活を実際に支配する最前線であるとともに、政党など政治的活動を行う団体・結社や新聞・運動への取締をする実力組織だったからです。その典型は、政治警察・思想警察である高等警察、さらには、共産主義運動・労働農民運動や国家主義運動の取締を行った特別高等警察、いわゆる「特高《とっこう》」です。

政党政治の進展によって、警察が政党を支配するのではなく、政党が警察を支配すればよいかといえば、そうともいえません。執政を握った政党が警察を私物化すれば、他党や民衆への実力行使に使いかねないからです。つまり、民主化によって政治家による警察への指揮監督が進めば、かえって悪弊が起きることもあるのです。悪名高い戦前の治安維持法は、政党内閣期の出発である、護憲三派・加藤高明内閣のもとで、一九二五年に制定されました。

そこで、戦後改革では、いわゆる「自治体警察」が導入されました。一九四七年制定の旧警察法です。第一に、警察を地方分権化しました。国に警察を置かなければ、内閣・与党という為政者も警察を悪用できません。戦前以来の中央集権的な国家警察制度を改め、市町村（全て市及び人口五〇〇〇人以上の任意の市街的町村）の警察を基本としました。その意味で、「自治体警察」とは市町村警察のことです。とはいえ、小規模町村が自ら警察を維持するのは現実的ではないので、残余の郡部は、都道府県単位に置かれる国の機関である国家地方警察本部が警察を担います。都道府県国家地方警察本部は、都道府県公安委員会がその運営を管理しました。さらに、国には、国家公安委員会のもと国家地方警察本部が置かれます。

第二に、警察の「民主」的管理です。しかし、警察は政治的中立性がなければ、執政・与党の手足になっています。そこで、公安委員会制度が採り入れられました。公安委員会は、市民の代表者たる委員によって構成される合議体の機関であり、国・都道府県・市町村に置かれます。執政政治家である首相・知事・市町村長から独立して職権を行使します。いわゆる「政警分離」です。執政政治家の指揮監督を受けないだけでは、警察は政治や民集から独立して暴走する可能性があります。そこで、公安委員会によって、超党派の政治全体の管理を受けるという意味での、「民主」的管理なのです。

③戦後都道府県警察の成立

しかし、自治体警察には問題が指摘されました。第一に、一六〇五の自治体警察に細分化されたため、犯罪等に対する対応が難しかったのです。しかも、自治体警察の経費は小規模市町村には大きな負担でした。第二に、警察業務は国家的性格と地方的性格を併有すると考えられましたが、首都の警視庁などの自治体警察には国の関与が及ばず、郡部の地方的警察業務が国家地方警察でなされ、自治体の関与が及ばない状態という、二元分離制に違和感を持たれたのです。第三に、国家公安委員会の内閣に対する独立性が強かったため、治安に関して政党内閣が責任を充分に果たせず、民主主義の要請に反するという受け止めもあったのです。

そこで、講和後の一九五四年に新警察法が制定され、現行の警察制度が成立しました。第一に、国・都道府県では公安委員会制度による政警分離は維持されました。これは、警察官僚の政権与党に対する自律性を確保することに寄与しています。したがって、二〇〇一年の中央省庁再編でも、警察は国家公安委員会制度を変えませんでした。また、二〇一四年からの内閣による幹部一元管理制度の導入に際しても、警察庁幹部人事については例外とされ、政権からの相対的な自立性が維持されました。

第二に、警察組織を都道府県へと一元化しました。それ以前の二元分離制に比べて事務処理が円滑になったといえます。また、都道府県の組織ですから、「自治体警察」と呼び続けることも可能です。

しかし、第三に、警察事務は国家的性格と地方的性格を併有しているので、都道府県警察に国が強く関与することにしました。警察庁長官の指揮監督制度、地方の警察予算の国庫支弁制度、警視正以上の上級幹部職員を国家公務員とする地方警務官制度などです。その意味で集権化が進行したので、一般には「自治体警察」とは呼ばれません。むしろ、国の大まかな枠組のもとで、地方（都道府県）レベルの実力組織が動く「国家地方警察」です。つまり警察は、国のような、自治体のような、二面的な組織なのです。

第四に、内閣の関与を強化しました。国家公安委員長は国務大臣とし、また、警察庁長官及び警視総監の任免に首相の承認を要することとしたのです。国家公安委員会という大臣委員会の管理の下に置かれる警察庁は、事実上の大臣庁なので省庁共同体の一つとなったのです。警察庁キャリア官僚は、他省庁キャリア官僚と基本的には違いはありません。政警分離による自律性を保ちつつ、省庁共同体としての政官業のネットワークのなかでの政治性を発揮するという、両面性を持ったのです。

④帝国軍隊

実力のなかで最大のものは軍事力です。近代国家の領域支配は、暴力《ゲヴァルト》の正当な行使を独占することによって成立します。複数の暴力集団が互いに抗争を続ける状態は、内戦ですから、充分な支配は成立しません。内戦の終結によって領域支配は確立します。勝利による内戦終結のためには、最大の暴力である軍事力が必要になります。あるいは「内戦」を非暴力の手段によって行うという紛争当事者間の合意があれば、軍事力の衝突は回避できます。選挙「戦」や議会での論「戦」などの、非暴力の手段によって「内戦」を行うのが、民主体制です。裁判での「攻撃」「防御」によって決着するのが、法治国家体制です。あるいは、市場での「競争」によって「内戦」を行うのが、資本主義市場経済体制です。学力・能力で「内戦」するのが、成績主義・能力主義体制《メリットシステム》です。

戊辰戦争の軍事的内戦によって成立した戦前体制は、その後も、帝国日本として外征を続けました。ですから、高文官僚の支配の「官僚国家」というイメージはありますが、統治者集団に占める武官の比重も大きいのです。藩閥勢力の最大の大物である山県有朋は、内務省などの高等文官以上に、陸軍を権力根拠にしていたわけです。

為政者集団である官とは、文官・武官の両者から構成されるわけです（第1章1）。それが、十五年戦争期には著しく武官側が肥大化し、いわゆる「軍部」として、実質的に政治機能を担うようになったわけです。その典型が、陸軍大将・東条英機が首相となったことでしょう。「昔陸軍、今〇〇」という言葉は、支配に対して正統な存在ではないのに、政治に横車を押す集団を指して使われますが、それは、戦前戦中期に陸軍を中心とする軍部が政治を左右したからです。

敗戦・占領によって、文武官吏制度の改革が迫られます（第3章2）。文官は、公務員制度改革として進められました。「公務員」や「公務」に相当する英語は civil service ですが、英語での対義語は military service です。日本語に訳せば「兵役」「軍務」ということになります。戦後日本の官吏制度改革においては、公務員制度という名称が採用されました。文官は戦後改革の対象ですが、武官は戦後改革の対象とはされなかったわけです。官吏制度から military serviceを消滅させたのが、戦後公務員制度改革です。「改革」されない帝国陸海軍・武官制度は、「温存」されたともいえますし、「解体」させられたともいえます。特に、海軍については、温存の側面が強かったといえます。

⑤占領と武装解除

領域支配の貫徹のためには、正当な暴力の独占が必要ですから、敗戦国である日本は米国から武装解除を求められます。さもなければ、残党軍が占領軍に「抗米戦争」を継続してしまうからです。それは、占領地内での内戦です。そこで、帝国陸海軍は解体されるわけです。

近代国家間の対外戦争では、敗戦・占領をされても主権が消滅しないので、敗戦国にも軍隊は残るのが、「常識」だったかもしれません。ですから、第一次世界大戦後のドイツ国防軍の再建のように、日本側では軍事力の保持は当然だと考えることもありました。しかし、近代国家の戦争は、被占領地域を植民地化したり、国境変更をしたりもします。

日本の場合、ポツダム宣言に基づいて陸海軍を武装解除し、現行憲法によって平和主義・戦争放棄・戦力不保持を規定しました。戦後日本は米国にとっては、「植民地」「自治領土」なのですから（第2章4）、軍隊などあり得ないということかもしれません。自治体に軍隊が不要なのは、近世・近代日本の支配イメージから言えば、ごく当然でしょう。領域支配は、被治者の武装解除によって達成されるからです。逆に言えば、「再軍備」「防衛力整備」「自衛権行使」こそが、日本の独立の「証拠」として、象徴的な意味を持って提示されるわけです。もちろん、「証拠」は真実を保証しません。

アメリカ的に言えば、南北戦争（内戦）を経て領域支配を一元化した合州国レベルに連邦軍があるからといって、直ちに、各州の軍事組織である州兵が否定されるわけではありません。実際にも、州兵は連邦軍の予備兵力として想定されています。その意味では、戦後日本が米国の「自治領土」だからといって、「自治領土兵」が否定されるわけでもないのです。この点は、戦後日本の「再軍備」の一つの論理的な可能性でした。

もっとも、アメリカの州兵は、植民地独立戦争時の民兵にまで遡るものです。独立前の植民地に正規軍があるはずはないからです。民衆が武装して、植民地本国のイギリスと独立戦争をしたわけですから、民衆自体が武装することが民兵の基礎です。となると、例の「銃を持つ権利」という、日本人にはおよそ理解できない話にまで行き着きます。アメリカ合州国連邦憲法修正第二条は、「民衆の武装権」と題して、「規律ある民兵は、自由な国家の安全にとって必要であるから、民衆が武器を保有し、また携帯する権利は、これを侵してはならない」と規定しています。そのような被治者・民衆による武装抵抗の発想がない戦後日本で、民兵または州兵（「自治領土兵」）的な自衛組織を構築することは無理でしょう。

⑥「再軍備」と自衛隊

第二次世界大戦後に、アメリカ軍は、米ソ冷戦、朝鮮戦争、第一次台湾海峡危機をはじめとして、世界規模に展開するようになりました。そのため、世界各地に前線基地ネットワークを構築する必要がありました。同時に、いくら超大国とはいえ、兵力は無尽蔵ではありませんから、予備兵力も必要です。前者を期待するのが日米安保体制、後者が「再軍備」です（第2章4）。

一九五〇年に朝鮮戦争が勃発し、米軍は朝鮮戦争に投入されますから、占領地・日本を支配する実力が手薄になります。単純な軍事侵略は、朝鮮半島が前線ですから考えにくいとしても、反米＝共産勢力の革命などから治安を維持するための実力が警察だけでは足りないということです。そこで、ポツダム政令に基づいて、警察予備隊が設置されます。また、沿岸警察である海上保安庁だけでは足りないので、海上警備隊（その後、単に警備隊）が設置されます。米国にとっての「米軍予備隊」です。

「講和」＝「独立」後の一九五二年には、両者を管理運営する保安庁（総理府外局）が設置され、警察予備隊は保安隊に格上げされます。そして、一九五四年には自衛隊法・防衛庁設置法が制定されました。保安隊は陸上自衛隊に、警備隊は海上自衛隊となり、新たに航空自衛隊が新設され、いわゆる陸海空の三自衛隊が設置されます。防衛庁は、長官が国務大臣である大臣庁なので、省庁共同体を構築しました（二〇〇七年に防衛省）。

自衛隊の設置・拡充と自衛権の確保を、独立の「証拠」とするのが、戦後日本の為政者勢力の建前です。もっとも、常に、右派の「自主防衛派」から、自衛隊は真の独立国としての軍隊ではないという批判を受けてきました。憲法改正して、正式に国防軍・自衛隊として明記したり、集団的自衛権や交戦権を是認する必要がある、という発想です。

他方、同じく帝国主義・米国（いわゆる「米帝」）の「従属国」である戦後日本の現状を批判する左派勢力からも、自衛隊は批判されます。この論理は、戦争放棄・平和主義などを建前には掲げていますが、本音は要するに以下のようなものでしょう。「帝国」の「藩屏《はんぺい》」（守るための垣根）にすぎない日本が独自の防衛力を持てるはずがありません。結局は、「本国」の「傭兵」に過ぎないのです。したがって、自衛隊は、いかに日本自国の専守防衛のつもりでも、米国の主導する戦争に「巻き込まれ」て、いいように犠牲になるだけです。冷戦下のソ連・中国などの共産主義勢力の侵略に対する自主防衛は必要に思われますが、「帝国」の「従属国」、「本国」の「自治領土」なのですから、自主防衛を考える立場も実力もありません。米国が占領地日本をも守りたければ守るし、守りたくなければ守らない、というだけです。

左右両派は、いずれも反米＝民族主義的な情念を持っていました。敗戦・占領・属国・自治領土という状態が民族主義をかき立てるのは、無理からぬところです。しかし、まさに、その状態こそが、「本国」への叛逆を不可能たらしめます。日本が自主防衛によって、勝手な軍事力を持つことは、米国にとって脅威です。「飼い犬に手を噛まれない」ように監視をしています。いわゆる「瓶の蓋」論です。在日米軍は、もちろん、米国の世界戦略にとって、第一義的にはソ連（ロシア）・中国・北朝鮮などを睨んでいますが、第二義的には日本の再暴発へ備えた米国によるサンフランシスコ講和「条約」の履行を担保するための保障占領でもあります。

他方、左派の語義矛盾的な「平和への戦い」が、正当な暴力を独占した日本政府＝米国「本国」に敵うはずがありません。丸腰の「非武装中立」は無力です。もちろん、「国家の非武装」＝「民衆の武装」（民兵・レジスタンス・植民地独立武装勢力）という、アメリカ独立革命やフランスの対ナチス抵抗運動やベトナム戦争のような論理はあり得なくはないですが、すでに述べたように、日本の民衆は武装解除を受容する「平和主義」者です。結局、「本国」の支配のなかで、「本国」の予備兵力としての自衛隊を運営するしかないのが為政者の知恵です。あとは、それを「独立」の「証拠」とするしかないのです。

こうした現状は、戦後日本が、「本国」米国に対しては「自治領土」として、その他の外国に対しては主権国家として、二重に位置づけられている二面性を反映しているだけです。自衛隊は米国に対しては予備兵力・「州兵」でありますが、外国に対しては普通の国際法上の軍隊です。だから、「自衛隊」という万邦無比の名称なのです。

⑦自衛隊と文民統制

軍隊を含めた実力組織で重要なのは、その暴走をいかに押さえて、大局的な政治指導層のもとに置くかです。これは、民主体制であれ、非民主体制であれ、同様です。戦前体制においても、藩閥勢力が軍隊を統制することが重要でした。元勲などの維新政府当初の指導部は、元々は戊辰戦争などでの功績を挙げた軍人が政治家になったようなものですから、その統制は容易でした。しかし、世代を経るうちに、狭い軍事に専念した武官から、統治者が再生産されることに繫がり、無謀な戦争に突入したわけです。

戦後日本は民主体制ですから、公選政治家が実力組織を統制しなければなりません。そして、戦前の轍を踏まないようにしなければなりません。これが文民統制です。憲法第六六条第二項は「内閣総理大臣その他の国務大臣は、文民でなければならない」と定めています。戦力不保持によって実力組織を持たなければ、統制される対象がないのですから文民統制は不要です。逆に言えば、実力組織を持つ可能性がある以上、文民統制が必要です。

文民統制は、広い意味では、公選職政治家が行政職員を民主的統制する行政統制の一種ですが、軍事力組織は、暴走したときの危険が通常の行政組織よりも大きいのですから、特に明記されているわけです。もっとも、この条項を単純に軍事力組織に対する文民統制のみと読むべきかには、疑問もあります。この条項は、首相・大臣は文官であってもいけないということも含意しているのでしょう。各省高文官僚が次官に昇進し、さらに、ごく自然に大臣に「内部昇進」するような現象は、戦前には見られたことです。それを防止することは、民主体制における政治家と官僚の関係では重要なので、文字通り軍事力組織を持たなくても、この条項は重要だと思われます。また、警察・消防などの実力組織に対する文民統制も、同じく必要だからです。

戦後日本での最大の問題は、与野党公選政治家・執政政権に文民統制をする意思と能力があることが実証されていないことでした。戦間期政党内閣は、満洲事変の不拡大方針を採りながら、結果的には既成事実の追認に追い込まれました。さらには、政党が自ら進んで、軍部の方針に追従し、あるいは、過激な言辞を弄しました。もともと、戦前の政党には、「対外硬」派というように、民族主義・愛国主義・排外主義を掲げて、藩閥政府の「弱腰」を批判する傾向がありました。政党内閣期になっても、野党は政府・与党の対外協調路線を批判します。この傾向は、戦後の左右両派の政党にも継承されています。

日本政府による文民統制が心許ない場合には、「本国」が直接に文民統制をすればよいのです【図15】。米国「本国」政権政治家が、米国太平洋軍(United States Pacific Command、USPACOM)

や在日米軍などの米軍組織に文民統制を行い、米軍が自衛隊に運用指揮（軍令・統帥）をすればよいのです。また、実際に自衛隊を実用しようとすれば、日米「共同」対処・運用になります。「共同」とは日米対等という意味ではなく、米国が指揮することです。

　これは日本の被治者から見れば、民主的な意味での文民統制ではありません。しかし、日本の「非合理」的な政治家に文民統制を任せるよりは、米国の「合理」的な政治家に任せる方がまだよいという見方はあり得ます。もっとも、米国が「合理」的に行動するとは限りませんし、そもそも、その「合理」性は米国の国益にとっての「合理」性であって、日本の民衆にとっての合理性ではありません。日本国民を犠牲にすることが米国の国益に合致する場合には、その目的に添って自衛隊を米国は利用します。とはいえ、理屈はともあれ、「自治領土」としては「本国」の威力には逆らえませんから、是非もない面があります。

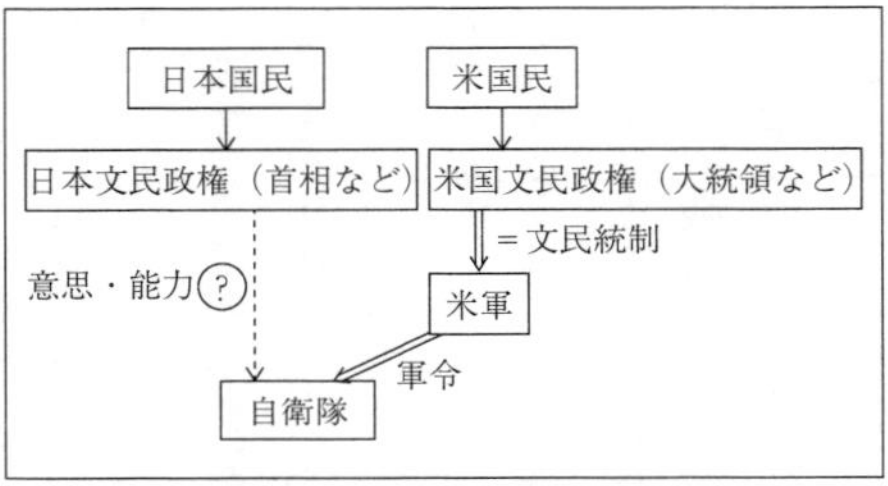

図15　戦後日本の米国による直接文民統制（⇒）

⑧文民統制の補完メカニズム

戦後日本では、自衛隊への文民統制の意思と能力を補完するために、意図せざる効果も含めて、以下のような対処が採られてきました。

第一に、自衛隊の新設を政権政党自体が行うという沿革です。旧日本軍の再建という「再軍備」ではなく、政権与党が自衛隊の創造主となることです。真の創造主は米国かもしれませんが、少なくとも国内的には保守政党が自衛隊を生むことで、文民統制の内実を確保したことです。現実の自衛隊を編制するには、旧軍関係者が多く含まれていましたし、特に、海上自衛隊は旧海軍を相当程度に継承しているといえます。しかし、構成員は同じでも、組織化する原理を変えることで、文民統制を図るわけです。その典型は、防衛大学校初代校長・槇智雄の「マキイズム」です。それは、民主主義、科学的思考、陸海空統合であり、戦前日本軍の軍国主義、精神主義、陸海対立の悪弊の否定です。

第二に、好都合なことに、革新系野党が自衛隊の正統性を認めない、民族主義的・反米的なスタンスを採りました。先に述べたとおり、野党は「対外硬」派となって自衛隊を唆し、政府の文民統制を阻害する危険があるのですが、たまたま左の「対外硬」派が、反「本国」の反米主義・平和主義・反軍主義・ハト派という形で表出したため、むしろ、保守政権政党は自衛隊の守護者となります。これは保守政党による文民統制を強化する方向に作用したのです。

第三は、文民統制だけでは心許ないので、文官統制を導入しました。文官統制とは、防衛担当の文民政治家を補佐する役割を、内局の官房長・局長級の防衛庁キャリア官僚という文官（「背広組」）に集約させる「防衛参事官制度」です。自衛隊幹部（「制服組」）は直接に文民政治家を補佐できません。

理屈上は、文民政治家が制服組を直接に指揮するのでも、文民統制は成り立ちます。しかし、制服組が軍事の専門知識（知力）や迫力・胆力および数の力で、専門知識の乏しい少数の文民政治家で、しかも、軽量・伴食大臣や族議員などを説得することなど、簡単なことは容易に想像がつくでしょう。かといって、軍事に詳しすぎる大臣では、思考回路が制服組とシンクロして、文民統制の機能を果たしません。そこで、背広組が、政治家を補佐するという名目で、政治家が制服組に籠絡されないような緩衝剤を作ったのです。

もっとも、背広組の高級官僚が、正しい文官統制をするとは限りません。文官は文民政治家の暴走を抑えることはできますが、文官の暴走は誰が抑えるのでしょうか。こう考えると、文民政治家と文官背広組の相互監視が作用するかにかかっています。

また、防衛庁は新設大臣庁として、自前のプロパーのキャリア官僚を長きにわたって幹部に持てず、警察（旧内務）・大蔵・通産官僚の出向組の「植民地官庁」でした。警察出身の海原治（官房長、その後、国防会議事務局長に転出）がその典型です。つまり、背広組が独自の集団として暴走はできず、各省庁官僚たちの相互牽制と、間接的な大蔵省支配と警察庁統制のもとにあったのです。

第四が、「本国」です。「本国」が日本政府の文民政治家・文官背広組に対して統制し、それを受けて、日本政府が自衛隊に文民／文官統制をすることです。簡単に言えば、日本の文民政治家や文官（防衛キャリア官僚）が暴走しないように、米国文民政府が常に「助言と承認」を行うことです。「瓶の蓋」と言えましょう。

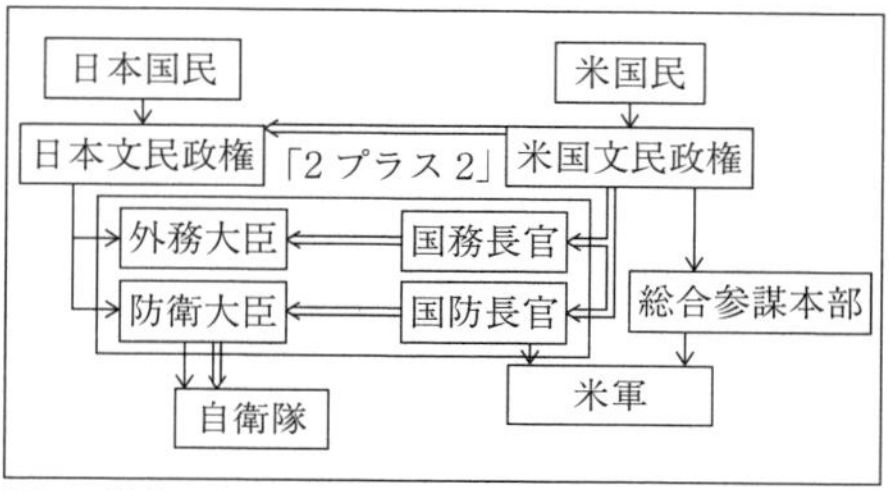

図16　戦後日本の米国による間接文民統制（⇒）

日本による文民統制への米国からの間接文民統制の仕組が日米安全保障協議委員会です【図16】。一九六〇年安保改定のときに設置されましたが、一九九〇年に政治レベルに格上げされました。日本側は外務大臣・防衛大臣、アメリカ側は国務長官・国防長官なので、「二プラス二」とも言われます。かつては、米国側は駐日米国大使と太平洋軍司令官でしたから、米国側は文民（日本の大使は職業外交官が普通ですが、米国の大使は政治的任命）と武官だったわけです。「二プラス二」は不定期開催ですが、日米防衛協力指針（ガイドライン）の見直しや、沖縄米軍基地の整理・縮小に関する日米特別行動委員会（SACO）の合意などが行われたものですから、米国による対日間接文民統制の基本といえます。なお、在日米軍に関しては、日米地位協定に基づき、日米の文官武官から構成される日米合同委員会（Japan-US Joint Committee）が設置されてもいます。

以上のような戦後日本の補完メカニズムは、一九九〇年代から弱体化しています。第一・第二のメカニズムは、一九九四年の社会党・村山富市首相の誕生によって消失しました。長年、「自衛隊は憲法違反」としてきた社会党が首相という自衛隊の最高指揮官＝最高文民に就任し、自衛隊合憲に転換しました。それ以降は主要政党が自衛隊を認知していますので、自衛隊にとって守護者としての保守政党は、もはや不要です。むしろ、政党間を競争させて、「対外硬」派の野党に期待する危険が、増えていると言えましょう。また、第三のメカニズムは、二〇〇九年の防衛参事官制度の廃止によって失われました。背広組と制服組がともに防衛大臣を補佐することが二〇一五年には法律上も明記されたのです（防衛省設置法第一二条）。

結局、現在のところ存続しているのは、第四のメカニズムだけです。もっとも、「本国」による文民統制が、「自治領土」民益に配慮する保証は全くありません。かといって、依然として、日本の文民政治家が正しく文民統制をできるという保証もありません。日米両国文民同士が抑制均衡によって、互いに正しく文民統制を行うように牽制しあえばよいですが、基本的には「本国」が優位しがちです。端的に言って、「本国」大統領に誰がなるのかが、自衛隊への文民統制を左右するのです。しかし、日本国民は米国大統領選挙の選挙権を持っていませんから、自衛隊に関して民主主義は成り立っていません。

2　法力と行政

①法力と実力

持続する効果的な支配において実力を多用することはあり得ませんが、実力行使の可能性は常にあります。そこで、実力の発動をどのように制御するのかは重要な問題です。警察や自衛隊が、どのような条件で発動し、また、発動してはいけないかを規定する条件が法です。実力は法によって制御されているので、法は実力を左右する権力、すなわち、略して法力《ほうりょく》です。

しかし、法は、「紙切れ」（文字情報）に過ぎません。したがって、法が法的権力（法力）として作用するには、法が規定する条件に違反したときに、法以外の手段でそれを実現する必要があります。それが法執行または履行確保です。この法執行を担保するのも、実力です。法に違反すれば、警察に逮捕され、裁判で有罪になって、刑が執行される、ということです。つまり、法力と実力とは、お互いにお互いを必要としています。

行政の中核である実力行使は、法によって制御されなければなりません。また、実力行使をしないまでも、人々に義務を課すことは、法によって制御されなければなりません。法的な義務付けは、それ自体では実力を発動しませんが、人々が法的義務に反すれば、実力行使によって被治者は制裁を受けます。したがって、実力発動や権利制限を加えるような行為は、必ず法が必要です。これが「侵害留保の原則」です。しかし、当面の現象では規制を与えないとしても、そもそも、行政的支配の存立は領域内の民衆に強制されているのですし、具体的にも租税強制徴収によって行政活動は存在します。その意味では、全ての行政は法の制御のもとに置かれるべきです。これが、「法律による行政の原理」と呼ばれます。

しかし、法力は権力です。世間常識から言っても、法が行政の権力を制御するというよりは、法は為政者の命令という権力行使そのものとして出現します。こうした状態が形式的な「法治主義」です。要するに、「悪法でも法は法だから従え」という訳です。どのような法の内容でも法として制定されてしまえば、それが法力＝権力となるのであれば、権力を統制できませんから、民衆は行政の法力の支配に翻弄されます。歪んだ形での「法治国（Rechtsstaat）」です。

そこで、対処が必要です。第一に、実力を持つ行政自体に立法をさせず、実力を持たない議会が立法するという権力分立制です。しかし、議会が民衆を支配する立法をする危険もあります。そこで、第二に、法制定自体を被治者自身が行うという、民主主義的な立法が重要になります。もちろん、民衆自身が立法をすることはできないので、普通選挙による代表民主制によって議会を組織することが必要です。しかし、議会が民衆の多数派支配によって、少数派に対して法力＝実力を行使することを決めるかもしれません。

そこで、第三に、議会の多数派の立法によっても、行使してはいけない法力＝実力がなければいけません。法（Recht）＝権利（Recht）＝正義（right）でなければなりません。そのためには、不法な内容を持つ立法は、否定されなければなりません。「法の支配」とか「法律による行政」とは、議会が定める法ならば何でもよいというのではないのです。裁判所に違憲立法審査権が認められるのは、その制度的工夫の一つです。

②合法的支配

法力は、実力に依存するだけでは限界があります。実力行使は非常にコストがかかるのです。実力による取締に限界があれば、「見つからなければいい」となります。仮に見つかっても、「運が悪かっただけだ」と悪びれず、再び繰り返します。

ですから、実力に頼る場合には、一罰百戒というように、実際の実力行使の何倍もの権力に増幅させます。これはテロと同じ論理です。一つのテロで恐怖感を作り、百倍もの効果を民衆の間に与えます。つまり、実力を増幅させるには、いつどこで誰に発動されるか分からないという、不確実な恐怖を与えることで、民衆に行動を思いとどまらせる必要があります。これを「萎縮効果」と言います。しかし、恣意的な実力を制御するために法力が必要だったはずです。ところが、その法力が実効的になるために、恐怖感を与える恣意的な実力行使が求められるのであれば、法が存在する意味がありません。つまり、実力に頼りすぎる法力は、自己矛盾です。

そこで、法は法それ自体として、実力に頼ることなく、法力を生む必要があります。

第一は、自分たちで決めた法だから自分たちは当然に従う、という自己拘束です。民主主義とは統治者と被治者の同一性ですから、被治者が法を制定すればよいのです。被治者たち自身の意志である法（「一般意志」）に従うのは、強制的な民衆支配ではなく、民衆は自由だというわけです。個人と個人が決めた契約に従うのは当然です。同じように、市民社会全体で契約した「社会契約」に従うのは、当たり前だということです。契約では個々人の同意はあります。しかし、多人数からなる被治者の立法は、直接民主制であれ代表民主制であれ、通常は多数決ですから、個々人の全員が同意する契約ではありません。したがって、同意していない法に従うのが自己拘束で自由だというのは、違和感があるでしょう。

そこで、第二に、法は法それ自体として支配の正統性を持つのが、合法的支配です。有名なウェーバーの支配の三類型――伝統的支配、カリスマ的支配、合法的支配――の一つです。伝統的支配とは、昔から与えられてきた伝統と、その伝統に基づく統治者への日常的な信仰による正統性です。カリスマ的支配は、特異な人物に対する個人的帰依による正統性です。合法的支配とは、合理的・非人格的な秩序と、その秩序に基づく被治者の信仰による正統性です。

いずれも、正統性には信仰とか帰依が必要なので、なぜ、民衆はそのような信仰・帰依を抱くのか、という難問もあります。ともあれ、合理的・非人格的な秩序が提示されれば、民衆の個々人としては、それに一個人として逆らっても「蟷螂《とうろう》の斧《おの》」「ドン・キホーテ」のように如何ともしがたい無力なので、仕方がないと合法的支配を受け入れるのでしょう。ともかく、このような合法的支配の正統性＝信仰がある限りにおいて、法力によって実力を制御できます。ただ、下手をすると、「悪法も法である」という話になってしまいます。

③官僚制的支配

ウェーバーによれば、官僚制的行政幹部による支配が、合法的支配の純粋型ということになります。確かに、日常的な経験からも、お役所のお役人ほど、法やルールに縛られている人はいないでしょう。裁判官や弁護士は、日常的に接することはほとんどありませんし、弁護士に相談するときには、どうやって法を自分に有利に使うかの相談であって、法に服従するというよりは、法によって相手の服従を確保するという動機が中心でしょう。民間企業は柔軟・果敢で自由な経済活動が基本です。政治家も精力的で自由奔放さが売りです。そういう意味では、行政官僚制こそが合法的支配というのも、よく分かります。

合法的支配のためには、法は合理的でなければなりません。合理的とは、ある目的やある価値が与えられれば、そこから論理的に結論を導くことができることです。法とは、計算可能性とか予見可能性があるということです。「こうならばこうだ」（要件効果）ですから、不確実性が減らされているということです。そして、様々な諸規則が集まって法体系となって、秩序を形成しています。一つの規則を入れ替えたとしても、法体系自体は揺るがない支配秩序を作っていきます。行政職員（特に行政幹部）という為政者の決定や命令は、この非人格的な秩序に依拠しています。誰が為政者であるかで決定が異なるのでは、合理的とは言えないのです。被治者である民衆は、統治者という行政職員個人ではなく、法に対してのみ服従します。

ウェーバーの考える近代官僚制は、法的規則によって形成されます。個々の行政職員は、手続や基準を規定した明確な法的規則によって、権限を行使します。官職は階層制ですので、上司の指揮監督に部下は服しますが、上司の権限行使も明確な法的規則に従います。権限の行使は即物的で合理的な法的規則に基づきますから、誰が誰に対して法力を行使しても同じ結果になるので、非人格的・没個性的な支配となります。上司の恣意や裁量ではありません。

主観的判断ではなく客観的規則による行政は、論より証拠ですから、文書に基づく仕事になります。非人格的・没個性的な支配では、個人的事情は排除されますから、仕事をするのに私物は不要ですし、逆に、仕事によって私物・私財を作ってもいけません。さらに言えば、官職自体や官職に伴う権限行使を私物化（私用・売買・相続など）するなど論外です。

行政職員も法に服しているだけですから、人格的には自由です。行政職員であることは身分ではありません。あくまで、契約によって任用され、貨幣で定額の俸給を受けるだけです。行政職員の選抜は法的規則に基づくものですから、通常は専門資格に基づいて、行われます。行政職員は、官職を唯一の職業として、副業を持ちません。職の安定と内部昇進を期待するので、終身雇用が基本となります。さらには、退職後も終身年金（恩給）が支払われます。

契約による任用では、個人の同意が前提ですから、没個性的に行政職員を採用できないようにも思われます。むしろ「徴兵制」的に強制任用することも考えられます。しかし、不本意な職務にはむしろ反抗しかねませんから、法的規則への忠誠心を契約同意によって確保するのは現実的ではありません。

そのほかの特徴も、官職の権限行使から行政職員の個人的事情を排除する工夫といえましょう。例えば、定額俸給でなければ、給料・手当の多寡で権限行使の仕方が変わってしまう可能性があります。行政職員が、成果給・業績給や勤勉手当など金銭的インセンティブに従うことは、法的規則よりも、金銭利得に服従することだからです。また、副業があれば、権限行使に副業の存在が影響を与えます。例えば、上司の規則に基づく命令に逆らって免職させられても副業があれば安心ですから、命令服従が弱くなります。また、副業に便宜を図る誘惑も出てきます。終身雇用も同様です。中途転職が可能な行政職員は、免職は怖くありません。そう考えると、専門資格に基づく選抜任用だとしても、行政職員が民間でも通用する専門職資格を持っているのは、避けるべきとなります。専門資格とは、行政官僚制内でのみ通用するものが望ましいでしょう。年金のような退職後の保障がなければ、蓄財や天下りを期待して、在職中から老後に向けて権限行使をしますから、合法的支配を歪めます。

④官僚制的支配の永続性

ウェーバーによると、独任制・文書主義などの純粋に官僚制的な行政は、精確性・恒常性・規律・厳格性・信頼の点で、統治者のなかの最高支配首脳にとっても、利害関係者（団体・民衆など）にとっても、計算可能性を備えている点で、あらゆる任務に対して形式的には普遍的に適用できるという点で、最も合理的な支配形態だということです。そのため、行政に留まらず、企業・軍隊・教会・政党・公益団体など、あらゆる近代的団体では、官僚制化が進むと言います。したがって、官僚制的装置は、権力を獲得した革命勢力のためにも、占領軍のためにも、従来の支配者に対すると同様に、通常はそのまま機能し続けるといいます。問題はいつも、現存の官僚制的装置を支配するのは誰かということです。

この点は、戦後改革を考える上で示唆的です。米国占領軍は全権を掌握した支配者でしたが、日本官僚制を解体するのではなく、それを利用した間接統治を行いました。陸海軍は解体しましたが、米国占領軍がそれ自体として軍官僚制なので、日本陸海軍は不要だっただけです。官僚制の支配者が誰であっても、官僚制的支配という様式は、支配者には有用なので永続します。

官僚制的支配が永続しても、個々具体の官僚または官僚集団の意思による支配が継続したとは限りません。官僚制を支配する者によっては、支配の方向や中身は変わり得ます。近代官僚制は没個性・匿名で非人格的であれば、官僚は独自の意思は持たないからです。無色透明の官僚制であれば、政党間の政権交代も可能です。つまり、官僚制は永続的でも、統治者の最高指導部は入替可能です。官僚制は、誰に対しても非人格的に服従するからです。となると、官僚制は為政者集団の道具に過ぎず、為政者集団の身内ではないかもしれません。

しかし、現実には、個々具体の官僚・官僚集団は意思を持っています。それゆえ、官僚制的支配の永続性を武器に、新たな最高指導部に様々な抵抗や説得をすることは可能なのです。官僚制は、既存の諸規則からなる法体系に服しているのであって、最高指導部に対しても、法体系を盾に自己の意思を、自己の意思という自覚のないままに匿名・非人格・没個性の業務遂行として、要求できるのです。最高指導層でさえ、合法的支配には、あるいは、合法的支配を体現する近代官僚制の行政幹部には、服さなければならないのです。

もっとも、今日の目から振り返ると、二〇世紀初頭にウェーバーが言った、世の中の団体の全てが官僚制化する、というのは実感に合いません。官僚制化には一定の限界があるようです。官僚制的支配は、合法性への信仰によって正統性を獲得することには長けています。しかし、支配の持続のためには、実際に様々な資源を獲得していかなくてはなりません。例えば、大企業は官僚制化して、従業員からの支配の正統性を得ますし、取引相手からの信用も得ます。しかし、市場で実際に製品が売れなければ、倒産してしまいます。行政の領域支配も、市場経済や外国の外圧のもとにあるわけで、ある程度の実効性がなければ、存立できません。省庁共同体の持続可能性のためには、身内のメンバーの利益を実際に増進していくことが必要なのです。闇雲に官僚制化を進めると、結果的には支配は持続しないのです。

⑤官僚立法

官僚制的支配にとっては、法的規則が重要です。ポツダム宣言、サンフランシスコ講和条約、日米安全保障条約、日米行政協定、憲法・勅令・ポツダム政令・各種条約・各種行政協定・法律・予算・政令・府省令・委員会規則・指令・告示・通知・通達・内翰《ないかん》・要綱・要領・覚書など、何でも法的規則ではあり得ます。合法的支配においては、法律であろうと行政立法であろうと、法規命令であろうと行政規則であろうと、服従を求める正統性を持ち得ます。指導要綱に関しても、服従を民衆や企業・団体に求めるのは、同様の理屈です。

しかし、三権分立の原則や「法律による行政の原理」からすると、法的規則や法体系であれば何でもよいのではありません。行政に対する外部統制としては、あくまで唯一の立法機関の定めた法律が重要です。前記の法的規則のうち政府省令以下は行政が自ら制定する行政規則ですから、行政に対する外部統制としては機能しないからです。法体系は、それ自体として、憲法を最高規範として、法的規則間の上下関係を規定します。法律より上位にあるのが憲法です。政省令は法律より下位にありますから、あくまで、法律の委任のもとで制定できます。政省令への白紙委任は、法律を政省令が無視することですから、認められません。つまり、政府に白紙委任をするいわゆる授権法は、国会制定の法律としてであっても、制定できません。

「法律による行政の原理」からは、国会が制定する法律が重要です。しかし、実際の法律は、ほとんど、内閣提出法案を国会で議決する「閣法」です。議員提案による議員立法は少数です。閣法といっても、閣議で立案するのではありません。内閣提出法案の実態は、各省官僚が立案したものです。各省を母胎とするものではなく、内閣府や内閣官房でとりまとめる法案もありますが、そこでの作業をするのも出向官僚が中心です。このように、法律は基本的には官僚の起案によります。官僚とは法律のゴーストライターなのです。議員立法も事情は同じで、議員自ら筆を執ることは容易ではありません。議院事務局の法制局職員の支援を得たり、さらには、背後で各省官僚の個人的または組織的支援を受けることが普通です。こうしてみると、法律は基本的には官僚立法です。

法律制定に各省官僚、特に法律事務官の支援が実質的に必要なことが、官僚制的支配の源泉になっています。法律制定に向けた実務能力が、法力の源泉です。というのは、法体系は合理的諸規則でなければならないので、様々な既存の法体系との関係に矛盾が起きないように、整序しておく必要があるからです。そうしておかないと、具体的な場面で矛盾するような諸規則が登場し、混乱が起きてしまいます。また、それを避けるために、様々な質問が登場するでしょうが、それにきちんと答弁・解説できなければ、合理的な法体系とは言えません。こうなると、法体系に詳しくない、人数も限られた政治家議員は、自力で法律制定をすることに怯むのです。もちろん、そうした問題が起きたら、運用現場の行政職員の解釈に委ね、最後は裁判所で決着すればよいので、立法段階で政治家が萎縮する必要はないのかもしれません。しかし、不用意な法制定で生じる諸問題は、政治責任として跳ね返ってきますので、簡単に法制定はできないのです。また、運用現場で行政職員が自由に解釈できる法律ならば、議員が法律を制定する意味がありません。

結局、政治家ができることは、各省官僚に法律案に盛り込む希望や方向性を指示し、あるいは、各省官僚が作成した法律案に、注文を付けたり、是非・採否を決定することです。官僚が筆を執ることは、必ずしも官僚が勝手に書くというわけではありません。各省官僚は、与党政治家の指示を受けなくても、与党政治家の意向を忖度して、立案します。また、その立案内容が与党政治家にとって許容できるものでなければ、与党政治家は了承しないことができます。自民党政調会部会・総務会によるいわゆる事前審査です。結局、省庁共同体のなかで官僚立法が進められるのが普通だということです。

立案過程では、政治家だけではなく、業界団体、専門家、報道界、自治体などの身内の利益も反映して、身内メンバー間の調整を済ませます。その意味では、官僚立法は官僚の独善ではないのです。ただし、官僚は、意に反する法律案の作成をサボタージュし、あるいは、微妙な日本語表現によって分からないように意味を変えてしまうという、「霞ヶ関文学」によって骨抜きにすることはできます。省庁共同体の他のメンバーは、官僚の利益に反する法律を制定することは、実質的には困難です。官僚の利益に反する法律案の作成には、別の官僚の支援が必要ですが、それは他の省庁共同体による官僚立法に他ならないからです。

⑥法令協議・内閣法制局

官僚立法には関門があります。その一つは霞ヶ関のムラ人の間での法令協議です。法令協議は、キャリア官僚の法律事務官を中心に進められます。既存の法律は所管省庁（局課）が決まっているのですが、新たな法案が、これらの既存の法体系とどのような関係になるのかを、整序しておく必要があります。省庁共同体間の法令上の「なわばり」を明確にするのです。多くの法案は、何らかの形で、他省庁の法律と何らかの関係が生じます。そこを放置していると、新法によって「なわばり」が侵されかねません。これは、省庁間の権限争議の形態を採りますが、背後の業界などの省庁共同体の身内の利益をも背負っての調整です（第3章3）。

なお、内閣官房・官邸を中心に法案を取り纏める内閣立法でも、このような調整はなされます。内閣レベルでの調整自体が、省庁共同体間の調整も兼ねていることもあります。

官僚立法のもう一つの関門が、同じく霞ヶ関のムラのなかの内閣法制局による法令審査です。順番としては、法制局の法令審査をある程度済ませてから、各省との法令協議をします。内閣法制局は、長官、次長以下、第一部から第四部で構成されます。第二部から第四部の参事官を中心に、各省庁から持ち込まれる法案について、合憲性はもちろん、法体系との整合性、用字用語の妥当性などを審査します。内閣に直属する内閣法制局は、独自の大臣を持ちません。また、内閣法制局の顧客は各省庁官僚であり、独自の業界を持ちません。その意味で、内閣法制局は省庁共同体にはなっていません。そもそも、内閣法制局は、キャリア官僚を独自に採用しませんから、内閣法制局を本籍として忠誠を誓う官僚はいないのです。

内閣法制局では、中堅のキャリア官僚が各省から出向することによって、参事官・補佐を確保しています。各省から出向する参事官が、各省から持ち込まれる法案を審査する意味では、法律事務官のムラのなかでのピア・レビュー（同僚査読）ともいえます。内閣法制局への出向は、法律が最も重要な官僚制的支配においては、かなり名誉なこととも言えます。

しかし、政策の具体的内容に関わって、省庁共同体の各当事者の間を走り回って、能動的に仕事をすることに生き甲斐を見いだすキャリア官僚からすれば、「奥の院」に籠もって、持ち込まれた法案について受動的に、法制執務と称する「難癖」を付ける仕事は、楽しいことではないかもしれません。あるいは、各省官僚に対して、法力を行使するという「お局様」として、人には言えないような隠れた快感があるのかもしれません。いずれにせよ、ミスがなくて当たり前という仕事は、ストレスの大きなものでしょう。

内閣法制局（特に第一部）にはもう一つ重要な仕事があります。戦後日本では、憲法九条を巡る国会論戦が重要な政治的意味を持っていたため、首相の国会答弁を支える弁護人役が必要でした。いわば、内閣法制局は、憲法の有権解釈を所管しているともいえましょう。裁判所による違憲判決がほとんどない日本においては、内閣法制局が実質的な「憲法裁判所」の役割を果たしています。この点は、以下のように、極めて微妙な存在です。

内閣法制局は首相を支える政治・政局的存在です。しかし、首相の政治的意向に追従して憲法解釈が変わるのであれば、合法的支配としての法体系が揺らぎますので、内閣法制局の憲法解釈の合理性（予見可能性・一貫性・継続性）の自己崩壊をもたらし、ひいては内閣・首相にもマイナスに作用します。とはいえ、憲法解釈を変えたい首相の政治的意向に従わずに、従来の憲法解釈に固執するのでは、首相の弁護人役としては失格です。その場合には、内閣法制局長官を、首相の意に添うイエスマンにすげ替える政治的人事介入（政治任用）もあり得るのです。人事介入の恐怖によって、次長以下の内閣法制局に政権への追従を求めるのです。

⑦国会審議と国会答弁

閣法は内閣法制局審査を経ると閣議請議が行われ、内閣として国会に提出します。国会に法案提出権があるのは、各省大臣ではなく内閣です。しかし、実質的な法案の親元は各省ですので、各省庁大臣などの執政政治家だけでなく、省庁局長・官房長が、政府委員として国会答弁に当たってきました。しかし、こうした実態は、官僚立法そのものであり、執政政治家が国会答弁をすべきとなりました。そのため、執政政治家を厚くするため、副大臣・大臣政務官が新設され、大臣と併せて政務三役とも呼ばれるようになりました。これが一九九九年の国会審議活性化法です。とはいえ、実態としては官僚の国会答弁は必要なので、政府参考人として答弁できます。

閣法は、省庁共同体内・間の調整が済み、国会多数派である与党の了解を得ていますから、国会での成立は基本的には予定されています。しかし、身内ではない少数派野党は、法案作成段階では省庁共同体の調整過程に食い込むことは容易ではないので、国会で質疑をするしかありません。そのため、通常は与野党間では野党側に大半の審議時間を割いています。もっとも、質問が野党議員でも、答弁が与党執政政治家であるならば、全質問時間が野党側に配分されたとしても、答弁時間は与党が使いますから、一：一にしかなりません。つまり、常に国会審議は時間的には政府与党有利なのです。また、質問時間の限られた野党議員にとっては、質問主意書という手段があります。法制局審査と閣議決定を経て七日以内に回答されるので、重要なものです。

野党は、多数決では、与党の数の力には敵いません。それでも、国会での質疑などを通じて、政府側の国会答弁を求め、その内容の詳細や解釈を明らかにし、国会答弁という言質を獲得します。または、詰め切れていない疑問点を炙りだして、合法的支配に耐えうる法的規則ではないことを明らかにします。いわゆる「答弁が保たない」という事態を作ります。そのようにして、法案の継続審議・修正または廃案を目指すわけです。もちろん、政府与党は数の力で、合理的ではない法案を強行可決できますが、そのようなことは合法的支配の法力を弱めてしまいます。

各省官僚のうち、国会答弁をするのは局長・官房長ですが、政務三役分を含めて、国会答弁書の準備をするのは各省官僚です。通常、議員から、前日夕方ないし深夜までに質問通告があり、それに対して答弁を準備します。事前に「問題」を明かすのでは、「問題漏洩」といわれるかもしれませんが、突然に質問しても、「調べてから次回答えます」と答弁されて、質問する野党議員として有意味な答弁を引き出せずに、質問時間を空費してしまいます。また、法案審議が進みませんから、法案を早期通過させたい政府与党と省庁としても困ります。もちろん、法案を準備する段階で、ある程度の「想定問答集」を作成しています。

ともあれ、各省官僚は、質問通告があるかどうか分かりませんので、夕方から深夜にかけて国会待機をします。質問通告を受けると、官房が担当局課に割り振って、担当局課は徹宵で答弁を作成します。そして、翌朝に大臣など政務三役や、局長・官房長に届けます。政治家の場合には、「大臣レク」のような事前説明が必要になることもあります。官僚は、シナリオライター兼振付師です。霞ヶ関官僚にとって、担当法案以外の審議で国会答弁に当たるのは「被弾」です（担当法案では質問があることは仕方がないと割り切られています）。答弁作成の必要がないことが分かると、国会待機は解除となります。

国会答弁の準備は、国会開会中の各省官僚の最重要の仕事です。こうして、最高機関としての国会（および院外の質問主意書）が各省キャリア官僚にとっては最大の「内戦」の「戦場」であること、野党が「敵軍」「敵将」であること、与党は「友軍」であること、首相・政務三役など政府幹部は「護衛」しなければならない「自軍」の「大将」であることを、日々、再現します。このようにして政官スクラムを構築し、政官の一体性または政治優位を受容する霞ヶ関文化を体得・再生します。しばしば、官僚が国会待機を無駄だと感じるのは、「敵軍」への「防御」にすぎないと考えているからでしょう。こうして、官僚の党派的非中立化が静かに内面に浸透します。

⑧検察当局——いわゆる「司法部」

立法・行政・司法の司法は、通常は裁判所を意味しています。しかし、近代日本で「司法」と言えば、それは検察のことを指します。戦前には司法省という行政機関があり、検察は司法省の中核でした。三権分立的に言えば行政のなかに司法があるのは不思議ですが、その伝統は戦後体制にも続いています。さすがに、戦後には法務省という名称になりましたが、「法務・検察」という呼び方があるように、検察は「司法部」の中核であり続けています。

世間常識的には、検察は刑事裁判に登場します。刑罰は裁判の結果として科されますが、裁判を始める起訴を行うのは、基本的に検察官です。現代日本の場合、「有罪率九九・九％」とも言われるように、検察官に起訴されると、確率的には有罪は不可避です。

この現状をどう見るかは難しいものです。検察官は、厳しく吟味しているので、有罪が確証できない限り起訴しないので、有罪率が高くなるという見方があります。有罪にならないかもしれないと考える事件は、起訴しないことができます。検察官には、「起訴便宜主義」と呼ばれる、大きな裁量があります。もう一つは、裁判所が検察官の証拠や主張をほぼ丸飲みするので、有罪率が高くなるという見方です。真実は「神のみぞ知る」です。再審で無罪となる冤罪事件は、決してなくなっていません。推定無罪の原則にもかかわらず、検察官に起訴されるとほぼ有罪なので、少なくとも短期的には、検察官は「閻魔大王」のように万能なのです。

検察官は、被治者である民衆を有罪にする人間ですが、政治家や官僚などの為政者をも有罪に追い込むこともできます。民主体制のもとでは、公選職政治家は行政職員を指揮監督しますが、検察官は政治家に対してでさえ「司直」の手を及ぼすことができます。しかも、しばしば民衆のなかには、「悪徳」な政治家・官僚・経済人への取締を検察当局に期待する空気もあります。いわゆる「疑獄事件」です。戦前戦後を通じて、大小様々な疑獄事件が起きました。例えば、田中角栄元首相が逮捕されたロッキード事件、竹下登首相をはじめ政官有力者が次々に辞職に追い込まれたリクルート事件などが、著名です。

こうした政官業の有力者は、疑惑が上がるだけで、あるいは、検察の取り調べを受けるだけで、大きな打撃を受けます。さらに、起訴され、あるいは一審有罪判決、有罪確定などとなれば、さらなる打撃となります。大臣や議員・官僚が辞職に追い込まれ、内閣が倒壊することもあり、あるいは選挙情勢にも影響を与えます。つまり、検察当局は、国民からの信託もないにもかかわらず、国民から選出された政治家を放逐できますし、執政政治家の任命権のもとにある行政職員の人事も左右できます。こうした検察当局が民主主義を上回る法力を行使することは、「検察ファッショ」と呼ばれます。検察の独立性は、検察の暴走と紙一重です。したがって、検察も行政組織の一つとして、内閣・執政の指揮監督に服すべきかもしれません。

戦後日本の政治・検察関係を形成したのが、一九五四年のいわゆる「指揮権発動」です。東京地検特捜部が捜査を進める贈収賄事件である造船疑獄に際して、与党自由党幹事長・佐藤栄作を収賄容疑で逮捕する方針を決定しました。これに対して、法相・犬養健《たける》が検察庁法第一四条による指揮権を発動し、検事総長・佐藤藤佐《とうすけ》に逮捕中止を指示しました。これによって、佐藤栄作および当時の吉田内閣は政治延命に成功したのです。ただし、政治側の代償も小さくなく、犬養法相は辞任に追い込まれていますし、参議院では内閣警告決議が可決されてもいます。政権与党が検察に党派的に介入したとするならば、政治指導は政治の暴走と紙一重です。この事件を契機に、政治は指揮権発動をしない、検察は指揮権発動させるほどの強引な捜査をしない、という微妙な間合いを忖度し合う関係になりました。

もっとも、政治家と対立しうる司直としての検察は、検察の姿の一面でしかありません。あるいは、第一線で実際に疑獄事件の捜査を行う地検特捜部と、霞ヶ関で為政者集団の幹部たる検察庁（特に、最高検察庁）との、差異とも言えます。実際の検察幹部は、いわゆるキャリア官僚と同じく、霞ヶ関のムラ人です。法務省・検察庁でキャリア組は、国家公務員上級職（Ⅰ種・総合職）法律区分採用の官僚ではなく検察官です。その意味では、戦後公務員制度改革が目指した統合公務員制度の外にいます。とはいえ、キャリア組は法律職が中心で、試験科目も近似しています。また、司法試験と公務員試験とダブル合格も珍しくありません。その意味で、そこはかとないムラの共通性が存在するのです。

法務省は、通常の官僚と同じく、政官業等の省庁共同体の中心メンバーです。ただ、この省庁共同体の業界は、「法曹三者」という、最高裁判所・検察庁・日本弁護士連合会という特殊な専門家業界です。したがって、法律専門家である学者も、法制審議会を中心にこの省庁共同体に参画します。また、民法・商法・民事訴訟法・刑法・刑事訴訟法など基本法制度（いわゆる「六法」）は、企業活動に大きな影響を与えますので、横断的な意味での経済界もメンバーとなります。

さらに、二〇〇八年には、犯罪被害者をメンバーとして動員する被害者参加制度ができました。被告人が真犯人かどうかは推定無罪なのですが、被害者の思いを公判に出すことで、裁判をさらに有利に進めることもできます。

また、検察官は裁判のプロですから、国の行政が被告・原告となる行政訴訟などのときには、被告・原告＝国側の代理人として弁護に努めます。国を当事者として進める訴訟については、法相が国を代表するとしたのが、いわゆる法務大臣権限法です。もちろん、実際には法律には素人の政治家が就任しうる法相ではなく、検察官が行います。この訟務検事は、行政全体の「用心棒」です。このときの顧客・依頼人は、官邸・各省庁という行政府そのものです。つまり、法務省・検察庁は、霞ヶ関の他省庁を利益団体・業界として持つ横割官庁でもあるのです。自治体が関わる訴訟は基本的には自治体が自ら対処することになっていますが、国が適正な処理を特に確保する必要がある事務に関しては、法務・検察が関与しますので、自治体は自己の判断で裁判には対応できません。独立行政法人も同様です。法務・検察は、裁判を通じて、各省庁や自治体・外郭団体を法力で支配しているのです。

⑨裁判所の独立性

三権分立と「法律による行政の原理」のためには、行政に対する事後的な司法審査が必要です。行政の行ったことが法律に適っている合法的なものか、第三者である裁判所がチェックをするのです。もっとも、近代行政官僚制が合法的支配を実際にも貫徹しているのであれば、そもそも、裁判所によるチェックは必要ないと言えましょう。行政は合法的に仕事を基本的にはしているのですから、裁判所が行政訴訟などで行政側敗訴の判決を出すことは少ないと想定できます。必ずしも、行政側敗訴の判決が少ないことそれ自体は、問題であるとは限りません。

しかし、行政は合法的に仕事をしているはずだ、という予断を持っているがゆえに、行政側敗訴の判決が少ないとすれば、問題だと言えます。その場合には、裁判所は行政から本当に独立しているのかが、疑われても仕方がない面もあります。裁判所の独立性は、行政の法力に対する外部統制の実効性を左右するものです。

裁判官は司法試験合格者から任官するものですから、多くの霞ヶ関のキャリア官僚と共通の土台はありません。しかし、検察官について触れたように、キャリア官僚の法律職は、実質的に司法試験と専門性が重なります。また、法務・検察のキャリア官僚は検察官ですから、裁判官とより親近性は高いものです。「判検交流」というように、検察官と裁判官は往復がありま す。そして、検察官が、国側代理人の訟務検事として、裁判には登場します。つまり、裁判官が訟務検事として出向して、行政訴訟での弁護をすることもあるのです。

さらに、裁判官も霞ヶ関の省庁でキャリア官僚と同じような行政業務をすることがあります。また、最高裁判所事務総局で司法行政に携わる裁判官は、実質的には司法行政官であり、法曹三者の一員として省庁共同体に出入りします。このように見ると、裁判所と霞ヶ関の距離は、一般民衆や業界団体・報道各社と裁判所との距離より、はるかに近いといえます。

裁判所で合法のお墨付きをもらえば、行政の法力は完成します。お墨付きを与えられなければば、裁判所の法力によって、行政の法力は打破されます。民衆からすれば、裁判所が行政をチェックして人権保障をする「最後の砦」になることは、あり得ます。しかし、行政に対してお墨付きを与えて、民衆からの訴願を拒否する「行政の用心棒」となり、それ自体が、法力装置として立ち現れることもあります。裁判権とは、極めて大きな両義的な法力なのです。

3　財力と行政

①財政と幣制

いつの時代でも、財貨は権力の源泉です。資本主義市場経済は、通常は貨幣経済の形態を取ります。市場経済自体は、物々交換でも成立しますから、貨幣経済である必要はないのですが、交換の便利を考えても貨幣がないと面倒でしょう。ということで、財貨が権力の源泉となります。財力です。民間企業と違って行政は、実力や法力を持っていますから、支配のためには、財力に頼る必要はないのかもしれません。しかし、あたかも企業や家計（消費者・生活者）のような経済主体と同じように、財力を使うこともあります。行政が財力を使う形態を財政といいます。

行政は財力が必要ですが、財力の大前提が民間の資本主義市場経済であることは、すでに論じてきたところです（第2章2）。しかし、そのまた大前提は、通貨制度です。近現代日本では「円」という通貨制度（幣制）がありますし、アメリカでは「（米）ドル」です。通貨という尺度があるからこそ、財力が明確に測れるわけです。

通貨制度を誰がどのように作り出し、どのように維持するのかは、大変に難しい問題です。最近では、仮想通貨の「ビットコイン」なども取引されています。しかし、基本的には領域支配のもとで作られています。米国占領下の日本本土では円がそのまま使われました。間接統治であったことが分かります。米軍統治下の沖縄（琉球）では、旧日本円、新日本円、「B円」（米国のB型円軍票紙幣）などの変転がありましたが、一九五八年から米ドルになりました。聖徳太子（と称する人物）・伊藤博文・岩倉具視の肖像画の日本円ではなく、ジョージ・ワシントンの肖像画の米ドルが使われること自体に、「アメリカ世《ゆー》」（琉球におけるアメリカ施政権行使）という支配権力の「顔」が投射されています。もっとも、「復帰」後に聖徳太子その他の「顔」が流通するのは、「大和《やまとう》ぬ世《ゆー》」（一九七二年以降の沖縄における日本の施政権行使）という支配権力を象徴します。

そもそも、聖徳太子以下の人物は、尊皇・大政奉還・維新の元勲を意味する戦前体制の象徴であり、それが戦後体制で採用されたことが、戦前戦後の継続性を象徴します。もちろん、戦前にはもっと露骨に、神功皇后・菅原道真・和気清麻呂などでした。その後、ようやく一九八四年から福沢諭吉・新渡戸稲造・夏目漱石になって、戦前体制と決別できたのです。長らく沖縄に思い入れのある小渕恵三首相の時期に、かろうじて二〇〇〇円札に首里城の守礼門の画像が入れられましたが、肖像は紫式部ですので、平安・国風文学の大物という「大和ぬ世」のソフトパワーの象徴が埋め込まれています。そもそも、その程度の配慮であっても、日本本土では二〇〇〇円札はほとんど流通していません。

②日本銀行と紙幣発行

支配権力と密接な関係のある通貨は、「日本銀行券」というように、国（政府）が発行するものではなく、日本銀行が発行するものです。日本銀行は、中央銀行として、唯一の発券銀行といわれます。通貨は財力の尺度ですから領域内では一つが便利です。複数の尺度がある場合には、結局、何かを基準に換算（両替・為替）することになります。

日本銀行券の発行は、日本銀行法に基づいていますので、国家の領域支配の法力に支えられたものです。現物としての日本銀行券は、独立行政法人国立印刷局（旧大蔵省印刷局）によって製造され、日本銀行が製造費用を支払って引き取ります。そして、日本銀行の取引先金融機関が日本銀行に保有している当座預金を引き出し、日本銀行券を受け取ることによって、世の中に出回ります。この時点が日本銀行券の発行です。

日本銀行券は、法定通貨（法貨）としての強制通用力が法力により付与されています。なお、五〇〇円以下の硬貨（補助貨幣）は日本銀行ではなく、政府が発行しています。現物としての小銭は、国立印刷局が製造し、日本銀行に交付されます。現金とは通帳記載または電子画面上の数字という面もあります。現物の日本銀行券がなくても現金としては存在します（預金通貨）。全ての取引が預金口座（通帳）間の引落し・送金や電子マネーになれば、現物の紙幣・貨幣は要らないのかもしれません。

日本銀行券も法力によるのであれば、「法律による行政の原理」から、行政が紙幣を発行する政府紙幣でもよいような気がします。実際、国立印刷局が現物紙幣を製造しています。ならば、そのまま財務省主計局に紙幣を納品すれば、財源は無尽蔵です。財政赤字を心配する必要もありませんし、国債発行も不要ですし、税金徴収の必要もありません。夢のような世界です。実際、政府紙幣を発行する国・時期もないわけではないのです。

しかし、通常の国・地域と同様に、現代日本でも政府紙幣は発行されていません。財源が不足するごとに政府紙幣を印刷し出せば、超インフレは避けがたいからです。インフレは物価上昇ですが、通貨価値の下落です。財力の尺度目盛りの幅が時々刻々と縮むようなものであり、民衆の生活や経済活動は大混乱を来たします。時々刻々と一メートルの尺度が縮み続けたら、計測は不可能になるでしょう。もっとも、節度を持って政府紙幣を発行すれば、超インフレは避けられるはずです。また、長期デフレ・スパイラルの時期ならば、むしろインフレは有り難いのであって、政府紙幣の発行をすればいいという考え方もあります。

とはいえ、政府とはそこまで賢明ではないかもしれない、というのが中央銀行の独立性という権力分立制を導入する発想です。政府紙幣を発行する場合、政府は、通貨価値（財力の尺度）の安定と、財源確保＝行政サービス実施という二つの任務を負います。この両者は必ずしも両立しません。ときの政府の判断によって、後者を優先して、政府紙幣を濫発する危険もあります。短期的には財源が確保されますが、超インフレが起きれば経済活動は混乱して税収は下がります。また、物価上昇すれば、行政サービス実施の費用も上昇しますから、サービス実施も困難になります。結局、後者の目的も達成できなくなります。ということで、政府に短期的な白昼夢を見させないためにも、政府紙幣を発行させない方策が採られているのです。

日本銀行が唯一の発券銀行であっても、政府が日本銀行に圧力をかけて、日本銀行券を大量に発行させれば同じことです。現物としての紙幣ではなく、抽象的な意味での通貨供給量を増発させても、同じことです。紙幣の現物の数量で通貨価値が決まっているわけではないからです。国が発行する借金である国債を、日本銀行に引き受けさせれば、日本銀行から政府に日本銀行券が出て来ます。したがって、政府通貨を認めないだけではなく、政府の経済財政政策の都合で、通貨供給が変わらないようにしなくてはならないわけです。

しかし、民主体制のもとで、国民の信託を受けた政府の経済財政政策から、中央銀行＝日本銀行が独立性を維持できるかは、難問です。政府から「日本銀行が通貨価値の確保に頑迷なせいでデフレが続き、不況から脱却できない。日本銀行は国民に責任が負えるのか」と批判されたときに、日本銀行は答責しにくいのです。政府や与党幹部から、日本銀行総裁は吊し上げられ、総裁や理事の人事では、政府の息のかかった人物が送り込まれます。結局、日本銀行の独立性は、通常は限定的なものなのです。

かつて、「大蔵省支配」の時代には、財政金融にまたがる大蔵省が、省庁共同体を形成し、その庇護のもとの身内メンバーに、外郭団体としての日本銀行が入っていましたから、政官業のネットワークのなかで、日本銀行は政府・与党からの一方的な介入は免れていました。この時代には、「大蔵省・日銀王朝」などと呼ばれていました。しかし、一九九〇年代の「大蔵省解体」「財政金融分離」（後述）によって、銀行（金融機関）であるとともに、財政＝財源調達にも関わる日本銀行は、いわば股裂き状態になります。大蔵省支配からの「独立」は、一見すると、日本銀行の独立性の強化に繋がる日本銀行法改正（一九九七年、九八年施行）に行き着きます。

しかし、それは、政治からの圧力を和らげる大蔵官僚の庇護がなくなることでもありました。その後、皮肉にも、日本銀行は政権からの圧力にまともに晒され、さらに政府・官邸の意向に添うようになった財務官僚の支配を、再び受けることになるのです。

③「大蔵省支配」と「大蔵省解体」――大蔵・財務省主計局

「大蔵省統制（treasury control）」という言葉がイギリスにあります。イギリスの首相は、「第一大蔵大臣」でもあり、国庫・財政を差配する者が政権を握る者なのです。日本ですと、「大蔵官僚支配」とか「大蔵省支配」と呼ばれました。「大蔵大臣支配」ではないので、政治主導を意味しませんが、大蔵省が重要な役割を握ってきたことは意味しています。

二〇世紀後半の大蔵省には、だいたいの時期において、大臣官房の他に、主計局・主税局・関税局・理財局・証券局・銀行局・国際金融局・造幣局・印刷局などがありました。前の四局が財政系、次の三局が金融系、後の二局が現業系です。このうち、大蔵省支配の意味は、財政系四局の支配、もっと精確に言えば、「主計局支配」のことです。主計局は、予算編成において、他の全ての府省庁局・委員会、そして、国会・裁判所・会計検査院・人事院、さらには、それらを通じて自治体や外郭団体・民間団体への予算配分を査定します。大蔵官僚のなかでも、主計局は特に高い権力と権威を持っていました。

この大蔵省は、二〇世紀末から二一世紀初頭にかけて、大幅な機構改革を受けました。

一つは「財政金融分離」です。財政と金融の業務は分離した方が適切であるという考えによって、金融行政が分離されました。証券不祥事や金融危機を理由として、大蔵省の金融行政の能力が疑われました。また、大蔵官僚の接待スキャンダルなども、銀行・証券業界を省庁共同体に抱えることが背景にありました。財力を持つ金融業界がなければ、大蔵官僚は天下りや「ノーパンしゃぶしゃぶ接待」（一九九八年）などの饗応を享受できないからです。

さらに、一九九三年の細川政権によって自民党が政権から転落したときに、大蔵省が細川政権に協力したことに対して、政権から転落した自民党が不信を持ちました。そこで、政権に復帰した自民党は、大蔵省解体という意趣返しをしました。こうして、証券等取引監視委員会の設置（一九九二年）に留まらず、金融監督庁（一九九八年六月）、金融再生委員会（一九九八年一二月）と続いて、金融庁（二〇〇〇年七月）に到ります。二〇〇一年省庁再編により、金融庁は内閣府の外局となり、残りの財政系だけで財務省となります。

金融庁は、内閣府特命担当大臣（金融担当）を持ちますので、政官業の省庁共同体ともいえます。大蔵省時代には、財政系の支配に甘んじていながら、財政官僚の面倒を見てきた金融系からすれば、財政金融分離はむしろ、清々したともいえましょう。ただし、国際金融は、財政出動との関係も深いという意味で、財務省国際局として残されています。また、財務大臣と金融担当大臣が兼務になることも多いので、運用によっては、財政金融分離はなくなったと見ることもできます。

二つはアウトソーシングです。印刷局と造幣局は独立行政法人となりました。

こうした大蔵省解体が大蔵省支配を消滅させたかと言えば、必ずしもそうではありません。大蔵省支配は主計局支配のことであって、主計局は依然として財務省に置かれているからです。むしろ、伝統的には、「主計局内閣移管」こそが、考えられてきました。予算編成を握るのが財力の根元であるとするならば、首相・政権・官邸が政治主導を実現するには、主計局を首相の直属下に置くことが重要であるという処方箋です。実際、自治体では、首長のもとに財務部（または総務部財政課）などが置かれていますし、アメリカでは大統領府に行政管理予算局があります。イギリスは、すでに述べたように、首相＝第一蔵相ですから、首相は大蔵省と近いというのが前提です。このように見るならば、大蔵省解体は、むしろ、主計局内閣移管を阻止したのです。「肉を切らせて骨を守る」といったところでしょうか。

④大蔵・財務官僚と政権支援

財務省主計局には、通常の意味での省庁共同体はありません。民間企業からなる業界を持たないからです。敢えて言えば、各省庁が直接の相手方という意味での「業界」です。各省庁単位で形成される多数の省庁共同体を国庫の財力によって統制する役割を担うことになります。主計局を抱える財務省は政府全体をとりまとめる点で、他省庁とは異なるのです。これが大蔵

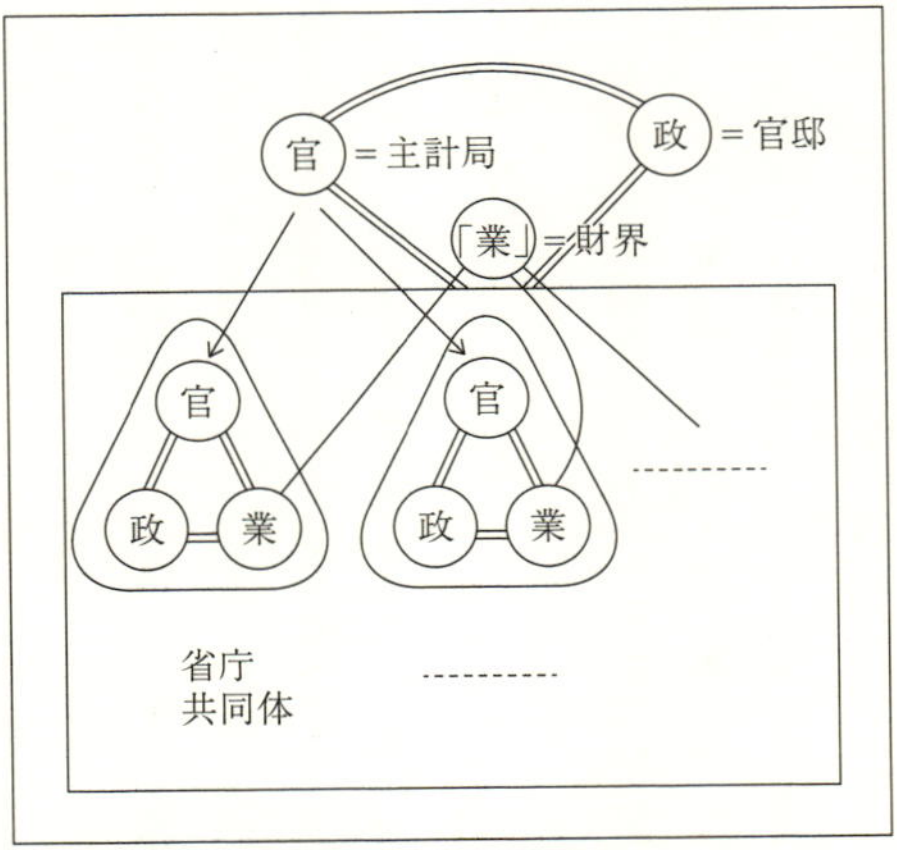

図17　財務省主計局による大蔵省支配

省支配なのです。また、主計局の財力の淵源は、主税局・国税庁・国税局・税務署が徴集する租税ですし、租税の出所は民間経済です。そういう意味では、主計局・主税局の「業界」は、経済界全体すなわち財界です【図17】。

　政府全体を財政面で統合するのは、本来的に言えば、内閣や与党の仕事です。ところが、こうした公選職政治家は、各省庁・各業界・各地元の利益を代弁する省庁共同体の一員としての役割もあります。政治家は、省庁共同体で部分利益を追求する役割と、政府与党として全体利益を追求する役割と、利益相反的な任務を二面的に追求していかなければなりません。同じ政権与党ですから、マッチポンプともいえます。個別利益の追求で頑張る政治家がいるからこそ、それを押さえ込む豪腕政治家が必要になります。

　通常は、与党政治家のなかで分担し、前者は中堅の族議員、後者は派閥領袖やボス的な有力・大物議員となります。内閣では、各省庁を担任する伴食大臣は前者、首相・財相・外相など有力閣僚は後者です。内閣レベルで各省庁を統合することは、不可能ではありません。しかし、伴食大臣が有力大臣に押さえ込まれるだけでは、伴食大臣の立場がありません。かつては、省庁官僚から大臣レクを受けて、省庁共同体の代弁者として伴食大臣が、蔵相に向けて予算の復活折衝をしたものですが、それも近年には見られなくなっています。

省庁共同体から自立して、政府全体を統括しなければならないのは、首相とその周辺です。「政権」や「官邸」というものです。内閣官房長官、内閣官房事務副長官以下、内閣官房がその任に当たります。また、首相にはキャリア官僚などが就く首相秘書官もいます。また、政治家または官僚が就任する首相補佐官も作られました。かつての総理府も、本来は首相を補佐すべき機関ではありますが、雑多な寄せ集めであって、必ずしも重要ではありませんでした。そこで、二〇〇一年の中央省庁再編により、内閣機能の強化を目的にして、内閣府が格上げされました。内閣官房も内閣府も、組織的にも人員的にも膨張をしています(第3章1)。

とはいえ、霞ヶ関で重要なことは、事務系キャリア官僚が補佐集団を形成することです。しかし、総理府・内閣府のプロパー官僚はほとんどおらず、各省官僚の出向が中心なのです。内閣・官邸に出向する官僚は、当然ながら、政権に忠誠を誓い、政府全体の視点を持ちます。しかし、同時に、各省庁からの出向者である以上、一部の例外はありますが、各省庁に戻るのであって、省庁共同体への忠誠を失うわけではありません。政権や首相に忠誠を誓いすぎると、省庁共同体に戻る場所がなくなってしまいます。ということで、内閣への出向官僚は、二重の忠誠を持たなくてはならないわけです。与党政治家がマッチポンプであるように、出向官僚もマッチポンプの一端を担っています。

この点、財務官僚は戻るべき省庁共同体がありません。仮に、財務省主計局や大臣官房などに戻っても、政府全体を考えなくてはなりません。内閣・官邸レベルに、例えば、内閣官房内政審議室長や内閣官房副長官補、あるいは、首相秘書官に、出向しても、政府全体を考えなくてはなりません。各省キャリア官僚の一部は、内閣レベルと各省レベルと、あるいは、政権中枢（いわば「大政治」）と政権中枢から離れた省庁共同体（いわば「小政治」）と、往復運動をします。しかし、財務官僚は、どこでも政府全体を考えるのです。

こうして、大蔵省・財務省は、否応なしに、政権維持を全力で支援します。一方では、大臣官房を足がかりに内閣レベルに出向して、政権中枢を支える「官房型官僚」または「内閣官僚」となります。他方では、主計局という原局に確固とした根拠地を持って、各省庁を統括する「原局型官僚」になります。主計官僚は、予算編成という業務に依拠する視野の限られた原局型官僚ですが、各省庁の原局型官僚と比べ、国庫予算を見ること自体が、政府全体を考えざるを得ないという点で違っています。内閣出向の官房型官僚は、各省庁出向の官僚と同じく往復の視点を持つのですが、その乖離が小さいのです。

財務官僚が政権を支えるということは、唯々諾々と官邸の言うことに従うという意味ではありません。むしろ、逆です。特定の「〇〇政権」に政府全体のことを考えさせるように支えるのであって、抽象的な意味での政権の財政運営の方向性を支配しようとします。官邸は、政治的な意味で政権を維持する必要があるので、政局や政治日程などに敏感です。大蔵・財務官僚も、極めて政治的に、こうしたことには配慮します。しかし、同時に、財政状況などについて、あの手この手で、特定の「〇〇首相」以下官邸の意向に枠付けをしようとします。そして、ときには特定の「〇〇政権」に不満があれば、あるいは、もう保たないと見切りを付ければ、政権転覆を水面下で画策することもあります。そのためには、常に、次期首相候補をはじめ、次期の政権を支えそうな有力政治家には、予め人脈を作っておきます。

組織的な意味で、つまり、省に基盤をおいた形で、キャリア官僚が政権を支援できるのは、大蔵・財務省だけなのです。総理府・内閣府または内閣官房には、プロパーのキャリア官僚が大量には育っていませんので、組織的支援はできません。また、仮に内閣府や内閣官房にプロパーのキャリア官僚が育ったとしても、原局主計局のような政権から相対的に離れた根拠地を持たないので、各省官僚に睨みが効くとは思えませんし、政権政治家の政局指向に筋を通せるとも思えません。その意味で、大蔵省支配は、ある程度は必然なのです。ただし、第二次安倍政権では、官邸主導が強く、財政規律を重視していないため、若干は弱まっているようです。

⑤財政民主主義と執政部予算

大蔵省支配は、必ずしも、民主体制にとってマイナスではありません。むしろ、国民代表から選出された首相・内閣が、省庁共同体や与党内権力抗争によって空中分解しないように支援することは、むしろ、民主的支配《デモクラシー》のためには必要なことです。もちろん、行きすぎた大蔵官僚支配は、それ自体が政権を崩壊させるので、常にプラスになるとは限りません。しかし、通常は、○○官邸と財務省は、スクラムを組んで政権運営をします。

民主体制のもとでは、統治者が取り扱う財政を、被治者である民衆が決定しなければなりません。財政民主主義あるいは予算民主主義です。単に租税法定主義というだけでは不充分です。なぜならば、財政民主主義を欠いた租税法定主義では、租税はできるだけ少ない方がよい、究極はゼロがいい、ということにしかならないからです。むしろ、強制徴収した租税をもとにした財源で、いかなる支出を行い、いかなる行政サービスを行うのかの、民主的な決定が重要になります。憲法にも「財政」の章があります。

国会の議決と内閣による予算財政運営が財政民主主義です。論理的には、内閣が予算をとりまとめなくても、各省大臣責任のもとで、各省が国会からバラバラに議決（歳出権限授権）を受ければ、民主的とは言えます。しかし、このような省庁共同体の「分捕り」を認めれば、財政破綻は目に見えています。各省庁共同体内では、それぞれの政策・行政サービスが必要だというのは、ある意味で共通利益だからです。税制や国債という財源調達は考えません。なぜならば、歳入面を考える役所は、財務省主税局・関税局・理財局だからです。

こうなっては支配の持続可能性は保証されません。民主的ではあっても、民主的支配《デモクラシー》ではないのです。政府全体の収支を合わせるために、収入支出を一元的に管理する予算が必要です。これが「執政部予算」です。内閣という執政において、予算を一元化する必要があるのです。予算が一元的になってはじめて、収支全体を見通した財政民主主義が可能になるのです。収入を見通さない民主主義は、「物取り民主主義」でしかありません。

とはいえ、憲法の字義に忠実ならば、財政民主主義は内閣の仕事であって、財務省という一省の仕事ではありません。とするならば、主計局は内閣に移管すべきだ、となりそうです。歳入歳出を一体的に見る必要があるので、財政系四局を一体として、内閣に移管することになるでしょう。しかし、すでに述べたように、通常は、財務官僚は政権を全力で支えますから、こうした組織改革はあまり意味がありません。むしろ、根拠地を失った財務官僚は弱体化するため、かえって霞ヶ関に睨みが効かなくなり、政権としてもメリットがありません。

結局、予算は憲法では内閣の仕事ですが、実際には、財務省の仕事となっています。財政法

第一八条第一項では、「財務大臣は、（＊筆者注：各省などから提出される）見積を検討して必要な調整を行い、歳入、歳出、継続費、繰越明許費及び国庫債務負担行為の概算を作製し、閣議の決定を経なければならない」となっています。閣議決定が必要なので予算は内閣が決めますが、その前提は財務省主計局が調整をするのです。

⑥ミクロ予算とマクロ予算——経済財政諮問会議

毎年度の予算は財務省主計局が中心になって編成します。各省からの予算概算要求が毎年八月三一日に締め切られて、その後、主計局が査定を行い、細かい予算調整が続きます。こうした予算をミクロ予算といいます。最終的に一二月に財務省原案が策定され、復活折衝などを行うこともありますが、一二月末には政府予算が決定されます。

ミクロ予算の膨大な作業を分業して行うと、予算のなかでの財源配分の比重の置き方という全体像は見えにくくなります。また、積み上げた歳出総額が、歳入総額で賄えるかも不明です。そこで、項目別にフレームを示し、各担当主計官がそれに収まるように査定します。そのうえで、歳入歳出総額を整合させる作業も、同時並行で必要です。これがマクロ予算です。財務省は、大まかな政権与党の政治意向を把握しつつ、主計局と主税局・関税局・理財局を一体に抱えることで、ミクロ予算とマクロ予算を同時に調整できます。

とはいえ、現実には、主計局がミクロ予算で各省側と妥結した結果が、マクロ予算と合致しない可能性があります。そうなると、財政赤字は不可避であって、結局、理財局に頼んで、国債を発行するしかありません。しかし、日本銀行の国債引受は禁止されていますから、国債は無尽蔵には発行できません。国債を売り出しても売り残り（「未達」）になるのでは、財源が足りないのです。ということで、通常の予算編成より前倒しをして、マクロ予算を成り立たせる工夫が必要です。歳出を押さえるような制度改革は時間が掛かるからです。

また、ミクロ予算では、省庁共同体に属する中堅与党政治家は活躍の場がありますが、首相以下政権の政策意図は充分に注入できません。首相官邸は政策の方向性をマクロ的に打ち出し、その方針に向かって、各省各局の予算要求を差配する必要があります。この観点からも、各省が予算要求をする前に、マクロ予算の方針を打ち出す必要があります。

このような政権維持を図る政官の思惑から、予算編成の前倒しがなされます。例えば、数カ年の計画を策定する方法があります。自治体でこの方針が採られていますが、国ではあまりうまくいっていません。経済計画は徐々に廃れていきましたし、各省策定の計画は、むしろ各省の予算要求の根拠になるだけです。そこで、シーリング方式が採られてきました。各省の予算概算要求に際して、上限を課すことでマクロ予算の方針を示せます。一律シーリング方式ですと、単に総額を抑えるだけの効果しか持ちませんが、経費の中身ごとにシーリングの設定に差を設ければ、マクロ予算的な方針を示せます。

二〇〇一年の中央省庁再編では、経済財政諮問会議が設置されました。経済財政政策に関し、首相のリーダーシップを十全に発揮させるとともに、関係国務大臣や有識者議員等の意見を充分に政策形成に反映させることを目的として、内閣府に設置された「重要政策に関する会議」の一つの合議制機関です。首相がどのように使うかには、首相のあり方も影響します。小泉内閣では大きな存在でしたが、民主党政権では休眠化し、第二次安倍政権では復活はしましたが、それほどの重きは置かれていません。

小泉内閣では、毎年六月に「経済財政運営と構造改革に関する基本方針」（いわゆる「骨太の方針」、名称は「経済財政運営と改革の基本方針」など）を閣議決定するようになりました。その原案を経済財政諮問会議が決定します。「骨太の方針」がマクロ予算を左右するようになります。

経済財政諮問会議は、首相が議長で、官房長官、経済財政担当大臣、財務大臣、総務大臣、経済産業大臣、日本銀行総裁、民間有識者四名（財界人・学者）からなります。首相のブレーン役として動員した民間議員の声を後ろ盾に、首相の腹心の官房長官の睨みのもと、信頼できる切り込み役に司令塔である経済財政担当大臣を据えて、財務・総務・経済産業の有力閣僚を巻き込む「インナー・キャビネット（閣僚委員会）」となります。いわば、「六相会議」です。そして、日本銀行はすでに政権の圧力下に取り込まれています。

財務官僚と経済財政諮問会議や「骨太の方針」との関係は、微妙なものです。経済財政諮問会議や首相を財務官僚が差配できれば、「骨太の方針」のマクロ予算は有用です。しかし、経済財政諮問会議が、財務官僚とは異なる、首相や財界の意向を強化することもありますし、各省官僚が経済財政諮問会議を裏で仕切ることもあります。ともあれ、財務官僚は政権を全力で支えることが本能といってもよいので、手練手管を使って首相のマクロ予算を差配しようとします。首相や官邸は、政権の維持と浮揚のために、財務官僚に全力で政権支援の手伝いをさせつつ、自己の目指す財政運営を実現しようとします。

⑦予算の周辺行政――予算関連法案・機構定員・給与改定・級別定数

財源配分を差配する予算編成は財力として、各省庁およびその背後にいる民間団体などへ権力を及ぼします。そこで、多かれ少なかれ予算に関連させた各省庁間調整がなされます。

第一が、予算関連法案です。予算の執行には、しばしば法改正が必要なことがあります。現行法のままでは、予算査定で決まったとしても、査定でイメージした予算執行（歳出拡大または抑制）ができないことがあります。つまり、予算編成においては、同時に必要な法改正を調整しておく必要があります。こうして、予算関連法案を、予算編成に連動して政府として決定します。通常、予算関連法案は三月末までに国会議決を得ます。四月以降は、予算非関連法案の審議になります。予算編成は、法改正のスケジュールや期限を規定する効果があります。

第二が、機構定員審査です。各省庁の行政機構（局課室や官）の改廃や定員増減は、総務省（旧総務庁・旧行政管理庁）行政管理局が査定してきました。しかし、内閣の重要課題への柔軟かつ迅速な対応を組織面から強力に後押しするためとして、行政機関の機構定員管理や級別定数等に関する事務は、二〇一四年五月から内閣官房の内閣人事局に移管されました。機構定員は、予算に影響があります。組織や定員を増やせば予算がかかるようになります。また、予算という政策決定は、行政の仕事の増減に繋がりますから、行政組織の改廃が必要になることもあります。こうして、機構定員審査は、予算編成と連動しています。

第三が、給与改定です。給与は、総額の増減というマクロ的にも、個々の職員への配分の変化というミクロ的にも、内閣から独立した人事院が給与勧告を八月ごろに行いますから、予算編成はそれを尊重するしかないともいえます。しかし、マクロ的に給与改定が大きな影響を持ち得るので、内々には大蔵省は人事院と阿吽《あうん》の呼吸を必要としてきました。もっとも、近年のデフレ経済では、給与はほぼゼロ改定なので、あまり大きな影響はありません。

第四が、級別定数です。公務員給与は、俸給表（だいたい、職層と連動）の級が上の方が高いので、同じ定員でも級別人数によっては、給与総額や配分に影響を与えます。そこで、人事院が級別定数指令によって、各省庁が自己判断で上位級の人数を増やさないようにしてきました。

しかし、この級別定数指令は官官規制として、各省キャリア官僚から評判が悪く廃止され、内閣人事局に移管されました。とはいえ、内閣のお手盛りになる危険はあります。また、勤務条件性を有しているとの根拠によって人事院の権限も残され、首相への人事院による級別定数等への意見申出に変更されました。人事院は、予算編成を受けて、既設官職の級別定数等の改定案と機構定員査定に伴い新設される官職の級別定数等の設定案を反映させて、級別定数等の案を作るのです。

⑧予算の周辺財力

予算は行政の財力の源泉です。行政は自前で経済活動を行いませんので、資本主義市場経済活動のパイと、租税として強制徴収することに対する民衆の租税抵抗によって、財源調達の総額が規定されます。近年の日本では財政赤字が慢性化していますので、歳出規模に比べて税収を確保できていません。それだけ租税抵抗が大きく、民衆から行政サービスが評価されていないということでもあります。租税という形での財源調達に関しては、政府与党・政権および財務省主税局の能力は、著しく低いと言えます。

財源総額が乏しいということは、一面では、主計局の権力を強める効果があります。というのは、財源総額が限られれば限られるほど、財源の稀少性は高まるからです。しかし、他面では、主計官僚に要求しても財源が出てこなければ、各省官僚やその背後の民間団体は、主計局の財力に期待しなくなります。財力のない主計局に用はないからです。結果的には、租税抵抗のなかで税収確保に失敗した財務省は、財力を振るうために、税収総額を超えて、予算要求をある程度は呑まざるを得ず、それによって、財源の稀少性を失わせて、主計局の権力を下げてきました。予算配分だけでは、財力の差配はできなくなっているのです。

そこで、第一に、租税特別措置が活用されます。特定の政策目的に添って減免税措置を行うことによって、実質的には補助金を支出したのと同じ効果を持たせる方法です。そのため「租税支出」ともいわれます。しかし、現金支出は存在しないので、歳出には掲載されません。減免税した減収も現金収入にはなりませんので、歳入にも計上されません。その意味で、歳出歳入予算を迂回したもので、財政民主主義の観点からは、あまり望ましくありません。

租税特別措置は、税制改革の一環ですから、主税局が「査定」するものですが、与党幹部(「党税調」)の介入を強く受けてきました。主税局としては、増税への与党政治家からの応援を得るには、何らかの便宜提供をして、政官の共通利益を形成する必要があるのです。しかし、租税特別措置の前提は、原則の税率がある程度高いことが必要です。法人減税などのように、本則の引下げが進むようでは、神通力は乏しくなってしまいます。

第二は、理財局が所管する財政投融資です。つまり、主計局と並んで、主税局と理財局が、財務省として財力の配分を決めているのです。財政投融資とは、税負担に拠ることなく、国債の一種である財投債の発行などにより調達した資金を財源として、政策的な必要性があるものの、民間では対応が困難な長期・低利の資金供給や大規模・超長期プロジェクトの実施を可能とするための投融資活動ということです。二〇〇一年度の財政投融資改革で、年金・郵貯の義務預託は廃止されましたが、それ以前は、年金・郵貯という現金が政府には大量にあったのです。「財政投融資計画」は「第二の予算」と呼ばれてきました。補助金などの現金支出ができないときに、融資（借金）という形で、外郭団体や民間企業などへの支出の「水増し」を行うものです。もっとも、民間企業にとっても借金ですから、返済利子を補給するとか、減免税や、民間金融機関融資と組み合わせるとかも必要になります。しかし、高金利時代では金利補助は魅力的でしたが、低金利時代となると、それほどの魅力はなくなります。また、財政投融資自体は、政府が独立採算で投融資活動という民間経済主体と同じことをするのですから、「武士の商法」になる危険を孕んでいます。

第三は地方財政です。国が財政支出できなくても、自治体負担とすることで、各省庁や関係団体の要望に応えることはできます。例えば、補助率四〇％の補助金は、六〇％分の補助裏負担を地方財政に求めることです。また、いわゆる交付税措置は、すでに総額が決まっている地方交付税の配分において、特定の政策目的に充当が可能なように算定するという、「絵に描いた餅」を配分することです。中央省庁としては、補助金の獲得に失敗しても、自治体に対して、特定政策への財源は充当されている、と説明できます。もっとも、全体としては、補助裏負担を自治体が捻出できるように地方財政計画が必要になり、また、交付税措置が可能なように地方交付税の総額が確保される必要があります。総務省自治財政局が地方財政計画で地方財政対策を求める限り、主計局が思うほどには、負担転嫁はできません。

第四は社会保険です。租税抵抗の大きな日本では、所得税・法人税・消費税という基幹税の増収が困難です。そのための迂回策が、社会保険です。社会保険で社会保障サービスを行う場合、社会保険料という形で財源調達が可能です。しかも、社会保険給付と連動するので、比較的に民衆の理解も得やすいのです。税制改革のように政治紛争や政局になることも少なく、なし崩し的に決定できるのです。ただし、社会保険料は一律定額や所得比例が多いため、相対的に逆進的な負担になっていて、中上層の租税抵抗の結果、負担はより低所得層に及ぶようになっています。こうして、年金保険、医療保険、介護保険が導入されてきました。近年では、「子ども保険」まで検討されていますが、児童手当（子どものための手当）は以前から事業主負担がありましたので、実質的には社会保険的でもあったのです。

これらの行政を所管する厚生労働省年金局・保険局・老健局は、財源のやりくりに腐心することになります。特に、年金特別会計では、基礎年金、国民年金、厚生年金、健康保険協会への交付金、子ども・子育て支援などの経理勘定をしています。もっとも、国営の社会保険経理だけではなく、各保険者・保険組合・共済組合などの保険収支のやりくりをさらに背後から支えるやりくりでもあります。

⑨決算──会計検査院

憲法第九〇条第一項は、「国の収入支出の決算は、すべて毎年会計検査院がこれを検査し、内閣は、次の年度に、その検査報告とともに、これを国会に提出しなければならない」と規定しています。会計検査院は、憲法上の機関として、内閣からも国会からも独立していると考えられています。その意味では、四権分立なのかもしれません。会計検査院が、国の予算支出の無駄を明らかにすることは、民衆の期待するところでしょう（第3章1）。

しかし、会計検査院の検査報告が、裁判所の判決のように、立法・行政への法力を持つかと言えば、そのようなことはありません。憲法でも、決算についての国会の議決は規定されていません。予算を使う前には国会議決が必要なのですが、予算を使ってしまったあとの決算には国会議決（「責任解除議決」）は不要なのです。したがって、決算の際に検査報告を提出しても、特段の効果はないのです。諸外国では、議会から授権された予算執行の責任について、内閣は議会に対して、正しく権限を行使したことを答責証明し、議会に承認してもらう必要があります。しかし、日本では、財源は予算議決だけなのです。

会計検査院は、独立組織であるため、公選職政治家をトップに据えて、政治力を行使することもできません。また、会計検査院には利益を共有する民間団体もないので、業界もありません。敢えて言えば、会計検査院の仕事の相手方は直接には各省庁、間接的には、補助金などを受け取る自治体や外郭団体、さらには、「肩越し検査」をする民間団体なのですが、これらの相手方と会計検査院との利益共有もありません。会計検査を受ける「受検庁」からすれば、何も指摘されないことが望ましいのです。しかし、会計検査院としては、何も指摘できないと、会計検査院の存在自体が予算の無駄となりかねませんから、指摘事項は多い方がいいのです。ということで、会計検査院は省庁共同体を構成できないのです。

もし、議会が行政府から独立していれば、議会に検査報告を提出することに、政治的意味があるかもしれません。アメリカの会計検査院が連邦議会の機関であるのは、大統領と議会が分立しているからこそ意味があるのです。行政府の予算執行について、会計検査院が指摘したことは、議会で採り上げられる可能性があるからです。しかし、日本型議院内閣制の場合、議会多数派と内閣は同じ与党勢力ですから、議会に指摘しても、政治的に効果は期待できません。

一九八九年の自民党の参議院過半数割れによる「ねじれ国会」が登場すると、参議院の自律性が若干高まりました。この場合には、参議院に会計検査院の政治的基盤が構築される可能性はないわけではありませんでした。実際、一九九八年から参議院に行政監視委員会が設置されました（衆議院には決算行政監視委員会）。衆議院多数派が内閣を信任し、内閣と同じ政治勢力になるとしても、参議院多数派が内閣と対立する野党勢力が多数であれば、会計検査院の検査報告も政治的支援を受けるでしょう。しかしながら、「ねじれ国会」では、法案通過が見込めないので、自民党が過半数割れであっても、衆参両院の多数を押さえる過大連立が常態となりました。そして、二〇一四年以降は自民党の参議院過半数割れは解消されたので、会計検査院が政策的判断に対して効果を持つことはあり得なくなりました。例えば、二〇一七年一一月に会計検査院は森友問題に関する報告（国会からの検査要請事項、会計検査院法第三〇条の三）を提出しましたが、あくまで、手続問題で実施しています。

会計検査院ができることは、政府の政策判断に踏み込まない「政治的中立性」を確保した検査です。まずは、法令違反であるとか、補助要綱のような支出ルールがきちんとしていない、という手続問題を指摘することになります（合規性）。あるいは、政府・各省庁の掲げる政策・事業目的を前提とした上で、その目的を果たしていないとか（有効性）、もっと安価に同じ事業目的が達成できたとか（経済性）という実体問題を指摘します。いずれも、重箱の隅を突つく印象を与えます。そして、政治的に揉めないように、「照会・回答」という形で、受検庁である各省庁と合意した範囲で指摘をします。各省庁と揉めますと、政治の支援を受けられる各省庁が有利だからです。したがって、会計検査院は、霞ヶ関の省庁間協議の慣習に則り、協議して合意を目指す範囲で、仕事をするのです。

実は、会計検査院の職員（調査官など）は、キャリア官僚もノンキャリアも、通常の霞ヶ関官僚と同じ公務員試験を受け、同じような官庁訪問で採用を決めます。その意味で、統合公務員制度が会計検査院を支えているのです。会計検査は官官規制ではあるのですが、同時に、ムラの生活の常識を侵すことはありません。

4　知力と行政

①情報と支配――情報による行政

やまと言葉で支配・統治は「知る」といい、都道府県の為政者のことを「知事」と呼びます。「知る」すなわち、情報を得ることは、為政者にとっては支配権力の源泉です。実力も法力も財力も、被治者がどのような状態にあるのか知ることなくして、権力を行使することはできません。また、被治者の意思決定に内面的に働きかけるには、情報を操作し、情報によって操作することが必要です。実力・財力・法力を使って被治者の行動を変えるだけではなく、知力そのものによって被治者の行動を変えさせることができます。

さらに、被治者の状態を知ったうえで、どのようにその情報を加工して使用するかという技能知識を持っていることも、重要です。単に収集した情報があるだけでは、支配は効果的にはできません。情報をどのように処理するかの情報、知を取り扱う知をもって、支配は円滑に行われます。官僚制とは、机の上から文書によって支配する者であり、知力こそが行政の権力の基本なのです。情報による行政といえましょう。

②空間・人的情報集積

領域支配を行う近代国家は「版籍」を確保すべく、領域の空間情報と、領域に存在する人間に関する人的情報を収集して集積することが、基本となります。土地を測量し、戸籍を整えます。もちろん、近世支配のように、必ずしも近代国家的な領域支配ではなくとも、太閤検地のように、石高と人別を把握することは、支配にとって必要です。年貢を取り立てるためです。この意味では集積される情報は、財力に関する情報ということができます。明治初期の地租改正と壬申《じんしん》戸籍で必要になったのは、まずは財力に関する情報です。土地所有を明確にし、土地所有者に地租を課すわけです。前者が空間情報であり、後者が人的情報といえましょう。

もっとも、近代国家においては、財力情報だけが必要なのではありません。財力についての情報集積には、必ずしも地図を整備する必要はありませんし、土地所有者＝地租納税者以外の戸籍情報は不要です。しかし、現実の人間は、地租以外に様々に支配の対象として想定されます。まず、徴税だけではなく、徴兵の対象です。もっとも、徴税・徴兵の必要だけならば、成人男子のみの戸籍で充分でしょう。さらに戦前体制は、それ以外にも、様々な負担を民衆に期待します。国税たる地租は土地所有者のみだとしても、市町村・府県という地方費を負担させる民衆はもっと広いのです。また、「邑《ムラ》に不学の戸なく、家に不学の子な」くするには、各戸＝各家に何人のどのような人民がいるかという戸籍が必要になってきます。

近代行政が、すみずみまで民衆として把握して支配するためには、個人単位まで把握できる人的情報の収集が必要です。そして、近代日本の場合には、個人を市町村単位という空間情報に紐付け、家（戸）レベルで集団的に把握します。「国家と丸裸の諸個人」という近代国家的な把握ではなく、家族単位で把握するのです。家族主義を埋め込んだ「戸籍」は、「個籍」ではないのです。市町村に市町村長がいるように、家には家長がいたのです。

こうした戦前体制の家族主義的な人的情報把握の方式は、戦後改革によって家制度がなくなっても、存続しています。現在では、家長に家父長権が残っていませんが、現実には家父長的な社会慣行は残っています（第2章1）。結婚すると同一戸籍・夫婦同姓が強制され、通常は、夫側の姓に統一されます。制度的にも、戸籍には筆頭者が存在します。戸籍は、人口の大きな空間的移動によって実態を反映しないために、「生活の本拠」とされる住所を基礎にした住民基本台帳・住民票が、戦後には整備されました。しかし、住民基本台帳も、実質的には同居家族を想定する世帯単位で調製され、世帯員には世帯主が存在します。選挙に際して個人に配送されるべき「投票所入場整理券」ですら、世帯単位で一括郵送されます。

家族・世帯関係や同居関係が輻輳《ふくそう》してくると、家・家族・世帯を単位とした情報集積は困難になるかもしれません。個々人に個人番号を付与する税社会保障番号（国民総背番号制・マイナンバー制）は、家族・世帯を必要としない人的情報収集への第一歩かもしれません。しかし、当面は市区町村・世帯単位の住民基本台帳をもとに、個人に付番をしています。さらに、他人には見せてはいけない個人番号が記載された通知カードですら、世帯単位で郵送する家族主義が潜在しています。しかし、長期的に家族が崩壊し、さらに地域的移動が激しくなれば、家族を通じた個人把握は、個人番号という個人単位に再編されていくかもしれません。

③統計調査

地図・公図・地積・登記簿や戸籍・住民基本台帳・個人番号などの、空間・人的情報は、近代支配にとって必要です。しかし、それを網羅的に整備し尽くすことは、かえって面倒です。全ての行政に使える汎用情報ではありますが、逆に言えば、全ての情報を必ずしも使うわけではないので、整備・維持費用を考えると、無駄も多くなるのです。そうすると、行政事務の必要に応じて、必要な範囲において、行政は個別的に情報収集をします。

行政が作成する公的統計には、調査統計、業務統計、加工統計があります。現実の業務遂行に基づく情報を収集・整理すると、一定のデータベースができます。これが業務統計です。また、統計を加工することで作成するのが加工統計です。行政に必要な情報を収集しようとする調査によって作成されるのが、調査統計です。その代表的が国勢調査です。国勢調査は五年に一度、大規模なものは一〇年に一度、行われる悉皆《しっかい》調査です。狭い意味の統計調査には、意見・意識など、事実に該当しない項目を調査する世論調査などは含まれません。

最も信頼できる人口データは、国勢調査に基づく国勢統計です。住民転出転入という住民基本台帳に基づく行政の業務遂行によっても、市区町村単位・町丁目単位・住所単位・世帯単位で、人口データを把握できます。こうした業務統計でも人口データは得られるのですが、逆にいえば、それは各人と市区町村役場との、住民転出転入という必要性と便宜によって遂行されているだけです。例えば、単身赴任していたとしても、転出届を出すとは限らないのです。それぞれにはそれぞれの事情があります。こうした個別の事情を排除し、ある時点（五年ごと一〇月一日の調査時点）のスナップショットとして人口を把握するのが国勢調査です。

国勢調査以外にも、様々な統計調査が行政によって行われます。日常の業務遂行で付随的には得られない情報を、敢えて統計調査によって入手するのは困難を伴います。日常の業務遂行の一環としては情報が得られないので、それ自体として情報収集の手間を掛けなくてはなりません。しかも、為政者＝調査側だけではなく、被治者＝調査される側のコストも小さくありません。業務統計では、調査される側に特段の追加コストを掛けるものではありません。しかし、統計調査の場合には、業務遂行と結合していませんので、調査されること自体が面倒なことです。つまり、統計調査に協力して回答するとは限りません。調査に応じる義務を法力によって課したとしても、正確に回答するというインセンティブが生じません。

統計調査によって情報を入手しない限り、行政にデータがなければ、施策を展開できません。敢えて言えば、調査さえしなければ、行政は不作為または懈怠《けたい》できます。その意味で、行政に統計調査をさせることは、被治者が行政の施策を求める場合には、必須の前提になります。調査をしないこと自体が、放置・無視という支配の手段になることもあります。しかし、統計調査をして行政が情報を入手すれば、その情報をもとに行政は施策を展開できます。当然ながら、調査は支配の手段でもあります。つまり、統計調査は、してもしなくても支配の手段となりうるのです。

公的統計の情報は、行政が活用するだけではなく、社会の情報基盤として位置づけられるようになりました。公的統計情報は、同時に社会に広く公開されれば、為政者と被治者の間の情報格差は埋められます。情報基盤を整備すること自体が、民衆に対する行政サービスとなります。公的統計を権力にのみ奉仕するものとしない考え方です。要員・予算に限りがあるため、公的統計を体系的・効率的に整備する必要があります。そのために、「公的統計の整備に関する基本的な計画」を内閣が策定しますが、その際には、独立性のある統計委員会（当初は内閣府、二〇一六年以降は総務省、三条委員会ではなく八条委員会です）の調査審議が必要です。国勢統計、国民経済計算、その他総務大臣が指定する特に重要な統計を「基幹統計」として位置づけ、基幹統計を中心として公的統計の体系的整備を図ります。

④教育・文化

権力による支配は、直截な実力の行使によって強制するのでなければ、被治者が法力・財力・知力を認識することが必要です。つまり、権力とは統治者と被治者の知的相互作用なのです。統治者側が一方的に働きかけても、被治者側に受け取る用意がなければ、効果がありません。財力に意味があるのは、カネ勘定して有り難がるような民衆の態度が必要です。法力に効果があるのは、法に従うものだという態度や信仰が必要ですし、そもそも、民衆が言葉（特に書き言葉）を理解しなければ、伝わりません。

このように見ると、被治者側に支配される能力としての知力を注入することが必要です。それによって、民衆は「臣民(subject)」としての「主体(subject)」になります。自ら「主体」的に支配されるようになります。これを担っているのが、教育・文化です。被治者に知力を内面化させるのが、為政者側の知力(ソフトパワー)です。為政者は教育・文化を用いて、支配を効果的に遂行しようとします。特に、被治者が子供のうちに、為政者の考えるよい教育・文化を、内面に注入するのが効果的です。大人になってから「教化」するよりは、子供の方が感受性は高いからです。こうして、義務教育から始まる長期の教育課程によって、「主体《サブジェクト》」を作るわけです。教育・文化の基本は、被治者が為政者の言葉を解するリテラシーを持つことですから、「国語」を注入することです。臣民が国語を共有すれば「国民」になります。

もっとも、被治者である民衆に知力を付けさせることは、逆の効果も持ち得ます。知力を行使して、統治者に主体的に対抗する術を身に付けることもあり得ます。君主制などの権威主義体制にとっては、教育・文化は両義的です。資本主義経済・国民皆兵に馴染む教育や文化を被治者が体得しなければ、富国強兵はできません。しかし、植民地や発展途上社会では、教育を受けた「学生」が、独立運動や反体制運動をエリートとして主導しがちです。だからこそ戦前体制では「和魂洋才」と「教育勅語」によって、富国強兵に役立つ知力を身につけつつ、統治者へ扶翼・奉公・報国をするように、内面的に忠誠心の注入を図ったのです。

民主体制においては、統治者と被治者は同一ですから、被治者が知力を付けることは問題であるどころか、望ましいともいえます。しかし、民主体制においても、支配の要因は消えませんから、為政者にとっては潜在的な危険もあります。つまり、民主体制においても、為政者の考える望ましい教育・文化を強調する契機も存在します。民主的支配《デモクラシー》体制としても、被治者全員が現実的な為政者となるのではありません。為政者の実質は多数派与党政治家のことですし、行政職員は恒久的な為政者集団です。さらに、政官業などの省庁共同体が、為政者集団の身内を形成します。つまり、こうした為政者にとっては、教育・文化を都合よく左右しようという誘因が存在し得るのです。

そこで、為政者が被治者を一方的に支配するのではなく、被治者の意向に沿って為政者を民主的統制するという観点からは、教育の政治的中立性や、学問・教育への政治などの不当な支配からの独立や自治が求められるのです。また、個人の自由の観点からも、為政者が党派的な教育を押し付けることは、制限されなければなりません。戦前体制では、国定教科書と「教育勅語」を典型に、中央集権的に、国民を鋳型に嵌める教育をしてきました。そこで、戦後体制では、教育地方分権と中立性を目指したのです。公立の初等中等教育は自治体の任務とされ、さらに、首長から独立した教育委員会のもとに置かれたのです。

もっとも、教育の中立性の確保は簡単ではありません。戦後当初は、首長・議会という政治から中立化するために、公選制の教育委員会でした。しかし、選挙制によって党派色を帯びた候補が争うようになれば、教育委員会自体が党派化・政治化しかねません。結果的に教育委員の任命制に変更されるのです。とはいえ、教育委員を任命するのが首長ですから、政治的傾向性は生じ得ます。仮に政治家が介入しなくても、為政者でもある行政職員は一定の支配意思を持ちますから、行政的中立性は確保できないかもしれません。仮に政治・行政が介入しなくても、校長・教師自体が中立性を確保するとは限りません。仮に教師が謙抑《けんよく》的であっても、地域社会や保護者が権力を及ぼすこともあり得ます。そもそも、国レベルでは独立の中央教育委員会は設置されておらず、執政政治家である文部（科学）大臣のもとの文部（科学）省が差配していますので、政治的中立性を持っていません。

教育の分権性の確保も簡単ではありません。文部（科学）省も省庁共同体を構成し、業界団体も含めて一定の共通利益の推進を図ります。その国が、学習指導要領（告示）などをもとに教科書検定を行い、自治体などが行う学校教育の内容事項を規定するのです。

教育・文化は、為政者集団による被治者への知力注入の手段ですから、その非中立性を快く思わない民衆との間では、紛争が起きやすい領域です。しかし、為政者は、権力を持っているからこそ為政者であるわけですし、為政者に有利な教育によって、為政者が考える望ましい被治者を再生産するのですから、紛争は為政者集団に有利な形で収束します。そして、被治者のなかには、為政者と同じ傾向性を持つ人もいますから、こういう「主体《サブジェクト》」からすると、為政者の党派的介入を、当然視したり、歓迎することもあります。

為政者の望ましいと考える価値・態度・能力などの教育・文化を内面化した被治者が多数となれば、被治者は自ら統治者と同じ視点・価値観を持ちます。こうすれば、統治者と被治者の同一性という「民主《デモ》」的支配《クラシー》が完成します。被治者の意向に統治者が従っても、統治者の意向に被治者が従っても、ベクトルは逆ですが、統治者と被治者の同一性は確保されるのです。「民主」的支配は、究極の専制（＝先生）支配です。完全な独裁制と完全な「民主」制とは、外見的には一致します。その意味で、教育・文化は権力として、極めて取扱が危険です。被治者の内面的な自由のない「民（眠）主」制は、独裁制と同じです。

被治者の内面支配を実現できれば、被治者は反抗しませんから、統治者は赤裸々な権力を行使する必要はありません。また、仮に一部の個人・民衆が為政者に抵抗すると、為政者の意思を内面化した別の被治者がそれを抑圧するので、統治者は楽に支配を貫徹できます。

⑤執務知識・専門知識

行政や政策を進めるためには、仕事を進める知識やノウハウ・技能が必要です。仕事にはそれなりの技というものがあります。行政においても同様で、行政職員は様々な仕事上の知識を身につけるのが普通です。こうした知識を執務知識といいます。例えば法令の知識は必要ですが、実際の仕事を担うには、公開されている法律・政令などに習熟するだけでは足りず、内規・通達やマニュアル・先例・実例などに通じることが大事です。さらに言えば、もっと実践に即した経験や知恵がものを言います。

執務知識は、行政で仕事をするなかで身に付くＯＪＴ（on-the-job-training：仕事上訓練）によるものが多いのです。通達やマニュアルの読み方自体、仕事で習熟するのです。そして、行政の仕事をしなければ執務知識を得られないため、公選職政治家も、利益集団も、一般民衆も、執務知識を持ちません。そこで、執務知識の格差を通じて、行政は権力を振るうのです。執務知識の権力性は、行政の実務が公開されておらず、秘匿されていることに起因します。もっとも、暗黙知も多いので、実務の公開だけでは、なかなか知識格差は埋められません。

政治家も利益集団も一般民衆も、行政過程に参画することで、時間を掛けて執務知識に習熟することが必要です。しかし、政治家・団体・民衆が執務知識に習熟していくと、あたかも、行政職員のような存在になってしまうこともあります。行政の論理と都合が分かりすぎてしまう、行政に取り込まれた「族議員」「友好団体」「良識ある市（斯）民」です。

執務知識に対置されるのが、専門知識です。専門知識とは、行政の仕事をするなかで習熟するというよりは、学問体系として教育・学習され、行政に限らず、広く専門家の仕事として修練していくことができる知識です。専門知識を体得した人が、専門家・専門職またはプロフェッションと呼ばれます。医師＝医学、弁護士（法曹）＝法学、公認会計士＝会計学、建築士＝建築学などがその典型です（なお、政治学を体得しても政治家にはなれず、行政学を修学しても行政職員にはなれません）。この他にも、社会福祉学、経済学、土木工学、原子力工学、情報工学、地震学・気象学、農学・林学、経営学、薬学、生命科学など、それぞれの学問分野と政策分野について、専門知識のある専門家がいます。大学・研究機関等の研究者であることも多いのです。政策に関する専門知識は、行政運営を効果的に進めるためには不可欠です。その意味で、最良の専門知識を行政に活用することは重要です。

しかし、専門知識がある方が、ない方に比べて、権力を持ちます。行政が専門知識を多く抱えるときには、強力な知力を持ちます。こうなれば、一般の団体や民衆やジャーナリストは、それに圧倒されます。つまり、行政や専門家が専門知識を駆使して説明する内容を、受容する以外にはありません。他方、企業などが最新の専門知識を持っており、行政側がそれに追いつかないこともあります。企業は研究開発や技術革新を日々進めますから、そのような専門知識を持たない行政は、企業の言うことを鵜呑みにするしかないことになります。専門知識の格差は権力格差に直結します。

行政が専門知識で、圧倒的に優位であることも劣位であることも、それぞれに問題を孕みます。前者であれば、行政という為政者が民衆を恣意的に支配します。後者であれば、圧倒的専門知識を持つ団体によって、行政は左右されてしまい、公平性・中立性は歪められます。専門知識が、行政、企業、一般民衆、マスコミなど、社会の幅広い関係者に適切に配置されていることは、健全な行政運営のためには必要なことです。

しかし、専門知識を持つ専門家も生身の人間ですから、いくら職業倫理的に中立性や公益性を謳ったとしても、現実には財力・法力・実力を持つ団体の庇護を受けるところに集まります。簡単に言えば、行政と企業が多くの専門知識・専門家を抱えることになりがちです。その意味では、行政や企業から独立した大学や研究機関やプロフェッション団体の存在は、極めて大事です。とはいえ、大学なども、社会のなかで経営的に持続・存立できなくてはなりませんから、行政や企業からの中立性・独立性を確保することは容易ではないのです。

⑥広報・宣伝・答責

為政者は支配を進めるために、広報・宣伝を行います。法的義務を課すのは法力による支配ですが、その前提として、法的ルールの中身を公布・公示・公告することで、被治者に自発的な遵守を求めるわけです。「法の不知は罰する」ので、「そのような法律があるのは知らなかった」という言い訳は通じません。しかし、あらかじめ法の内容を知らなければ、従いようもありません。むしろ、法の内容を知っていれば、敢えて違法なことを避けようとする被治者も多いのです。ということで、法の中身を公布するのは当然です。

しかし、官報掲載や、役所の掲示板に紙で貼付するだけでは、実質的には被治者に知らしめることはできません。「拠らしむべし、知らしむべからず」といわれます。これは、情報秘匿の行政スタイルを表す言葉のようにも使われますが、そうではなく、実力・法力・財力で支配できるが、支配の内容を実質的に知らせて伝えて理解させることは難しい、ことを意味します。為政者が被治者のことを知るのも支配ですが、被治者に統治者の意図を知らせることも支配です。こうして、統治者は広報・宣伝・周知・啓発に励むのです。パンフレット・書籍・ビラ・広報誌を発行し、郵便を送り、ラジオ・テレビで放送し、ホームページに掲載し、メルマガに始まり様々なSNS技法が開発されればそれを使い、マーケティング技法を活用します。

広報は支配の道具なのですが、情報秘匿も支配の道具です。為政者が話したいことを一方的に話し、話したくないことは一方的に黙る、という選択と恣意が支配です。逆に言えば、為政者が話したくないことを話させ、為政者が話したいことを聞かない、というのが、支配に対する防波堤です。議会・記者会見・住民説明会などで被治者が行うべきは、こうした活動です。為政者が話したくないことを聞くことを問責といいます。こうした問責に対して、為政者が誠実かつ丁寧に説明をしなければならない状態を、答責性（accountability）といいます。問責・答責関係は、為政者が被治者の信託を果たしているか、被治者の意向に従っているか、を確認する民主的支配のためには不可欠です。

答責性の確保が可能かは、質疑答弁の実態次第です。為政者の発話は、広報・宣伝・周知・啓発・説得という、知力による支配の様式でもあります。質疑よりも答弁が巧みな場合、質疑が「提灯持ち」の与党質問の場合などでは、答責を確保すべき議会・記者会見などは、為政者の独演会になります。為政者から独立した、野党的な質問者の存在は重要です。

⑦報道機関・電子情報空間

報道の自由は、権力の論理が一方的に貫徹しないためには、極めて重要です。議会で野党が質疑をしても、それを伝達するメディアがなければ民衆には伝わりません。為政者と野党的質問者の質疑応答がある場合には、単に「中立」的にありのままの媒体でいいかもしれません。しかし、多くは為政者側からの情報発信である広報・宣伝・周知・啓発です。その場合には、単に「中立」的に、為政者発表の情報を伝えるだけでは、単なる国営放送・政府広報紙になります。したがって、メディアは、取捨選択する編集をしなければなりません。報道機関は、完全な意味で「中立」的になると、かえって政府御用新聞・テレビとなります。

為政者から独立した報道機関の存在は、為政者にとって扱い難い存在です。それ自体が権力を持った「第四の権力」です。とはいえ、独立性のある報道機関の方が、為政者にとっても都合がよいことがあります。独立性のない政府御用新聞・テレビの報道内容は、そもそも、民衆から信頼に値しないと受け取られることもあるからです。いわゆる「大本営発表」です。したがって、敢えて独立性があると定評のある報道機関によって報道されることこそ、もっとも大きな宣伝・広報効果を持つわけです。これがパブリシティです。「独立」性を装った報道機関が採り上げた内容の方が、民衆には知ってもらえるのです。こうなると、報道の「独立」性は、より洗練された為政者による情報操作になる可能性もあります（この点は、学問研究の「独立」性でも同じです）。

独立性を報道機関が持つと、それ自体が「第四の権力」という権力者＝統治者になる危険もあります。報道機関の支配から、個人や民衆はどのように自由を確保するかは、重要な問題です。通常は、報道機関同士の相互牽制によるしかありません。

しかし、近年では電子情報空間の発展により、報道機関を通じなくても、民衆は情報を発信・受信できるようになってきました。この意味で、報道機関の権力に対して、報道機関による自主規制と過剰宣伝という取捨選択に対して、一部の情報送受信の能力を持つ民衆は、対抗する術を得るようになりました。もちろん、これまでも口《くち》コミ・噂とか、ビラ配付とか、手紙・電話とか、報道・出版というマスメディアを介しないでも、情報送受信することは可能ではありました。とはいえ、その分量と速度は微々たるものでした。しかし、こうした口コミや噂は、電子情報空間によって、転送・再生・まとめなどを介して、膨大な範囲に神速で広がる可能性を持ってきました。電子情報空間では、インフルエンサー（影響力者）がどのように発生するかは、予測しがたいものがあります。

為政者にとっては、こうした状況は両義的なので、まさに操作と支配を試みます。それまでは、独立性のある報道機関を通じてしか、民衆に情報を伝えられなかったのが、為政者は直接に広報・宣伝ができるようになります。また、報道機関に採り上げてもらうことが「信頼」性のイメージを醸し出したように、電子情報空間での検索・閲覧《アクセス》・転送・再生・拡散・追従《フォロー》が、知るべき価値のある情報らしさに繋がるわけですから、電子情報空間に採り上げられるように工夫もします。同時に、電子情報空間で飛び交う情報を傍受・追跡・収集・蓄積・規制・捜査し、それをもとに諜報もできます。

⑧諜報と秘密保護と情報コミュニティ

外交・防衛・安全保障・危機管理・公安警備警察などの実力に深く関わる行政においては、対象となる相手方（外国・破壊活動団体など）の情報を収集・分析し、味方と情報を共有し、相手方を攪乱するように情報を流し、相手方による情報収集を妨害し、あるいは、そもそも味方と相手方の区別すら操作するなど、虚々実々の様々な情報活動が展開されます。実力行使の前提は情報収集ですし、逆に、実力・法力などの行使が難しいからでもあります。あるいは、情報収集・妨害には実力が必要な場合もありますし、活動が公に露見しない秘密工作として、実力行使を行うこともあります。その意味で実力と無縁ではなく、闇の実力の場合もあります。

こうした活動は、「情報（information）」「インテリジェンス（intelligence、直訳すると知性）」「調査（investigation）」などという曖昧な表現で言われますが、普通の用語では、諜報・防諜・スパイです。アメリカの中央情報局（CIA）、イギリスのMI6（秘密情報部SIS）、イスラエルのモサド、旧ソ連のKGB・ロシアの連邦保安庁など、スパイ小説・映画でお馴染みの組織です。お馴染みではありますが、情報機関の特質から、その全貌は秘密のベールに包まれています。民衆・団体、ときには、政治家・官僚のような為政者まで、諜報の対象となるのですから、支配権力の剥き出しの姿で、恐怖を与えます。

諜報・防諜は前記の様々な行政分野に散在していますので、情報機関も多数存在します。公安警備警察では、警察庁警備局の差配のもとに、警視庁公安部や道府県警察本部警備部が実働部隊です。また在外公館には警備対策官が派遣されています。公安警察は防諜（counter intelligence）が中心とされます。自衛隊には、各幕僚監部と陸海空三自衛隊にそれぞれ情報機関があり、また、自衛隊情報保全隊があります。さらに、防衛大臣直属のもとに情報本部が置かれています。本部長は自衛官（将）という制服組で、副本部長が背広組の審議官兼務です。法務省公安調査庁は、破壊活動防止法などに基づいて、団体規制と併せて、情報活動も行っています。オウム真理教の解散請求は団体規制の業務の方です。外務省の在外公館は、外交官による情報活動そのものです。そのうえで本省には、国際情報統括官組織が置かれています。海上保安庁にも警備救難部警備情報課があります。

このように、多数の情報機関が乱立します。諜報・防諜活動は互いに秘密のことが多いので、情報機関同士または内部でも、お互いに何をやっているのかが分からないこともあります。情報機関が情報内容を談合して一本化するよりは、むしろ、多様な情報機関から多様な情報が入手できる方が望ましいともいえます。しかし、それは総合的に分析・判断することが前提です。多数の情報機関群が一定の協力・連携をする観点から、「情報コミュニティ」が形成されます。財務省・金融庁・経済産業省も拡大情報コミュニティに加えられています。

各情報機関（情報コミュニティ省庁）が情報源から入手し収集・分析した情報は、内閣情報会議および合同情報会議に集約され、また互いに共有します。内閣情報会議は官房長官のもと、官房副長官・内閣危機管理監、内閣情報官、警察庁長官、防衛事務次官、公安調査庁長官、外務事務次官などの次官級会議です。合同情報会議は、内閣官房副長官（事務）のもと、内閣危機管理監、内閣官房副長官補（安全保障・危機管理担当）、内閣情報官、警察庁警備局長、外務省国際情報統括官、防衛省防衛政策局長、公安調査庁次長などの局長級会議です。この内閣レベルの二つの会議の事務局が、内閣情報官のもとの内閣情報調査室（いわゆる内調）です。総合的に分析された情報は、官邸首脳や政策部門に伝えられます。もっとも、コミュニティ内で統合されすぎると、有用な情報が官邸に伝わらなくなるので、各情報機関から官邸への常設報告のルートも確保されています。

内閣の安全保障について重要事項を審議する機関が、二〇一三年に設置された国家安全保障会議です。アメリカのNSC（National Security Council）を模したので、日本版NSCと呼ばれています。その中心が首相・官房長官・外相・防衛相の「四大臣会合」です。この他に「九大臣会合」（右記四大臣に、総務相・財務相・経産相・国交相・国家公安委員長）や、首相が定めた大臣などを出席させる「緊急事態大臣会合」もあります。これらの会議には必要に応じ、首相が統合幕僚長などの関係者を出席させます。なお、前身の安全保障会議は九大臣会合と同じ構成でした。

国家安全保障会議を補佐する常設組織として、官房長官を委員長とする関係省庁局長級の事態対処専門委員会が置かれています。国家安全保障会議の事務局が、二〇一四年一月に設置された内閣官房国家安全保障局です。内閣官房の総合調整権限を用い、国家安全保障に関する外交・防衛政策の基本方針・重要事項に関する企画立案・総合調整に専従します。なお、緊急事態への対処に当たり、国家安全保障に関する外交・防衛政策の観点から必要な提言を実施しますが、事態対処のオペレーションは、内閣危機管理監等が担当します。関係行政機関等に対し、適時に情報を発注します。

また、二〇一三年一二月には特定秘密保護法が制定されました。日本の安全保障に関する情報のうち特に秘匿することが必要である特定秘密の漏洩を防止するもので、国と国民の安全確保が目的となっています。行政機関が特定秘密を指定し、取扱業務をする職員には適性評価を行います。特定秘密の漏洩・取得に罰則が科されます。為政者と被治者の間の情報格差は為政者側に大きく有利になりました。

このように、急速に諜報・防諜の強化が試みられています。しかし、国内の民衆・団体への支配・抑圧には長けていますが、実効的な対外情報活動や、合理的な外交・安全保障政策が不得手なのが、戦前体制の為政者でした。近年、「本国」を模倣してインテリジェンス体制を整えてはいますが、個人の知る権利や自由さらには民主体制を維持しながら、諜報機能を使いこなせる知力がこの国の為政者にあるかは、未知数です。

外交・防衛・安全保障・治安に関する情報を、為政者は秘匿する傾向が強いものです。味方が情報を多く持ち、敵方の情報を圧倒することで、支配を優位に展開します。確かに、敵国やテロリスト・犯罪者集団に情報が漏洩しては困るでしょう。逆に、味方である同盟国間で相互に情報を共有するためにも、情報漏洩をしないことを味方に対して確約する必要があります。

こうして情報の秘密保護をすることが必要になるというわけです。

もっとも、この発想は、為政者の一部からなる情報コミュニティは「味方」ですが、情報を秘匿する対象として外部の一般民衆や団体を、潜在的には「敵方」として扱うことでもあります。国民や民衆を「敵方」として位置づけること自体、本来は民主主義とは相性がよくありません。さらに、情報を収集・管理・活用している行政を民主的統制すべき被治者が、そのために必要充分な情報を持たないということになる矛盾を含んでいます。

⑨情報格差と情報公開・個人情報保護

情報格差は、為政者と一般民衆の間の権力関係に影響します。権力の論理としては、為政者は情報優位を背景に支配を実現します。そのために、一般民衆の情報をはじめとして、様々な情報を収集します。これに対して、一般民衆は、行政や為政者に関する情報を、ほとんど持ちません。このような情報格差は、為政者の被治者に対する権力的な優位を生み出します。このことは、被治者である一般民衆が、行政からの自由を確保する点でも、行政に対する自由を確保して、行政に対する民主的統制を行う点でも、問題となります。そのため情報格差を是正する制度が必要です。

第一が情報公開制度です。行政が保有する情報を一般民衆に公表・開示することで、情報格差を埋めます。行政が保有する情報を、民衆からの要求を経ないで、自動的に定期的に公表することが重要です。全ての行政情報が、自動的かつ自発的に公表されれば、開示請求をするまでもありません。しかし、全てを公表することが、実務上は困難であるときに、個別の開示請求に応じて開示決定をする仕組が必要になります。狭い意味での情報公開制度です。

情報公開制度において重要なことは、行政が開示したい情報を開示し、開示したくない情報を非開示にする、という恣意的な開示では意味がないということです。むしろ、このような選択的開示は、都合のよい情報だけを行政が提供するものですから、為政者の権力的優位を強化します。そうではなく、都合がよかろうと悪かろうと、原則として一律に公表・開示するのが情報公開制度の意味です。したがって、個別の開示請求に対して、行政が不開示処分などをするときには、訴訟で決着を付ける仕組になっています。

第二は、公文書管理制度です。情報公開制度の基盤は、そもそも行政が情報を作成・保管していることです。通常、行政は文書による仕事ですから、情報（文書・電磁的記録など）を作成します。しかし、情報公開制度により、事後的な公表・公開が義務づけられると、行政は問責を回避する観点から、情報を廃棄するようになります。あるいは、そもそも組織として、情報を作成しないようにします。全ては個人メモにして、行政組織としては情報を持たないのです。こうなると、情報公開制度では実質的には情報格差を埋められません。そこで、情報の作成・

保管・整理を義務づける公文書管理制度が必要になります。

第三は、個人情報保護制度です。為政者は、行政を行う必要などから、個人に関する情報を収集しています。当該本人さえ把握していない情報を、行政は把握します。そのため、まず個人は、本人の情報に関しては、行政側と同等の情報を入手する必要があります。自己情報のコントロールという観点からは、行政にのみ情報処理の自由を与えることは問題なのです。行政が持つ個人情報は、本人もアクセスし、必要に応じて訂正を求めることができるべきです。また、個人に関する情報は、原則として本人の同意を得て、本人から収集されるべきです。

そして、行政が収集した個人情報は、本人以外の第三者には提供してはなりません。個人情報が含まれる行政情報は、一般には公表・開示されないということです。これは、行政が第三者に個人情報提供という便宜を図ると、本人と第三者の間の情報格差と権力的優位を作ることに、荷担することになるからです。これは、為政者と被治者の権力関係というよりは、社会における情報強者と情報弱者の権力関係の問題でありますが、社会的強者に為政者が肩入れするべきではないという、行政の公正性・中立性の要請でもあります。逆に言えば、企業などの社会的・経済的強者およびその省庁共同体は、自らの社会・経済活動での優位に利用しようと、虎視眈々と行政の持つ個人情報の取得を目指すわけです。こうして、匿名加工情報などの形で個人情報は第三者に提供されるようになります。

終章

行政とのつきあい方

①行政を見る

これまでの解剖によって、少しは行政の本体に迫ることができたでしょうか。依然として、目に見えにくい難しい存在でしょうか。わかりやすくお伝えしようとして、かえって、単純化した表現や、誇張した描写になっていた箇所もあるかもしれません。また、これまでの行政に対して抱いていたイメージや、現実に目にした個々の実感とはあまりにかけ離れているため、直ちに腑に落ちないかもしれません。行政という茫漠たる巨象を評することで、虚像を表してしまう危険もあるわけです。全体として行政を描くことは容易ではありません。

行政を認識し、分析し、表現することが難しいということは、個々人の自由を保障する民主的行政を実現することが、極めて難しいということも意味します。多くの場合、我々は権力による支配から逃れることはできませんから、支配と権力という行政の作用の軛《くびき》のもとにあります。また、行政から自由になっても、無人島で一人暮らしをするわけではないので、民間の他の団体・諸個人などの権力者の支配から逃れられるとはいえないからです。他の団体・諸個人の支配を押さえようと思えば行政が発生してしまいます。したがって、行政を、いかに民主的統制するのか、いかに平和的生存と自由の権利を保障するように統制するのか、という工夫が必要です。しかし、個々人や民衆が手綱を執って、行政を統制することは、極めて難しいことなのです。

もちろん、行政は見えにくい存在ですから、あえて「見ざる、言わざる、聞かざる」という「三ざる」によって、主観的には無関係を装うことはできます。しかし、見ようと見まいと、実際には行政の作用は及んでいますから、「三ざる」では理不尽な支配を、あたかも自然現象のように諦観して、受容するしかなくなってしまいます。それを避ける以上、不都合で不愉快な内容であったとしても、行政を認識して、目を凝らして視ていくことは必要になります。行政を正しく認識することは、行政を民主的に統制するためには、必要条件として不可欠なことです。知力が権力になるのは、被治者である個人・民衆にとっても当てはまるのです。

②民主的行政の達成の難しさ

行政を認識して理解したからといって、よりよい民主的行政が実現するというわけではありません。行政学による日本官僚制の解剖は、むしろ、民主的行政を達成することが、いかに容易ではないのか、を再現することでもあります。行政の支配は、ある意味で極めて怖い存在であり、個人や民衆は行政の権力の前には無力な存在でもあります。こうした行政の支配権力の檻《おり》は、正しく認識することによって、かえって被治者の諦観を生み出しかねないものです。改革への気持ちを維持するためには、あえて、行政に対する冷徹な認識は持たない戦術の方がいいのかもしれません。しかし、そのような一知半解の無謀な改革は、さらなる支配の悪化となって跳ね返ってきます。

加えて、行政は知力を持っていますから、被治者に対しては心地よい姿を見せようとします。この場合には、行政を認識すること自体が、為政者が被治者に見せたい行政のバーチャル・リアリティの演出を受容することになりかねません。その場合には、見れば見るほど、被治者が学べば学ぶほど、本当は行政による理不尽な支配を、正しく望ましい支配として「主体」的に「認識」していくことになります。

行政とは見えにくいものです。心地よいものとして「見えた」と思っても、本当とは限りません。むしろ、心地よいもの《フェイク》が「見える」方が危ないのかもしれません。見えたとしても、心地よいものではないかもしれません。むしろ、目にしてしまった行政は、不都合なものであるかもしれません。そして、その不都合であるにもかかわらず、簡単に是正できるという単純なものではありません。そのような行政は見たくないものでもあります。本書を読んで憤慨したならば、心地よくない姿を見られたからかもしれません。

行政は、ある意味で精密な相互作用のメカニズムと編み目で構成されていますので、不用意な改革はかえって問題となり得ます。被治者は行政による支配とうまく共生しながら、行政が誤作動や暴走を起こさないように、慎重かつ適切に調節する必要があります。その作業は、極めて地道な努力を要し、大して成果は上がらず、諦観の現状追認の悪魔のささやきで挫折しやすいものです。過大な期待もしなければ、安易に諦観もしない、というのが行政とのつきあい方だと思われます。

③包摂戦略と保障戦略

個々人の処世術としては、つきあいが難しい支配のもとでは、自らが為政者になるか、為政者の身内になるか、という「蜘蛛の糸」を這い登る競争に参加することが、合利的かもしれません。政治家や官僚になって「末は大臣」として出世するか、経済・言論・学術などの活動などで「成功」して、為政者の身内に入れてもらうか、などです。しかし、為政者の身内は、その利益を享受するためには、常に多くの諸個人・団体の参入を排除しようという論理を持ちます。少なくとも、「蜘蛛の糸」を這い登った身内の人々は、そうした意向を持つでしょう。つまり、個人の処世術だけでは、対処し切れません。そこで考えられる対策は二つです。

第一は、個々人の処世術を公平に実現させることです。全ての被治者が為政者の身内になることを、排除させないという包摂戦略です。そのためには、与野党で為政への影響力が異なってはいけません。政権交代が意味を持つような党派的な統治ではいけないのですが、同時に、特定の政治勢力が半永久的に政権を握ることも望ましくはありません。行政および官僚制の政治的中立性と公平性が阻害され得るからです。官僚は与野党という政治全体に公平に奉仕しなければなりません。利益集団も専門家もメディアも、どのような選好のものであれ、政策過程に同等の影響力を持たなければなりません。要するに、為政は全ての被治者の利益を比例的に反映することが、必要なのです。そのためには、完全には実現できないにせよ、幅広い比例的な参加が重要です。

しかし、包摂戦略だけでは危険があります。実際には影響力と利益に差異があるにもかかわらず、名目的に包摂されたことになって、実質的な為政者の横暴を受忍させられるからです。その最たるものが、「国民意識」のみの包摂です。そこで、第二には、個々人の処世術の成否とは無関係に、被治者の個々人の自由と平和的生存を確保する保障戦略が求められます。そこでは、一定の水準での実質的な「結果の公平」を保障せざるを得ません。さもなければ、個々人は「蜘蛛の糸」を這い登り、他者を蹴落とすという、醜い「万人の万人による競争」を、政治の場でも経済の場でも文化の場でも、ありとあらゆるところで展開せざるを得なくなるからです。統治者と被治者の同一性という観点からも、実質的な意味で為政者の身内になることと、為政者の身内から排除されることとが、自由と平和的共存の観点で異なってはいけないのです。

④おわりに

包摂と保障とは、一発必中的な改革、あるいは、スキャンダル暴露やバッシングで実現するものではありません。被治者の不断の努力と、為政者の永遠の応答を求めるものです。しかし、こうした被治者の不断の努力は、なかなか効果を上げることは難しく、効果があったとしても持続することも少なく、あるいは、かえって悪い結果を招くなど、諦観を生みやすいものです。

さらには、こうした無力感を正当化するために、不断の努力をしている良心的な被治者・為政者を攻撃し、不当な支配を享受する為政者の味方になって、支配者を翼賛することもあるでしょう。支配と権力によって不自由と生存の危険という悲惨な目に遭いながら、主観的には為政者の身内になった気持ちになって、排除・軽蔑・迫害・収奪・疎外される不快感を麻痺させるのです。そもそも、被治者が国民意識や排外感情や他者攻撃を受容するのは、このような精神的麻酔のためです。もちろん、こうした翼賛者は為政者から見れば、身内でも何でもないのですが、自発的に服従と犠牲を自己正当化してくれるので、有り難いことでしょう。

しかし、努力者・諦観者だけでなく、こうした翼賛者を含め、被治者は実効ある包摂を、また包摂されなかったときの保障を、求めているのです。翼賛者は包摂から排除されているがゆえに、また、保障がないがゆえに、一方的かつ過剰に為政者に同調して主観的な包摂を求めているのです。結局のところ、包摂を求め、包摂に応じ、保障を求め、保障に応じる、という被治者と為政者の共同作業を続けることが、被治者としての行政とのつきあい方なのではないでしょうか。

あとがき

本書は、行政学講義というタイトルではありますが、多くの教科書とは、かなり異なる構成になっています。大学での講義ノートをもとに、書いたものでもありません。大学では自治体行政学を担当しており、忘れた頃にしか行政学の講義をしていないからです。せっかくの一般向けの新書という機会を利用して、あえて冒険を試みた次第です。より標準的な行政学の内容に関心の涌いた読者の方々は、通常の教科書を手に取っていただければと思います。

また、本書では、一般向け新書ということや、予定よりも分量が増えてしまったこともあり、参考文献や脚注を省いています。しかし、このことは、先行する諸研究や著作権などをないがしろにする意図では、全くありません。あくまで便宜上のものです。ある程度の前提知識のある方ならば、このフレーズはあれを踏まえているなとか、用語は同じだけれども、違う意味で使っているな（または、誤解しているな）とか、用語を借用・転用、または、もじっているな、ということに気付かれると思います。あるいは、そうでなくても、用語・キーワードや言い回しで気になるものに出くわしたならば、検索エンジンに掛けてみて下さい。多くの場合には、何かにヒットすると思います。その意味では、本書に目新しい部分はほとんどありません。例えば、霞ヶ関のことを「ムラ」と喩えていますが、これはイギリスの官庁街・ホワイトホール（Whitehall）について、「ムラの生活（Village Life）」と評したHugh Heclo & Aaron Wildavsky, *The Private Government of Public Money*, 2nd. ed. Macmillan, 1981、をもとにしています。

本書は、基本的には被治者（the governed）に視点を据えた行政学です。被治者は、個人レベルでは自由と平和的共存を求める者であり、集団レベルでは民衆となります。序章でも述べたとおり、個人の自由・平和的生存の権利を起点に、民衆という集団、身近な自治という順に価値を置き、国政の政治にあまり価値を置きません。ましてや、外国や世界・国際社会については、さらに遠い存在です。その点では、身近な順に優先する「補完性（subsidiarity）の原理」または「近接性の原理」の一種を前提にしているかもしれません。

ただし、個人と自治の間に存在するのは、家族や地域社会・コミュニティという人的結合ではなく、単なる人口／個体群（population）のような民衆（people）という形態です。家族や地域社会／コミュニティは、むしろ行政の権力によって取捨選択された人的結合様式なので、あまり価値を置くものではないと思うからです。そして、民衆は、市民（citizen）というほどの立派な能動性・自律性はなく、臣民（subject）または公民（天皇の民）というほど従属的な「主体（subject）」ではなく、群衆（multitude）というほど地球的でもなく、民族／国民（nation）というほど国家的・排外的でもなく、領域現場のただそこ（＝地域）に現在する人々という程度です。もちろん、我々民衆自身を、市民などという立派な存在にならなくても今のままでいい、行政の支配の檻にいるから諦めるしかない、と甘やかすつもりもありません。しかし、否定もしません。「これでいいのだ」という程度です。

民衆の次に価値を置くのが、身近な政府としての自治です。本書では、米国（アメリカではないです）に対しては戦後日本の国レベルの自治（が制約されていること）を重視する点では、民族主義的な印象を与えたかもしれません。しかし、国と自治体の関係では、国を重視するものではありません。また、国民国家を、否定するつもりもありませんが、望ましいものとも考えていません。むしろ、国民国家と国民主権は、被治者の権利と民主主義の観点からは、危険なものを内包し得ると考えています。その意味では分権・自治論者です。国政も、主権国家の統治からではなく、国政自治という自治の一種で検討します。戦後日本の国政は、自治体行政学や政府関係論の枠組で分析できます。それは、政治学／政治史学／外交史学／国際政治学／国際法学／憲法学などで見える姿とは、自ずと違うものになるでしょう。

本書の執筆段階では、多くの研究者・実務家・編集者の方々にお世話になりました。皆さん、大変にお忙しいにもかかわらず、また、乱文にもかかわらず、快く草稿をお読み下さり、ご助言ご注意を下さいました。また、様々な疑問や提言やアイデアをいただきましたが、私の力不足で充分に答えることができなかった点も多く残ってしまいました。敢えてお名前を挙げるのは控えさせて頂きますが、ここに、心より厚く御礼を申し上げます。もちろん、なお残るミスや、主張や解釈は全て私の責任です。

本書の執筆のきっかけは、二〇一七年二月の筑摩書房の松田健さんからのお声掛けです。三月に打ち合わせしてからも、結局は執筆に取りかかるのは夏休みで仕事が一段落した八月になってからでした。さらに草稿が仕上がるのが一一月末までずれ込んでしまいました。その間、目次構成案・カバー案から細かい校閲コメントまで、大変にお世話になりました。貴重な機会を与えて下さったことに、改めて感謝を申し上げます。

さて、そのような事情から、校正作業は年末年始を挟むことになりました。家族が一緒に過ごす貴重な時間を殺ぐことになってしまいました。家族の理解に感謝します。

二〇一八年一月七日

金井利之

ちくま新書
1310

行政学講義《ぎょうせいがくこうぎ》——日本官僚制《にほんかんりょうせい》を解剖《かいぼう》する

二〇一八年二月一〇日　第一刷発行

著者　金井利之（かない・としゆき）

発行者　山野浩一

発行所　株式会社　筑摩書房
東京都台東区蔵前二-五-三　郵便番号一一一-八七五五
振替〇〇一六〇-八-四一二三

装幀者　間村俊一

印刷・製本　三松堂印刷　株式会社

乱丁・落丁本の場合は、左記宛にご送付ください。
送料小社負担でお取り替えいたします。
ご注文・お問い合わせも左記へお願いいたします。
〒三三一-八五〇七　さいたま市北区櫛引町二-六〇四
筑摩書房サービスセンター　電話〇四八-六五一-〇〇五三

ISBN978-4-480-07128-6 C0231

ちくま新書

1299
平成デモクラシー史
清水真人
90年代の統治改革が政治の風景をがらりと変えた。「小泉劇場」から民主党政権を経て「安倍一強」へ。激動の30年を俯瞰し、「平成デモクラシー」の航跡を描く。

294
デモクラシーの論じ方
——論争の政治
杉田敦
民主主義、民主的な政治とは何なのか。あまりに基本的と思える問題について、一から考え、デモクラシーにおける対立点や問題点を明らかにする、対話形式の試み。

722
変貌する民主主義
森政稔
民主主義の理想が陳腐なお題目へと堕したのはなぜか。その背景にある現代の思想的変動を解明し、複雑な共存のルールへと変貌する民主主義のリアルな動態を示す。

1176
迷走する民主主義
森政稔
政権交代や強いリーダーシップを追求した「改革」がもたらしたのは、民主主義への不信と憎悪だった。その背景に何があるのか。政治の本分と限界を冷静に考える。

1119
近代政治哲学
——自然・主権・行政
國分功一郎
今日の政治体制は、近代政治哲学が構想したものだ。ならば、その基本概念を検討することで、いまの民主主義体制が抱える欠点も把握できるはず！　渾身の書き下し。

1241
不平等を考える
——政治理論入門
齋藤純一
格差の拡大がこの社会に致命的な分断をもたらしている。不平等の問題を克服するため、どのような制度を共有すべきか。現代を覆う困難にいどむ、政治思想の基本書。

945
緑の政治ガイドブック
——公正で持続可能な社会をつくる
デレク・ウォール
白井和宏訳
原発が大事故を起こし、グローバル資本主義が行き詰まった今の日本で、私たちはどのように社会を変えていけばいいのか。巻末に、鎌仲ひとみ×中沢新一の対談を収録。

ちくま新書

1078
日本劣化論
笠井潔
白井聡
幼稚化した保守、アメリカと天皇、反知性主義の台頭、左右の迷走、日中衝突の末路……。戦後日本は一体どこまで堕ちていくのか？　安易な議論に与せず徹底討論。

1044
司法権力の内幕
森炎
日本の裁判所はなぜ理不尽か。人質司法、不当判決、形式的な死刑基準……など、その背後に潜むゆがみや瑕疵を整理、解説。第三権力の核心をえぐる。

803
検察の正義
郷原信郎
政治資金問題、被害者・遺族との関係、裁判員制度、検察審査会議決による起訴強制などで大きく揺れ動く検察の正義を問い直す。異色の検察ＯＢによる渾身の書。

659
現代の貧困
――ワーキングプア／ホームレス／生活保護
岩田正美
貧困は人々の人格も、家族も、希望も、やすやすと打ち砕く。この国で今、そうした貧困に苦しむのは「不利な人々」ばかりだ。なぜ？　処方箋は？　をトータルに描く。

1020
生活保護
――知られざる恐怖の現場
今野晴貴
高まる生活保護バッシング。その現場では、いったい何が起きているのか。自殺、餓死、孤立死……。追いつめられ、命までも奪われる「恐怖の現場」の真相に迫る。

1113
日本の大課題 子どもの貧困
――社会的養護の現場から考える
池上彰編
格差が極まるいま、家庭で育つことができない子どもが増えている。児童養護施設の現場から、子どもの貧困についての実態をレポートし、課題と展望を明快にえがく。

883
ルポ 若者ホームレス
飯島裕子
ビッグイシュー基金
近年、貧困が若者を襲い、20～30代のホームレスが激増している。彼らはなぜ路上暮らしへ追い込まれたのか。貧困が再生産される社会構造をあぶりだすルポ。

ちくま新書

1063
インフラの呪縛
――公共事業はなぜ迷走するのか
山岡淳一郎
公共事業はいつの時代も政治に翻弄されてきた。道路、ダム、鉄道――国の根幹をなすインフラ形成の歴史を追い、日本のあるべき姿を問う。もう善悪では語れない！

965
東電国有化の罠
町田徹
国民に負担を押し付けるために東京電力は延命させられた！　その裏には政府・官僚・銀行の水面下での駆け引きがあった。マスコミが報じない隠蔽された真実に迫る。

923
原発と権力
――戦後から辿る支配者の系譜
山岡淳一郎
戦後日本の権力者を語る際、欠かすことができない原子力。なぜ、彼らはそれに夢を託し、推進していったのか。忘れ去られていた歴史の暗部を解き明かす一冊。

939
タブーの正体！
――マスコミが「あのこと」に触れない理由
川端幹人
電力会社から人気タレント、皇室タブーまで、マスコミ各社が過剰な自己規制に走ってしまうのはなぜか？『噂の眞相』元副編集長がそのメカニズムに鋭く迫る！

1253
ドキュメント　日本会議
藤生明
国内最大の右派・保守運動と言われる「日本会議」。改憲勢力の枢要な位置を占め、国政にも関与してきた。謎めいたこの組織を徹底取材、その実像に鋭く迫る！

1190
ふしぎな部落問題
角岡伸彦
もはや差別だけでは語りきれない。部落を特定する膨大なネット情報、過敏になりすぎる運動体、同和対策事業の死角。様々なねじれが発生する共同体の未来を探る。

1131
部落解放同盟「糾弾」史
――メディアと差別表現
小林健治
悪意をむき出しにした差別事件がくり返され、いっそう激しさを増している。部落解放運動の生命線である糾弾の意義を問い直し、反差別運動再生へ狼煙を上げる。